KB184578

A1 - B2 필수 문법 **완벽** 정복

GO! 독학 프랑스어 문법

손윤지 지음

GO! 독학 프랑스어 문법

초판 1쇄 발행 2024년 11월 27일

지은이 손윤지
펴낸곳 (주)에스제이더블유인터내셔널
펴낸이 양홍걸 이시원

홈페이지 www.siwonschool.com
주소 서울시 영등포구 영신로 166 시원스쿨
교재 구입 문의 02)2014-8151
고객센터 02)6409-0878

ISBN 979-11-6150-915-0
Number 1-520606-25252521-09

이 책은 저작권법에 따라 보호받는 저작물이므로 무단복제와 무단전재를 금합니다. 이 책 내용의 전부 또는 일부를 이용하려면 반드시 저작권자와 (주)에스제이더블유인터내셔널의 서면 동의를 받아야 합니다.

GO! 독학 프랑스어 문법

머리말

나의 세계를 풍요롭게 만드는 언어,

프랑스어 공부를 결심한 여러분 반갑습니다!

이 책의 첫 페이지를 열며, 제가 처음 프랑스어를 배우던 날이 떠오릅니다. 알파벳부터 익히던 그때의 설렘과 낯선 언어에 대한 약간의 두려움, 프랑스어 문법을 암기하고 이해하려 애썼던 기억이 여전히 생생합니다. 긴 학업의 시간 끝에 프랑스어를 업으로 삼게 되었을 때, 언젠가 누구든지 혼자서도 공부할 수 있는 상세하고 친절한 프랑스어 교재를 만들고 싶다는 작은 꿈을 갖게 되었습니다. 그리고 마침내 <GO! 독학 프랑스어 문법>을 통해 여러분과 만나게 되었네요.

문화와 예술, 낭만의 나라 프랑스는 그 자체로도 매력이 넘쳐서 많은 사람들이 한번쯤 꼭 가보고 싶어하는 나라입니다. 세계적인 예술작품과 역사적인 건축물, 풍부한 문학작품과 미식과 멋의 나라 프랑스는 사람들에게 무한한 영감을 줍니다. 프랑스어는 이러한 프랑스의 매력을 더 깊이, 자유롭게 느낄 수 있게 해줍니다. 프랑스어를 알면 프랑스를 비롯한 프랑스어권의 여러 나라와의 문화적 교류를 경험할 수 있고, 문학 작품과 영화를 원어로 감상할 수도 있습니다. 또한, 국제관계나 비즈니스에서도 유용하기 때문에 더 넓은 세계로 나아갈 수 있는 기회의 도구이기도 합니다.

새로운 언어를 배운다는 것은 마치 미지의 세계로 떠나는 모험과 같아서, 그 여정의 시작을 안전하게 인도해 줄 가이드가 필요합니다. 특히 문법은 외국어 학습의 가야 할 길을 알려주는 중요한 지도이지요. 문법은 언어의 뼈대이기 때문에, 올바른 이해가 없으면 심화 학습에 큰 어려움을 겪을 수 있습니다. 외국어를 공부할 때 학습자의 끊임없는 노력만큼 매우 중요한 것이 바로 체계적인 학습 방법입니다.

<GO! 독학 프랑스어 문법>은 틀에 박힌 진부한 문법 용어의 나열이 아닌, 프랑스어의 기초를 다지며 최종적으로는 여러분이 프랑스어 표현력을 키울 수 있도록 실용적이고 프랑스어적인 감각이 살아있는 예문들을 배치하였습니다. 또한 각 Leçon의 내용을 유기적으로 연결함으로써 기초문법부터 중고급문법에 이르기까지 단계적으로 프랑스어를 학습할 수 있도록 하였습니다.

무엇보다 친절하면서도 명확하게 서술하였으며, 문법의 원리를 더 쉽게 이해하고 기억할 수 있도록 실생활에서 활용할 수 있는 표현이 담긴 다양한 유형의 연습문제를 함께 수록하여 여러분이 스스로 프랑스어의 체계를 만들어가는 기쁨을 느낄 수 있도록 하였습니다. 이 교재가 여러분의 프랑스어 학습에 필요한 모든 핵심 요소를 잘 담고 있다고 자부합니다.

철학자 비트겐슈타인은 "내 언어의 한계는 내 세계의 한계이다."라고 말합니다. 언어는 우리가 세상을 바라보는 창입니다. 새로운 언어를 배우면 그 언어를 사용하는 사람들의 문화와 세계를 깊이 탐구할 수 있는 기회를 얻게 됩니다. <GO! 독학 프랑스어 문법>을 통해 프랑스어에 담긴 아름답고 다양한 문화와 사람들의 삶을 더 가까이 느끼면서 여러분의 세계를 더욱 풍요롭게 만들 수 있기를 바랍니다.

원고를 집필하면서 많은 분들의 도움과 응원을 받았습니다. 격려해준 가족들과 동료 선생님들, 맨 처음 문법서 제작을 제안해주신 김미경, 박윤수, 이진경 선생님께 감사의 말씀을 전하며, 귀중한 피드백과 마지막 편집 작업까지 많은 노고를 기울여주신 김지언, 서이주, 안현숙 선생님을 비롯한 시원스쿨 프랑스어팀에도 진심으로 감사드립니다. 이 모든 분들의 지지가 없었다면 지체된 일정 속에서 <GO! 독학 프랑스어 문법>은 세상의 빛을 보지 못했을 것입니다. 다시 한번 감사합니다.

글을 마치며, 여러분과 함께 프랑스어 학습의 여정을 시작해볼까 합니다. 배움의 길에서 새로운 발견과 즐거움이 가득하기를 바라며, 프랑스어의 재미와 아름다움이 여러분을 새로운 세계로 인도하기를 기대해봅니다.

감사합니다.

손윤지

이 책의 구성과 특징

1 오늘 배울 문법과 학습 목표를 다지고, 각 Leçon에서 무엇을 다룰 것인지 미리 확인합니다. 각 Leçon의 내용을 차근차근 익히고 나면, 프랑스어 필수 문법을 마스터할 수 있을 거예요.

2 한눈에 들어오는 표와 상세한 설명으로 프랑스어 문법을 쉽게 정리합니다. 복습할 때도 유용하겠죠?

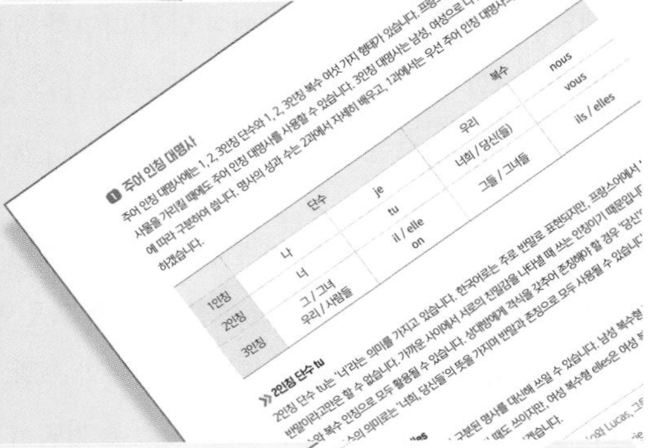

3 독학으로 프랑스어를 공부하는 여러분을 위해, 추가로 알아야 하는 문법 지식이나 단어는 [참고]로 정리했습니다. 프랑스어를 전혀 모르더라도 두려워하지 마세요!

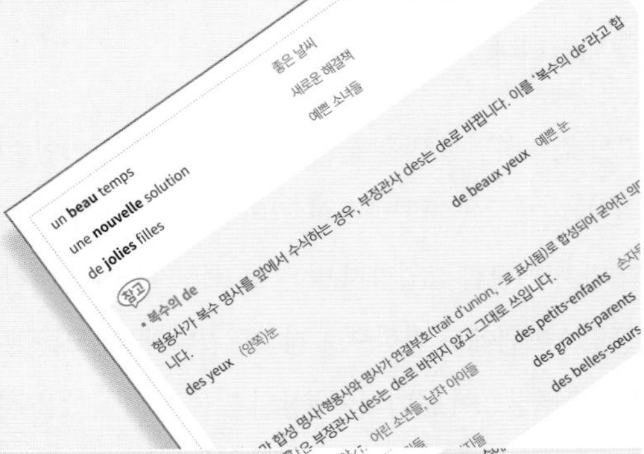

4 헷갈리기 쉬운 내용, 반드시 외워야 하는 예외적인 문법 사항은 [꼭 기억하세요!]로 정리했습니다. 학습할 때 좀 더 주의 깊게 살펴봅시다.

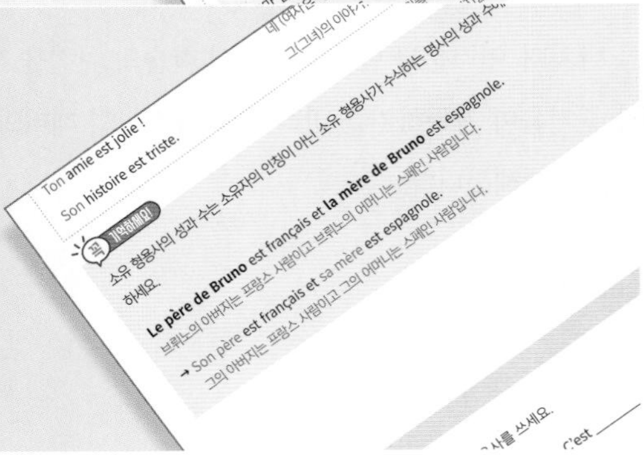

5 각 Leçon에서 배운 내용을 점검할 수 있도록 Mini test를 제공합니다. 얼마나 잘 이해하고 있는지 스스로 점검해 보세요!

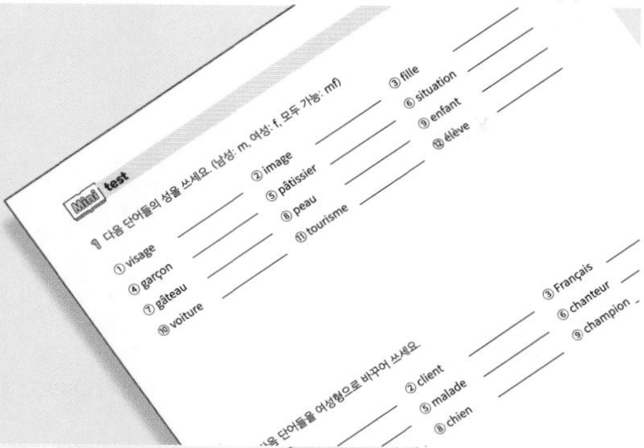

6 각 Leçon의 말미에 수록된 Exercices를 통해, 학습 내용을 아우르는 다양한 유형의 문제를 풀어볼 수 있습니다. 각 Leçon의 내용을 총정리하면서 적용해 보세요.

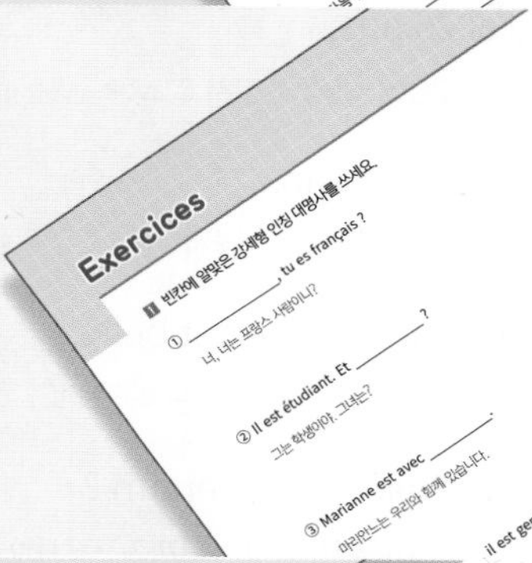

7 각 Leçon의 Exercices 연습 문제의 정답을 확인해 보세요. 틀린 문제는 다시 한번 문법 설명을 되짚으며 확실하게 내 것으로 만들어요.

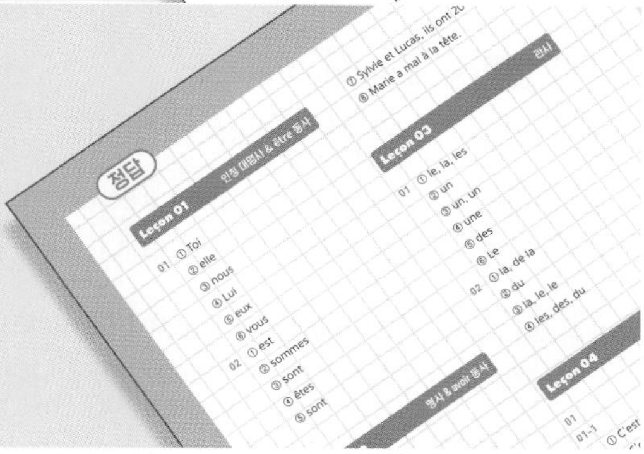

무료 학습자료

무료 학습자료는 시원스쿨 프랑스어(france.siwonschool.com)에서 다운로드할 수 있습니다.

핵심 문장 작문 연습 PDF	프랑스어 필수 어휘 PDF	네이티브 MP3	프랑스어 동사변화표 PDF	복습용 연습문제 PDF

차례

- 머리말 004
- 이 책의 구성과 특징 006
- 차례 008
- 이것만은 알고 가자! 010

Leçon 01 Je suis Paul.
나는 Paul입니다. 인칭 대명사 & être 동사 020

Leçon 02 J'ai 20 ans.
나는 20살입니다. 명사 & avoir 동사 026

Leçon 03 C'est un stylo.
이것은 볼펜입니다. 관사 036

Leçon 04 Il est beau, elle est belle.
그는 멋있습니다, 그녀는 예쁩니다. 형용사 1 044

Leçon 05 Quel est votre prénom ?
당신의 이름은 무엇입니까? 형용사 2 058

Leçon 06 Je parle français.
나는 프랑스어를 합니다. 동사 1 066

Leçon 07 Je me lève à 7 heures du matin.
나는 아침 7시에 일어납니다. 동사 2 078

Leçon 08 On va au cinéma à 18 heures.
우리는 저녁 6시에 영화관에 갑니다. 장소 & 시간 표현 086

Leçon 09 Avez-vous un stylo ? – Non, je n'ai pas de stylo.
볼펜 있나요? - 아니요, 없습니다. 의문문 & 부정문 098

Leçon 10 Il me le donne.
그는 나에게 그것을 줍니다. 대명사 1 108

Leçon 11 J'y vais.
나는 거기에 갑니다. 대명사 2 118

Leçon 12 Regarde, quel beau ciel !
봐, 멋진 하늘이야! 명령문 & 감탄문 130

Leçon 13 Il est plus grand que moi.
그는 나보다 큽니다. 비교급 & 최상급 142

Leçon 14 Hier, j'ai dîné au restaurant et je suis allé au cinéma.
어제 나는 레스토랑에서 저녁을 먹었고 영화관에 갔습니다. 직설법 과거 1 152

Leçon 15 Hier, il faisait beau.
어제는 날씨가 좋았습니다. 직설법 과거 2 164

Leçon 16 Demain, il pleuvra.
내일은 비가 올 것입니다. 직설법 미래 174

Leçon 17 La tour Eiffel a été construite par Gustave Eiffel.
에펠탑은 Gustave Eiffel에 의해 지어졌습니다. 수동형 & 부사 184

Leçon 18 J'ai un ami qui parle français.
나는 프랑스어를 하는 친구가 있습니다. 관계 대명사 1 196

Leçon 19 Ce sac est à toi ? – Non, c'est celui de Stéphanie.
이 가방 네 거야? - 아니, Stéphanie의 것이야. 대명사 3 206

Leçon 20 L'université dans laquelle tu étudies est très célèbre.
네가 공부하고 있는 대학교는 매우 유명하다. 관계 대명사 2 214

Leçon 21 Elle maigrit en faisant du sport.
그녀는 운동을 하면서 살을 뺍니다. 현재분사 & 제롱디프 222

Leçon 22 Je voudrais de l'eau, s'il vous plaît ?
물을 좀 주시겠어요? 조건법 230

Leçon 23 J'aimerais que tu viennes ce soir.
나는 오늘 저녁 네가 오면 좋겠어. 접속법 & 부정법 240

Leçon 24 Il dit que son vol a du retard.
그가 말하길 비행기가 연착한답니다. 간접 화법 252

Leçon 25 Je ne vais pas rentrer maintenant parce que je veux le finir ce soir !
나는 그것을 오늘 저녁에 끝내고 싶기 때문에 지금 집에 안 갈 겁니다! 연결사 262

- Exercices 정답 279

이것만은 알고 가자! - 프랑스어 알파벳과 발음

❶ 알파벳 (Alphabet)

A /ɑ/ 아	**B** /be/ 베	**C** /se/ 쎄	**D** /de/ 데	**E** /ə/ 으	**F** /ɛf/ 에f프	**G** /ʒe/ 줴
H /ɑʃ/ 아슈	**I** /i/ 이	**J** /ʒi/ 쥐	**K** /kɑ/ 꺄	**L** /ɛl/ 엘	**M** /ɛm/ 엠	**N** /ɛn/ 엔
O /o/ 오	**P** /pe/ 뻬	**Q** /ky/ 뀌	**R** /ɛːr/ 에흐	**S** /ɛs/ 에쓰	**T** /te/ 떼	**U** /y/ 위
V /ve/ v베	**W** /dubləve/ 두블르v베	**X** /iks/ 익쓰	**Y** /igrɛk/ 이그헥	**Z** /zɛd/ 제드		

❷ 강세 부호 (Accent)

é	악썽 떼귀 accent aigu 철자 e 위에만 붙습니다. é는 [e]로 발음합니다.
à, è, ù	악썽 그하브 accent grave 철자 a, e, u 위에 붙으며 è는 [ɛ]로 발음됩니다. a, u는 발음상의 변화가 없습니다.
â, ê, î, ô, û	악썽 씨흐꽁플렉쓰 accent circonflexe 철자 a, e, i, o, u 위에 붙으며 ê는 [ɛ]로 발음합니다. 나머지 모음들은 발음상의 변화가 없습니다.
ç	쎄디유 cédille 철자 c 아래에 붙어서 [s]로 발음합니다.
ë, ï	트헤마 tréma 연속된 모음이 올 때 따로 발음하라는 기호입니다.

❸ 발음 (Prononciation)

1) 단모음

a	[ɑ] [아]	ami [아미] 친구 / salut [쌀뤼] 안녕 / ananas [아나나] 파인애플
e	[e] [에]	et [에] 그리고 / parler [빠흘레] 말하다 / café [꺄f페] 커피
	[ɛ] [에]	mer [메흐] 바다 / elle [엘르] 그녀는 / mère [메흐] 어머니 / tête [떼뜨] 머리
	[ə] [으]	petit [쁘띠] 작은 / je [쥬] 나는 / menu [므뉘] 메뉴

참고

[e]는 우리말의 [에]에 가까운 발음이고, [ɛ]는 [e]보다 입을 좀 더 크게 벌려 발음하는 [에]에 가까운 발음입니다. 그러나 프랑스인들이 이 두 발음을 크게 구분하여 발음하지는 않습니다. [ə]는 [으]와 가깝게 발음하되 입을 조금 작게 벌려 발음하는 것이 좋습니다.

i	[i] [이]	lit [리] 침대 / prix [프히] 가격 / il [일] 그는
o	[o], [ɔ] [오]	photo [f포또] 사진 / orange [오헝쥬] 오렌지 / nord [노흐] 북쪽
u	[y] [위]	tu [뛰] 너는 / futur [f퓌뛰흐] 미래 / union [위니옹] 연결, 통합

참고

[y] 발음은 입모양은 '우'로 하고 발음은 '위'로 합니다.

2) 복합모음

ai	[ɛ] [에]	aide [에드] 도움 / mais [메] 그러나 / caisse [께쓰] 계산대
ei	[ɛ] [에]	Seine [쎈느] 센강 / neige [네쥬] 눈 / seize [쎄즈] 열여섯, 16
au	[o] [오]	sauce [쏘쓰] 소스 / aussi [오씨] 역시 / paume [뽐므] 손바닥

eau	**[o]** [오]	beau [보] 멋진 / beaucoup [보꾸] 많은 / eau [오] 물
ou	**[u]** [우]	sous [쑤] 아래에 / roue [후] 바퀴 / goût [구] 맛
eu	**[ø]** [외]	Europe [외호쁘] 유럽 / euro [외호] 유로 / bleu [블뢰] 파란
	[œ] [웨]	jeune [줸느] 젊은 / beurre [붸흐] 버터 / peur [쀄흐] 두려움
œu	**[ø]** [외]	œufs [외] 계란들 / bœufs [뵈] 소들 / nœud [뇌] 매듭
	[œ] [웨]	œuf [웨f프] 계란 / bœuf [붸f프] 소 / cœur [꿰흐] 심장
oi	**[wa]** [우아]	trois [트후아] 셋, 3 / noix [누아] 호두 / fois [f푸아] 간

참고

[ø] 발음은 입술은 '오' 모양으로 오므리고 입 안의 모양은 '애'를 발음할 때와 같이 하면 됩니다.

[œ] 발음은 [ø] 발음할 때보다 입술을 조금 더 둥글게 만들어서 발음합니다.

3) 비모음

'비모음'은 모음이 m 또는 n을 만나 콧소리가 나는 발음입니다.

am, an	[ɑ̃] [엉]	lampe [렁쁘] 램프 / France [f프헝쓰] 프랑스
em, en	[ɑ̃] [엉]	temps [떵] 시간 / vent [벙] 바람
om, on	[ɔ̃] [옹]	ombre [옹브흐] 그늘 / bon [봉] 좋은
um, un	[œ] [앙]	parfum [빡f팡] 향수 / brun [브항] 갈색의
im, in	[ɛ̃] [앙]	simple [쌍쁠르] 단순한 / vin [v방] 와인
aim, ain	[ɛ̃] [앙]	faim [f팡] 허기 / pain [빵] 빵
ein	[ɛ̃] [앙]	plein [쁠랑] 가득찬 / teindre [땅드흐] 염색하다
oin	[wɛ̃] [우앙]	point [뿌앙] 점 / loin [루앙] 먼

4) 자음

자음의 기본적인 발음들을 알아봅니다. 예외적 발음이 많은 자음들은 다음 페이지에서 조금 더 자세히 살펴봅시다.

b	[b]	ballet [발레] 발레 / bus [뷔스] 버스
d	[d]	diable [디아블르] 악마 / dos [도] 등
f	[f]	fleur [f플뤠흐] 꽃 / farine [f파힌느] 밀가루
j	[ʒ]	joli [죨리] 예쁜 / jupe [쥡쁘] 치마
l	[l]	lit [리] 침대 / lune [륀느] 달
m	[m]	mai [메] 5월 / mars [막쓰] 3월
n	[n]	note [노뜨] 기록 / nez [네] 코
p	[p]	pomme [뽐므] 사과 / police [뽈리쓰] 경찰
q	[k]	coq [꼬끄] 수탉 / quatre [꺄트흐] 숫자 4
t	[t]	petit [쁘띠] 작은 / table [따블르] 책상
v	[v]	vert [v베흐] 초록색의 / vase [v바즈] 꽃병
x	[s]	six [씨쓰] 숫자 6 / dix [디스] 숫자 10
z	[z]	zoo [z조오] 동물원 / zip [z집쁘] 지퍼

5) c와 g 발음

기본적인 발음은 [s] 발음이지만, c 뒤에 a, o, u가 오면 [k]로 발음합니다.		
c	[s]	ciel [씨엘] 하늘 / cinéma [씨네마] 영화, 영화관 / France [f프헝쓰] 프랑스
	[k]	canard [꺄나흐] 오리 / Corée [꼬헤] 한국 / cuisine [뀌진느] 요리

참고

단, c 아래에 cédille를 붙이면 [s] 발음이 납니다. (ex. leçon [르쏭] 수업 / français [f프헝쎄] 프랑스어)

기본적인 발음은 [ʒ] 발음이지만, g 뒤에 a, o, u가 오면 [g]로 발음합니다.		
g	[ʒ]	girafe [쥐하f프] 기린 / gilet [쥘레] 조끼 / gym [쥠므] 헬스장
	[g]	gare [갸흐] 역 / gomme [곰므] 지우개 / guitare [기따흐] 기타

참고

단, a, o, u 뒤에 e가 붙으면 다시 [ʒ] 발음으로 돌아옵니다.
(ex. pigeon [삐죵] 비둘기 / courageux [꾸하쥬] 용감한)

6) h 발음

프랑스어의 h는 음가 존재 여부와 상관없이 묵음이며, 자체의 발음을 하지 않습니다.

h	[ø]	homme [옴므] 남자 / hiver [이v베흐] 겨울

하지만, 음가를 인정해서 하나의 자음으로 보는 경우 유음 h라 하며, 음가를 인정하지 않는 h를 무음 h라고 합니다. 따라서 유음 h는 연음이나 축약을 하지 않으며, 무음 h는 연음과 축약을 합니다. 연음과 축약에 대해서는 뒤에서 알아봅시다.

유음 **h**	le hibou [르 이부] 그 부엉이 le haricot [르 아히꼬] 그 강낭콩	les hiboux [레 이부] 그 부엉이들 les haricots [레 아히꼬] 그 강낭콩들
무음 **h**	l'homme [롬므] 그 남자 l'horloge [로흐로쥬] 그 시계	les hommes [레 좀므] 그 남자들 les horloges [레 조흐로쥬] 그 시계들

7) s 발음

s는 단어 중간에서 앞뒤에 모음으로 둘러싸여 있을 때만 [z] 발음이 나고 그 외에는 [s] 발음입니다. ss가 단어 중간에 올 때는 [s]로 발음합니다.

s	[z]	rose [호즈] 장미 / usine [위진느] 공장 / poison [뿌아죵] 독
	[s]	sac [싹] 가방 / pâtisserie [빠띠쓰히] 제과 / passer [빠쎄] 지나가다 / poisson [뿌아쏭] 물고기

8) k와 w 발음

k와 w는 주로 외래어에서 쓰이는 알파벳입니다.

k	[k]	kiwi [끼위] 키위 / ketchup [께첩쁘] 케첩
w	[w]	whisky [위쓰끼] 위스키
	[v]	wagon [v바공] 객차, 차량

9) ti 발음

ti	[ti] [띠]	tigre [띠그흐] 호랑이 / partie [빡띠] 부분
	[si] [씨]	révolution [헤v볼뤼씨옹] 혁명 / action [악씨옹] 행동 / partial [빡씨알] 부분적인 / patience [빠씨엉쓰] 인내심

-tio [씨오], -tia [씨아] 의 경우에 t는 [s]로 발음하고, -stio [쓰띠오], -stia [쓰띠아]의 경우는 [t]로 발음합니다.

question [께쓰띠옹] 질문

10) 복합자음

ch	[ʃ] [슈]	chanson [셩쏭] 노래 / chez [쉐] 집에
ph	[f] [fㅍ]	photo [f포또] 사진 / pharmacie [f파흐마씨] 약국
gn	[ɲ] [니으]	montagne [몽딴뉴] 산 / champagne [셩빤뉴] 샴페인
th	[t] [ㄸ]	thé [떼] 차 / thon [똥] 참치
sc	[s] [ㅆ]	science [씨엉쓰] 과학 / scène [쎈느] 장면
	[sk] [ㅆㄲ]	scolaire [쓰꼴레흐] 학교의 / scandale [쓰껑달] 스캔들 / sculpture [쓰뀔뛰흐] 조각상

참고

자음 c와 마찬가지로 복합자음 sc도 모음 a, o, u와 만나면 발음이 바뀝니다.

11) -il 예외 발음

-ail(l)	[아이으]	travail [트하v바이으] 일 / ailleurs [아이외흐] 다른 곳에
-eil(l)	[에이으]	sommeil [쏘메이으] 잠 / abeille [아베이으] 꿀벌
-euil(l)	[웨이으]	fauteuil [f포뛔이으] 안락의자 / feuille [f풰이으] 나뭇잎
-œil(l)	[외이으]	œil [외이으] 눈
-ouil(l)	[우이으]	grenouille [그흐누이으] 개구리
-ill	[이으]	fille [f피으] 소녀 / famille [f파미으] 가족 / vanille [v바니으] 바닐라
예외 **-il**	[이] [일]	outil [우띠] 도구 / péril [뻬힐] 위험 / mille [밀] 천(1000)

12) 축약

축약은 모음이나 무음 h로 시작하는 단어가 오면 발음의 편의를 위해 앞 단어의 끝 모음자가 탈락되는 현상입니다. 이때 모음 생략의 표시로 '(apostrophe : 아포스트호프)를 붙입니다. 하지만 모든 모음이 다 축약되는 것은 아니므로 주의해야 합니다.

je ai (X)	j'ai [줴]
de Alice (X)	d'Alice [달리쓰]
ne ai (X)	n'ai [네]
le homme (X)	l'homme [롬므]
que elle (X)	qu'elle [껠]

13) 연음

원래는 발음되지 않던 단어의 끝 자음이 뒤의 모음이나 무음 h로 시작되는 단어를 만나 발음이 나는 것을 '연음(liaison)'이라고 합니다.

s/x → z	les enfants [레 정f펑], six hommes [씨 좀므]
d → t	quand il [껑 띨]

연음은 반드시 해야 하는 경우, 하면 안 되는 경우, 해도 되고 안 해도 되는 경우로 나뉩니다. 반드시 해야 하는 경우와 하면 안 되는 경우만 참고로 알고 넘어갑시다.

» 반드시 연음을 해야 하는 경우

대명사 + 동사	ils arrivent [일 자히v브], elles habitent [엘 자비뜨]
동사 + 대명사	Est-il français ? [에 띨 f프헝쎄], Prends-en ! [프헝 정]
한정사 + 명사	mes amis [메 자미], petit appartement [쁘띠 따빡뜨멍]
수식하는 부사 + 형용사	très heureux [트헤 줘회], très agréable [트헤 자그헤아블르]
전치사 + 명사 / 관사 / 대명사	en été [어 네떼], chez elle [쉐 젤], dans un café [덩 장 꺄페]

» 연음을 하면 안 되는 경우

명사 주어 + 동사	Vincent / aime [v방썽 엠므]
접속사 et 다음	et / elle [에 엘]
유음 h 다음	des / hollandais [데 올렁데], les / héros [레 에호]

이것만은 알고 가자! - 프랑스어 문장의 기본 구조

❶ 프랑스어 문장의 특징

프랑스어 문장은 의미 단위를 이루는 단어들이 모여 형성됩니다. 문장을 만들 때 반드시 필요한 구성요소는 명사군과 동사군입니다. 명사군에는 명사를 비롯해 명사에 연결되어 함께 쓰이는 관사, 형용사, 보어, 관계 대명사 등이 포함됩니다. 동사군에는 동사를 비롯해 동사에 연결되어 함께 쓰이는 전치사, 부사 등이 포함됩니다. 즉, 명사군과 동사군이 함께 쓰여야만 문장을 만들 수 있습니다.

Paul travaille. Paul은 일합니다.
(명사) (동사)

Les parents de Paul sont partis hier soir. Paul의 부모님은 어제 저녁 떠났습니다.
(명사군) (동사군)

프랑스어를 잘 구사하기 위해서는 학습 초기부터 프랑스어 문장의 구성 단계를 알고 학습하는 것이 많은 도움이 됩니다.

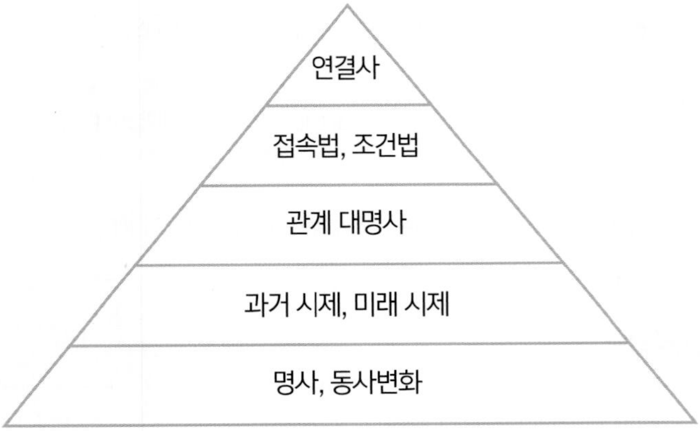

피라미드가 무너지지 않고 균형을 이루며 올바르게 서 있으려면 우선 피라미드 아래 가장 넓은 영역인 명사와 동사변화를 탄탄하게 학습해야 합니다. 기본을 탄탄하게 다졌다면 근접과거, 반과거, 복합과거, 대과거, 근접미래, 단순미래 등의 시제를 학습하고, 단문에서 복문을 만들 수 있는 관계 대명사를 학습하여 프랑스어 문장의 뼈대를 구축합니다. 그런 다음 섬세한 뉘앙스를 표현할 수 있는 접속법, 조건법 등의 어법을 학습합니다. 마지막으로 문장의 의미를 더욱 다채롭게 표현할 수 있게 해 주는 연결사를 학습하여 마무리합니다. 이렇게 피라미드 형태로 생긴 프랑스어 문장의 구성 단계를 고려하여 본 교재를 여러 차례 회독한다면 프랑스어 문법을 체계적으로 익히고 활용할 수 있을 것입니다.

❷ 단문과 복문

프랑스어 문장의 형태는 크게 단문과 복문, 두 종류로 나눌 수 있습니다. 단문은 문장에 동사가 하나만 쓰이고, 그 동사에 필수적으로 연결되는 목적어, 상황보어(장소, 시간, 이유, 대립, 목적 등)가 쓰이는 문장 형태입니다. 복문은 문장에 동사가 두 개 이상이며, 두 개 이상의 문장이 관계 대명사, 접속사 등으로 결합된 문장 형태입니다.

단문 : Il chante à haute voix.	그는 큰 소리로 노래합니다.
복문 : Je dors mal parce qu'il chante à haute voix.	그가 큰 소리로 노래하기 때문에 나는 잠을 잘 못 잡니다.

❸ 단순시제와 복합시제

프랑스어 문법에서는 동사가 매우 중요합니다. 동사의 형태변화로 시제를 표현할 수 있기 때문입니다. 프랑스어 문법에서 시제는 단순시제, 복합시제 두 가지 형태로 표현합니다. 단순시제는 동사 자체의 어근, 어미가 변화하여 만들어지는 시제입니다. 직설법 현재, 반과거, 단순미래, 접속법 현재, 조건법 현재, 등이 단순시제에 속합니다. 반면, 복합시제는 조동사 avoir 또는 être와 과거분사가 결합해 만들어지는 시제입니다. 복합과거, 대과거, 전미래, 접속법 과거, 조건법 과거 등이 복합시제에 속합니다. 복합시제의 특징은 조동사 avoir 또는 être의 형태가 각 시제나 어법에 따라 변화할 뿐, 과거분사의 형태나 성수일치 규칙은 동일하다는 것입니다.

단순시제		복합시제	
현재	Je parle.	복합과거	J'ai parlé / Elle est partie.
반과거	Je parlais.	대과거	J'avais parlé / Elle était partie.
단순미래	Je parlerai.	전미래	J'aurai parlé / Elle sera partie.
접속법 현재	... que nous parlions.	접속법 과거	... que j'aie parlé / elle soit partie.
조건법 현재	Je parlerais.	조건법 과거	J'aurais parlé / Elle serait partie.

인칭 대명사 & être 동사

Leçon 1

Je suis Paul.

나는 Paul입니다.

오늘의 목표 프랑스어의 인칭 대명사와 기본 동사인 être 동사의 형태 변화를 학습합니다.

프랑스어에는 주어 인칭 대명사와 강세형 인칭 대명사가 있습니다. 주어 인칭 대명사는 주어로 쓰이며 성과 수를 나타냅니다. 강세형 인칭 대명사는 주어를 강조하거나 접속사 또는 전치사 뒤에 쓰이기도 합니다. être 동사는 '~(이)다, ~에 있다'라는 의미이며, 국적, 출신, 직업, 인물의 성격, 사물의 특징 등을 나타낼 때 활용합니다. être 동사의 형태는 주어 인칭 대명사에 따라 불규칙 변화합니다. 1과에서는 프랑스어 문법의 기본이 되는 인칭 대명사와 être 동사를 살펴보겠습니다.

1 주어 인칭 대명사

주어 인칭 대명사에는 1, 2, 3인칭 단수와 1, 2, 3인칭 복수 여섯 가지 형태가 있습니다. 프랑스어에서는 사람뿐만 아니라 사물을 가리킬 때에도 주어 인칭 대명사를 사용할 수 있습니다. 3인칭 대명사는 남성, 여성으로 나뉘며, 명사의 성과 수에 따라 구분하여 씁니다. 명사의 성과 수는 2과에서 자세히 배우고, 1과에서는 우선 주어 인칭 대명사의 형태를 학습하겠습니다.

	단수		복수	
1인칭	나	je	우리	nous
2인칭	너	tu	너희 / 당신(들)	vous
3인칭	그 / 그녀 우리 / 사람들	il / elle on	그들 / 그녀들	ils / elles

2인칭 단수 tu

2인칭 단수 tu는 '너'라는 의미를 가지고 있습니다. 한국어로는 주로 반말로 표현되지만, 프랑스어에서 tu는 단순히 반말이라고만은 할 수 없습니다. 가까운 사이에서 서로의 친밀감을 나타낼 때 쓰는 인칭이기 때문입니다. 반면 vous는 단수와 복수 인칭으로 모두 활용될 수 있습니다. 상대방에게 격식을 갖추어 존칭해야 할 경우 '당신'이라는 의미로 사용됩니다. 복수의 의미로는 '너희, 당신들'의 뜻을 가지며 반말과 존칭으로 모두 사용될 수 있습니다.

3인칭 il, elle, ils, elles

3인칭 il, elle, ils, elles은 성이 구분된 명사를 대신해 쓰일 수 있습니다. 남성 복수형 ils은 남성 복수 명사뿐만 아니라 남성 명사와 여성 명사를 함께 가리킬 때도 쓰이지만, 여성 복수형 elles은 여성 복수 명사만 가리킬 수 있습니다. 1과에서는 사람 명사를 대신하는 경우만 살펴 보겠습니다.

Léo et Lucas, ils sont étudiants. Léo와 Lucas, 그들은 학생입니다.

Léo et Marie, ils sont français. Léo와 Marie, 그들은 프랑스 사람입니다.

Marie et Julie, elles sont parisiennes. Marie와 Julie, 그녀들은 파리지엔입니다.

프랑스어 문법에만 있는 주어 on

on은 프랑스어 문법에만 있는 특이한 주어 인칭 대명사입니다. '불특정 다수의 일반적인 사람들'을 가리키거나 회화체에서 nous 대신 '우리'의 의미로 쓰입니다. 복수의 의미를 갖고 있지만 문법적으로는 3인칭 단수이기 때문에 동사는 항상 3인칭 단수형을 사용해야 합니다.

Hugo et moi, on est français. Hugo와 나, 우리는 프랑스 사람입니다.

Au Québec, on parle français. 퀘백 주에서는 프랑스어를 씁니다.
(=사람들은 프랑스어를 합니다.)

❷ 강세형 인칭 대명사

강세형 인칭 대명사는 주어를 강조하기 위해 쓰이거나, 문법적으로 주어 인칭 대명사를 쓸 수 없는 접속사나 전치사 뒤에 쓰입니다. 인칭에 따라 달라지는 강세형 인칭 대명사를 각각 살펴봅시다.

나	moi	우리	nous
너	toi	너희 / 당신(들)	vous
그	lui	그들	eux
그녀	elle	그녀들	elles

» 주어 강조

Moi, je suis Paul. 나, 나는 Paul입니다.

Nous, nous sommes coréens. 우리, 우리는 한국 사람입니다.

» 접속사나 전치사 뒤에 위치

Je suis étudiant. Et **toi** ? 나는 학생이야. 너는?

Vous êtes avec **elle** ? 당신은 그녀와 함께 있습니까?

꼭 기억하세요!

강세형 인칭 대명사 elle, nous, vous, elles은 주어 인칭 대명사와 형태는 동일하지만, 문법상 용법은 다르다는 것에 주의합시다.

Mini test

Q. 주어 인칭 대명사와 강세형 인칭 대명사를 알맞게 연결하세요.

① je ⓐ toi

② ils ⓑ lui

③ vous ⓒ moi

④ tu ⓓ vous

⑤ il ⓔ eux

정답 ①-ⓒ / ②-ⓔ / ③-ⓓ / ④-ⓐ / ⑤-ⓑ

❸ être 동사

être는 프랑스어의 기본 동사로, '~(이)다, ~에 있다'라는 의미를 가지고 있습니다. 다양한 숙어 표현에서뿐만 아니라 앞으로 배우게 될 복합 과거 시제의 조동사로도 쓰이기 때문에 확실히 익혀야 합니다. 주어 인칭 대명사에 따라 être 동사가 어떤 형태로 바뀌는지 아래의 표를 참고하세요. 연음에 주의하여 소리 내어 읽어 봅시다.

être			
je	suis	nous	sommes
tu	es	vous	êtes
il / elle / on	est	ils / elles	sont

주어 인칭 대명사 뒤에 오는 동사가 모음이나 무음 h로 시작하는 경우, 주어 인칭 대명사와 동사는 일반적으로 연음해야 합니다. 따라서 연음해야 하는 il est, elle est, on est, vous êtes 발음에 주의합시다 .

Je suis Nicolas.	나는 Nicolas입니다.
Elle est russe.	그녀는 러시아 사람입니다.
Ils sont étudiants.	그들은 학생입니다.
Nous sommes avec lui.	우리는 그와 함께 있습니다.

Mini test

Q. 주어 인칭 대명사와 être 동사를 알맞게 연결하세요.

① je	ⓐ es
② elles	ⓑ suis
③ on	ⓒ sommes
④ vous	ⓓ est
⑤ nous	ⓔ sont
⑥ tu	ⓕ êtes

정답 ①-ⓑ / ②-ⓔ / ③-ⓓ / ④-ⓕ / ⑤-ⓒ / ⑥-ⓐ

Exercices

1 빈칸에 알맞은 강세형 인칭 대명사를 쓰세요.

① ______________, tu es français ?

너, 너는 프랑스 사람이니?

② Il est étudiant. Et __________ ?

그는 학생이야. 그녀는?

③ Marianne est avec __________.

마리안느는 우리와 함께 있습니다.

④ ______________, il est gentil.

그, 그는 친절합니다.

⑤ Elles sont avec ____________.

그녀들은 그들과 함께 있습니다.

⑥ Je suis touriste. Et _________ ?

저는 관광객입니다. 당신은요?

2 빈칸에 알맞은 être 동사를 쓰세요.

① Alice ______________ américaine.

앨리스는 미국 사람입니다.

② Nous ______________ acteurs.

우리는 배우입니다.

③ Elles ______________ à la maison.

그녀들은 집에 있습니다.

④ Vous ______________ professeur ?

당신은 선생님입니까?

⑤ Ils ______________ chanteurs.

그들은 가수입니다.

정답 p.280

명사 & avoir 동사

Leçon 2

J'ai 20 ans.

나는 20살입니다.

오늘의 목표 프랑스어 문법의 기본적인 특징이라고 할 수 있는 명사의 성(性) 개념과 avoir 동사의 형태 변화를 학습합니다.

프랑스어는 명사, 대명사, 형용사 등 몇몇 품사에서 남성과 여성으로 문법적인 성(genre)을 구분합니다. 여기서 '성'이란 일정한 규칙에 따른 명사의 문법적 성별입니다. 명사의 성은 일반적으로 단어의 어미를 통해 구분할 수 있으며, 단수형과 복수형이 있습니다. 한편, avoir 동사는 '가지다', 즉 '소유'의 뜻을 갖고 있습니다. 2과에서는 명사의 성과 수, 그리고 avoir 동사를 살펴보겠습니다.

❶ 명사의 성

프랑스어에서 명사는 남성 명사와 여성 명사로 구분합니다. 먼저, 사람은 생물학적으로 정해진 성별에 따라 명사의 성이 결정되기 때문에 구분하기 쉽습니다.

남성 명사		여성 명사	
남자	homme	여자	femme
소년	garçon	소녀	fille
아버지	père	어머니	mère
할아버지	grand-père	할머니	grand-mère

문제는 무생물 명사입니다. 프랑스어에서는 무생물 명사의 성이 임의적으로 결정되어 '문법적 성'을 갖게 됩니다. 대부분의 사물 명사는 원래부터 남성형과 여성형으로 성이 고정되어 있습니다. 아래의 표를 보고 대표적인 남성 명사 어미와 여성 명사 어미를 알아 두면 명사의 성을 구별하는 데 도움이 됩니다.

≫ 남성 명사 어미

-age	visage 얼굴, courage 용기, voyage 여행 (예외) plage 해변, image 이미지
-eau	gâteau 케이크, château 성/궁전, bateau 배/선박 (예외) peau 피부
-ment	appartement 아파트, gouvernement 정부, médicament 약
-isme	tourisme 관광, romantisme 낭만주의, égoïsme 이기주의
-oir	miroir 거울, soir 저녁, devoir 의무
-ier	pommier 사과나무, rosier 장미나무, pâtissier 파티시에

≫ 여성 명사 어미

-tion	situation 상황, solution 해결책, compétition 경쟁
-sion	télévision 텔레비전, compréhension 이해, vision 시각
-tude	étude 연구, attitude 태도, habitude 습관
-té	liberté 자유, santé 건강, société 사회
-ure	voiture 자동차, aventure 모험, nourriture 영양물
-ance	naissance 탄생, connaissance 지식, dépendance 의존

꼭 기억하세요!

규칙이 있다고 하더라도 언제나 예외가 존재하므로 어휘를 암기할 때는 반드시 성별을 함께 외웁시다.

② 명사의 여성형

사람 명사 중에는 이미 성이 고정되어 있는 명사(예: 소년, 소녀 등) 외에 일정한 규칙에 따라 남성 명사를 여성 명사로 만드는 방법도 있습니다.

» 남성 명사 + e

étudiant 남학생	→	étudiant**e** 여학생
client 남성 고객	→	client**e** 여성 고객
voisin 이웃 남자	→	voisin**e** 이웃 여자

» 마지막 자음 반복 + e

chien 수컷 강아지	→	chie**nne** 암컷 강아지
lycéen 남자 고등학생	→	lycée**nne** 여자 고등학생
champion 남자 챔피언	→	champio**nne** 여자 챔피언

» er → ère

étranger 남자 외국인	→	étrang**ère** 여자 외국인
boulanger 남자 제빵사	→	boulang**ère** 여자 제빵사

» eur → euse/rice

acteur 남자 배우	→	act**rice** 여자 배우
chanteur 남자 가수	→	chant**euse** 여자 가수
danseur 남자 댄서	→	dans**euse** 여자 댄서

꼭 기억하세요!

e로 끝난 명사의 남성형과 여성형은 동일합니다. 또, 여성형이 없이 남성형으로만 쓰이는 명사도 있으니 알아 두도록 합시다.

élève 남학생	→	élève 여학생
malade 남성 환자	→	malade 여성 환자
enfant 남자아이	→	enfant 여자아이

Mini test

1 다음 단어들의 성을 쓰세요. (남성: m, 여성: f, 모두 가능: mf)

① visage ______	② image ______	③ fille ______
④ garçon ______	⑤ pâtissier ______	⑥ situation ______
⑦ gâteau ______	⑧ peau ______	⑨ enfant ______
⑩ voiture ______	⑪ tourisme ______	⑫ élève ______

2 다음 단어들을 여성형으로 바꾸어 쓰세요.

① étudiant ______	② client ______	③ Français ______
④ voisin ______	⑤ malade ______	⑥ chanteur ______
⑦ lycéen ______	⑧ chien ______	⑨ champion ______

정답 1. ① m ② f ③ f ④ m ⑤ m ⑥ f ⑦ m ⑧ f ⑨ mf ⑩ f ⑪ m ⑫ mf

2. ① étudiante ② cliente ③ Française
④ voisine ⑤ malade ⑥ chanteuse
⑦ lycéenne ⑧ chienne ⑨ championne

❸ 명사의 복수형

이번에는 앞에서 배운 남성 명사와 여성 명사를 복수형으로 만드는 방법을 살펴보겠습니다. 명사의 복수형은 일반적으로 단수 명사에 s를 붙이며, 이때 s는 발음하지 않습니다.

étudiant 남학생 (1명)	→	étudiant**e** 여학생 (1명)
étudiant**s** 학생들 (남학생들 또는 남자 + 여자 학생들)	→	étudiant**es** 여학생들

그러나 명사 어미의 형태에 따라 복수형으로 만드는 방법이 달라지기도 합니다.

›› s, x, z로 끝나는 명사: 단수형과 복수형 형태 동일 (s와 x는 대부분의 경우 발음하지 않음)

pays 국가	→	pays 국가들
voix 목소리	→	voix 목소리들
gaz 가스	→	gaz 가스들

›› al로 끝나는 명사: 복수형 어미 aux로 변화

animal 동물	→	anim**aux** 동물들
journal 신문	→	journ**aux** 신문들
cheval 말	→	chev**aux** 말들

›› au, eau, eu로 끝나는 명사 : 복수형 어미 x 추가

noyau 씨/핵심	→	noyau**x** 씨/핵심들
cadeau 선물	→	cadeau**x** 선물들
cheveu 머리카락 한 올	→	cheveu**x** 머리카락들

꼭 기억하세요!

명사의 성과 수는 관사나 형용사의 형태에도 영향을 끼칩니다. 다소 복잡하고 어렵게 느껴지더라도 프랑스어 문법의 기본적인 특징이므로 반드시 정확하게 알아 두도록 합시다.

Mini test

1 다음 단어들을 복수형으로 바꾸어 쓰세요.

① visage ________	② élève ________	③ pays ________
④ gaz ________	⑤ voisin ________	⑥ voix ________
⑦ noyau ________	⑧ château ________	⑨ cheval ________
⑩ garçon ________	⑪ cheveu ________	⑫ voiture ________

2 다음 중 명사의 단수형-복수형이 올바르게 연결되지 않은 것을 골라 바르게 고치세요.

① manteau – manteaux

② chat – chats

③ actrice – actrices

④ animal – animals

⑤ fils – fils

정답 1. ① visages ② élèves ③ pays
④ gaz ⑤ voisins ⑥ voix
⑦ noyaux ⑧ châteaux ⑨ chevaux
⑩ garçons ⑪ cheveux ⑫ voitures
2. ④ animal – animaux

❹ avoir 동사

avoir는 프랑스어의 기본 동사로 '가지다'라는 의미이며, 소유뿐만 아니라 나이나 통증을 나타낼 때도 활용합니다. avoir는 être와 마찬가지로 여러 관용 표현에서뿐만 아니라 복합 과거 시제의 조동사로도 쓰이기 때문에 être와 구별하여 확실히 익혀야 합니다.

avoir			
j'	ai	nous	avons
tu	as	vous	avez
il / elle / on	a	ils / elles	ont

꼭 기억하세요!

주어 인칭 대명사 중 je는 유일하게 축약합니다. je 다음에 모음이나 무음 h로 시작하는 단어가 올 경우에는 j'로 축약해야 합니다. 다른 주어 인칭 대명사들은 축약하지 않으므로 유의하세요.

1과에서 학습했듯이 주어 인칭 대명사 뒤에 오는 동사가 모음이나 무음 h로 시작하는 경우, 주어 인칭 대명사와 동사는 일반적으로 연음해야 합니다. 따라서 연음해야 하는 il a, elle a, on a, nous avons, vous avez, ils ont, elles ont 발음에 주의합시다 .

J'ai un stylo. 나는 볼펜을 가지고 있습니다.

Vous avez des amis français ? 당신은 프랑스인 친구들이 있습니까?

또, 프랑스어에서는 나이를 말할 때, 아픔이나 몸 상태를 표현할 때 사용하는 관용 표현에서 avoir동사를 활용합니다. 관사의 사용, 전치사와 관사의 축약은 8과에서 배우고, 여기서는 avoir를 활용한 표현 위주로 살펴보겠습니다.

>> 나이 말하기 (기수 + an(s))

J'ai 25 ans. 나는 25살입니다.

Il a 19 ans. 그는 19살입니다.

참고

an 연(年) / –세

>> 신체 부위의 아픈 곳 말하기 (avoir mal à + 신체 부위)

J'ai mal à la tête. 나는 머리가 아픕니다.

Tu as mal à la gorge ? 너는 목이 아프니?

참고

mal 아픔

>> 몸 상태에 대해 말하기

J'ai chaud.	나는 덥습니다.
J'ai froid.	나는 춥습니다.
J'ai faim.	나는 배가 고픕니다.
J'ai soif.	나는 목이 마릅니다.
J'ai peur.	나는 무섭습니다.
J'ai sommeil.	나는 졸립니다.

참고

chaud 더위, froid 추위, faim 배고픔, soif 갈증, peur 두려움, sommeil 졸음

Mini test

1 주어 인칭 대명사와 avoir 동사를 알맞게 연결하세요.

① je (j')	ⓐ as
② elles	ⓑ ai
③ on	ⓒ avons
④ vous	ⓓ a
⑤ nous	ⓔ ont
⑥ tu	ⓕ avez

2 다음 중 우리말 해석과 일치하지 않는 것을 골라 바르게 고치세요.

① 그녀는 목이 마릅니다. → Elle a soif.

② 그는 덥습니다. → Il a faim.

③ 당신은 머리가 아픕니다. → Vous avez mal à la tête.

정답 1. ①-ⓑ / ②-ⓔ / ③-ⓓ / ④-ⓕ / ⑤-ⓒ / ⑥-ⓐ
2. ② 그는 덥습니다. / Il a chaud.

Exercices

1 <보기>와 같이 주어진 단어의 성과 복수형을 쓰세요. (남성: m, 여성: f, 모두 가능: mf)

보기
livre → m / livres　　fleur → f / fleurs

① chapeau → ________________

② ordinateur → ________________

③ élève → ________________

④ voiture → ________________

⑤ télévision → ________________

⑥ secrétaire → ________________

⑦ bureau → ________________

⑧ connaissance → ________________

⑨ journal → ________________

⑩ situation → ________________

MP3 QR

2 다음 괄호 안의 단어들을 해석에 맞게 순서대로 쓰세요. 단, 축약이 필요하면 축약하세요.

① 나는 목이 아픕니다. (ai, Je, la gorge, mal à)

→ ______________________________

② Nicolas는 15살입니다. (15 ans, a, Nicolas)

→ ______________________________

③ 우리는 졸립니다. (On, sommeil, a)

→ ______________________________

④ 너는 배가 고프니? (faim, Tu, as, ?)

→ ______________________________

⑤ 당신은 프랑스인 친구들이 있습니까? (avez, des amis français, Vous, ?)

→ ______________________________

⑥ Hugo와 나, 우리는 덥습니다. (chaud, avons, Hugo et moi, nous)

→ ______________________________

⑦ Sylvie와 Lucas, 그들은 20살입니다. (ont, ils, 20 ans, Sylvie et Lucas)

→ ______________________________

⑧ Marie는 머리가 아픕니다. (Marie, mal à, a, la tête)

→ ______________________________

정답 p.280

관사

Leçon 3

C’est un stylo.

이것은 볼펜입니다.

오늘의 목표 명사를 한정(제한)하는 품사인 관사-정관사, 부정관사, 부분관사-를 학습합니다.

프랑스어에서 명사 앞에는 언제나 명사를 한정하는 한정사가 놓입니다. 관사는 대표적인 한정사로, 명사의 성과 수에 따라 변화합니다. 관사는 정관사(l'article défini), 부정관사(l'article indéfini), 부분관사(l'article partitif)의 세 종류가 있고, 명사의 의미에 따라 쓰임이 달라집니다. 3과에서는 프랑스어 문법의 대표적인 한정사인 관사를 살펴보겠습니다.

1 정관사

정관사는 한정된 것을 가리키는데 특히 상대방이 화자가 가리키는 것이 무엇인지 알고 있을 때 사용합니다. 또 일반적인 개념의 총체적인 것 혹은 유일한 것을 가리킬 때도 사용합니다. 정관사는 명사의 성과 수에 따라 아래와 같이 세 가지 형태로 변화합니다.

남성 단수	여성 단수	복수 (남성, 여성)
le	la	les

le sac 가방	la fleur 꽃	les sacs 가방들	les fleurs 꽃들
le stylo 볼펜	la clé 열쇠	les stylos 볼펜들	les clés 열쇠들

1.1 정관사의 용법

» 한정된 것을 가리킬 때

주로 '명사 + de 명사' 구문에서 앞에 나오는 명사, 관계 대명사절이 앞의 명사를 한정(제한)할 때 정관사를 씁니다. 여기서는 '명사 + de 명사'를 살펴보고, 관계 대명사절이 앞의 명사를 한정하는 경우는 18과에서 살펴보겠습니다.

C'est le livre de Paul.	Paul의 책입니다. (폴의 책으로 한정)
C'est la chambre de Nicolas.	Nicolas의 방입니다. (니콜라의 방으로 한정)
Ce sont les romans de Victor Hugo.	빅토르 위고의 소설들입니다. (빅토르 위고의 소설로 한정)

참고

c'est는 '이것(이 사람)은 ~이다'라는 뜻이며, 사람과 사물을 가리킬 때 모두 사용할 수 있습니다.
ce sont은 c'est의 복수 형태입니다.

» 총체적인(일반적인 개념) 것을 가리킬 때

일부가 아닌 전체를 가리킬 때 씁니다.

Elle aime le café.	그녀는 커피를 좋아합니다. (커피라는 것 전체 지칭)
Il aime la musique.	그는 음악을 좋아합니다. (음악이라는 것 전체 지칭)
J'aime les romans.	나는 소설을 좋아합니다. (소설이라는 것 전체 지칭)

» 유일한 것을 가리킬 때

국가, 바다, 대륙 등의 명칭이나 태양이나 별 같은 천체 등을 비롯한 고유 명사를 가리킬 때 씁니다.

le soleil	태양
la Seine	센 강
les Alpes	알프스

1.2 정관사의 축약

정관사 le와 la 뒤에 모음이나 무음 h로 시작하는 명사가 나올 때에는 모음의 충돌을 피하고 발음의 편의를 위해 l'로 축약합니다.

le étudiant 학생	→	l'étudiant	la université 대학교	→	l'université
le arbre 나무	→	l'arbre	la Europe 유럽	→	l'Europe
le homme 남자	→	l'homme	la histoire 역사, 이야기	→	l'histoire

Mini test

Q. 밑줄 친 부분에 알맞은 정관사(le, la, les)를 쓰세요.

① _____ soleil 태양

② _____ ciel 하늘

③ _____ étoiles 별들

④ _____ Corée 한국

⑤ _____ France 프랑스

⑥ _____ tête 머리

⑦ _____ Afrique 아프리카

⑧ _____ photos de famille 가족 사진들

⑨ _____ États-Unis 미국

⑩ _____ hôtel 호텔

정답 ① le ② le ③ les ④ la ⑤ la ⑥ la ⑦ l' ⑧ les ⑨ les ⑩ l'

2 부정관사

부정관사는 한정되지 않은 막연한 의미의 사람 혹은 사물 명사 앞에 쓰이며 명확하지 않다는 의미로 '어떤'의 뜻을 가집니다. 또 셀 수 있는 명사 앞에 쓰여 수량을 나타내기도 하며, 형용사 등으로 수식된 명사의 의미가 개별적이고 특정된 경우에도 부정관사를 씁니다. 부정관사도 명사의 성과 수에 따라 아래와 같이 변화합니다.

남성 단수	여성 단수	복수 (남성, 여성)
un	une	des

un livre 책	une table 테이블	des livres 책들
un chat 고양이	une gomme 지우개	des tables 테이블들
		des chats 고양이들
		des gommes 지우개들

>> 한정되지 않은 막연한 의미의 사람 또는 사물을 가리킬 때

C'est un ordinateur.	이것은 컴퓨터입니다.
C'est une voiture.	이것은 자동차입니다.
J'ai une idée !	내게 아이디어가 있어!
Ce sont des lunettes.	이것은 안경입니다. (안경은 항상 복수 명사로 씀)

>> 셀 수 있는 명사 앞에서 수량을 나타낼 때

J'ai un vélo.	나는 자전거 한 대를 가지고 있습니다.
Il y a une fille là-bas.	저기 한 소녀가 있습니다.
Il y a des élèves dans la cour.	운동장에 학생들이 있습니다.

참고

Il y a는 비인칭 구문으로 '~이 있다'라는 뜻이며, 형태가 변하지 않습니다.
Il y a 다음에는 단수 명사와 복수 명사 모두 쓸 수 있습니다.

>> 수식된 명사가 개별적이고 특정된 경우

J'aime un paysage d'hiver.	나는 겨울 풍경을 좋아합니다. (겨울의 풍경으로 특정함)
Nice, c'est une ville française.	니스, 그것은 프랑스 도시입니다. (프랑스 도시로 특정함)
Ce sont des plats délicieux.	이것들은 맛있는 음식들입니다. (맛있는 음식으로 특정함)

Mini test

Q. 밑줄 친 부분에 알맞은 부정관사(un, une, des)를 쓰세요.

① _____ journal français 프랑스 신문

② _____ magazines 잡지들

③ _____ téléphone portable 휴대전화

④ _____ chaussettes 양말

⑤ _____ chaussures 신발

⑥ _____ robe 원피스, 드레스

⑦ _____ chaise 의자

⑧ _____ dictionnaire 사전

⑨ _____ montre 손목시계

⑩ _____ carte d'identité 신분증

정답 ① un ② des ③ un ④ des ⑤ des ⑥ une ⑦ une ⑧ un ⑨ une ⑩ une

3 부분관사

부분관사는 추상 명사를 포함한 셀 수 없는 명사 앞에 쓰입니다. 주로 액체, 덜어 먹거나 잘라먹는 음식 명사 앞에는 부분관사를 씁니다. 부분관사는 구체적인 수가 아닌 양적인 의미를 나타내는 관사입니다. 정관사는 일반적인 전체를 나타내고, 부정관사는 수를 나타내는 반면, 부분관사는 전체 중 일부, 일부의 양을 나타냅니다. 부분관사도 명사의 성과 수에 따라 아래 표와 같이 변화합니다. 부분관사의 남성 단수, 여성 단수는 뒤에 모음이나 무음 h로 시작하는 명사가 나올 때 모음의 충돌을 피하고 발음상 편의를 위해 de l'로 축약합니다.

남성 단수	여성 단수	복수 (남성, 여성)
du (de l')	de la (de l')	des

du pain 빵	de la viande 고기	des fruits 과일
du fromage 치즈	de la bière 맥주	des légumes 채소
du beurre 버터	de l'eau 물	des frites 감자튀김

>> 셀 수 없는 명사 앞에서

Je mange du pain.	나는 빵을 먹습니다.
J'ai de la monnaie.	나는 잔돈이 있습니다.

>> 추상 명사 앞에서

Il faut du courage.	용기가 필요하다.
Tu as de la chance !	너는 운이 좋구나!

참고

'Il faut... ~이 필요하다'는 비인칭 구문으로 언제나 3인칭 단수 형태로만 씁니다.
'Il faut + 명사'는 '필요성'을 나타내며, 시간 명사가 나올 때는 소요되는 시간을 나타내기도 합니다.
'Il faut + 동사원형'은 '~해야 한다'는 '의무'를 나타냅니다.

꼭 기억하세요!

셀 수 없는 음식 명사라 할지라도 항상 부분관사를 쓰는 것은 아닙니다. 음식에 대한 기호를 나타내는 동사(aimer 좋아하다, préférer 선호하다, détester 싫어하다 등) 뒤에서 음식 명사는 총체적인 의미를 갖기 때문에 정관사를 씁니다. 반면 음식 섭취와 관련된 동사(manger 먹다, boire 마시다, prendre 먹다/마시다, vouloir 원하다 등) 뒤에 음식 명사가 나올 때에는 부분관사를 씁니다.

J'aime le pain. Je mange du pain au petit-déjeuner.
나는 빵을 좋아합니다. 나는 아침 식사로 빵을 먹습니다.
(총체적인 의미) (전체 중 일부)

Mini test

Q. 밑줄 친 부분에 알맞은 부분관사(du, de la, des)를 쓰세요.

① _____ café 커피 ② _____ salade 샐러드 ③ _____ argent 돈

④ _____ or 금 ⑤ _____ légumes 채소 ⑥ _____ fruits de mer 해산물

⑦ _____ confiture 잼 ⑧ _____ vin 와인 ⑨ _____ fromage 치즈

정답 ① du ② de la ③ de l' ④ de l' ⑤ des ⑥ des ⑦ de la ⑧ du ⑨ du

Exercices

1 밑줄 친 부분에 알맞은 관사를 <보기>에서 골라 쓰세요.

보기					
le	la	les	un	une	des

① Dans _______ ciel, il y a _______ lune et _______ étoiles.

하늘에는 달과 별들이 있습니다.

② Tu as _______ stylo ?

너 볼펜 있니?

③ J'ai ________ chat et ________ chien.

나는 고양이 한 마리와 개 한 마리가 있습니다.

④ Cannes, c'est ________ ville française.

칸, 그것은 프랑스 도시입니다.

⑤ Il y a ________ élèves dans la cour.

운동장에 학생들이 있습니다.

⑥ __________ jardin de Nicolas est magnifique.

Nicolas의 정원은 아름답습니다

MP3 QR

2 밑줄 친 부분에 알맞은 관사를 <보기>에서 골라 쓰세요.

보기					
le	la	les	du	de la	des

① A: Tu aimes __________ bière ?

너는 맥주를 좋아하니?

B: Oui, je bois souvent ________ bière.

응, 나는 자주 맥주를 마셔.

② A: Paul, tu as faim ?

Paul, 너는 배가 고프니?

B: Oui, j'ai faim. Je veux _______ pain.

응, 나는 배고파. 나는 빵을 원해.

③ A: Vous préférez _______ viande ou __________ poisson ?

당신은 고기를 선호합니까, 생선을 선호합니까?

B: Moi, j'aime ________ poisson.

나, 나는 생선을 좋아합니다.

④ A: J'adore _____ fruits de mer. Et toi ?

나는 해산물을 좋아해. 너는?

B: Moi aussi. Je mange ________ fruits de mer avec __________ vin blanc.

나도. 나는 해산물을 화이트 와인과 함께 먹어.

정답 p.280

형용사 1

Leçon 4

Il est beau, elle est belle.

그는 멋있습니다, 그녀는 예쁩니다.

오늘의 목표 명사나 대명사를 수식하는 품질 형용사, 색깔 형용사, 감정 형용사에 대해 학습합니다.

형용사는 명사를 수식하면서 명사의 의미를 더 구체적이고 풍부하게 만들어 주는 품사입니다. 형용사는 수식하는 명사 또는 대명사의 성과 수에 그 형태를 일치시켜야 합니다. 3과에서는 품질 형용사, 색깔 형용사, 감정 형용사의 개념 및 형태와 명사를 수식하는 위치에 따라 의미가 달라지는 형용사도 함께 살펴보겠습니다.

1 품질 형용사

품질 형용사는 명사의 모양, 성질, 특징 등을 구체적으로 표현하는 형용사입니다. 앞서 프랑스어 명사는 문법적 성에 따라 구분된다는 것을 학습했습니다. 명사를 수식하는 형용사 또한 명사의 성과 수에 따라 남성 단수/복수, 여성 단수/복수의 형태로 변합니다.

1.1 형용사의 여성형

모든 형용사의 기본형은 남성형이며, 여성형으로 바꾸는 몇 가지 규칙이 있습니다. 2과에서 학습한 명사의 여성형 규칙과 비슷한 부분이 있으니 참고하세요.

» 남성형 + e

가장 기본적인 방법입니다. 철자뿐만 아니라 발음이 변하는 경우가 있으니 주의하세요.

grand	→	grande 큰	joli	→	jolie 예쁜
petit	→	petite 작은	mauvais	→	mauvaise 나쁜
méchant	→	méchante 심술궂은, 못된			

e로 끝난 형용사는 남성형과 여성형이 동일합니다.

facile	→	facile 쉬운	jeune	→	jeune 젊은, 어린
difficile	→	difficile 어려운			

» 마지막 자음 반복 + e

en, on, et, ot, el, eil로 끝나는 형용사는 마지막 자음을 반복하고 e를 붙입니다.

européen	→	européenne 유럽의	sot	→	sotte 어리석은, 멍청한
mignon	→	mignonne 귀여운	annuel	→	annuelle 1년마다
bon	→	bonne 좋은, 맛있는	pareil	→	pareille 같은, 유사한
muet	→	muette 말이 없는			

예외

complet	→	complète 완전한, 철저한	inquiet	→	inquiète 걱정스러운
secret	→	secrète 비밀의, 은밀한			

» er → ère

léger	→	légère 가벼운	étranger	→	étrangère 낯선, 외국의
fier	→	fière 자신감 있는	premier	→	première 최초의

» eur → euse/rice

menteur	→	menteuse 거짓말쟁이의	créateur	→	créatrice 창조적인

예외

majeur	→	majeure 주요한, 성년의	extérieur	→	extérieure 외부의
meilleur	→	meilleure 더 나은, 더 좋은			

» x → se

heureux	→	heureuse 기쁜	dangereux	→	dangereuse 위험한
sérieux	→	sérieuse 진지한			

예외

doux	→	douce 부드러운, 온화한	faux	→	fausse 틀린, 거짓의

» f → ve

neuf	→	neuve 새것의	créatif	→	créative 창의적인
naïf	→	naïve 순진한			

» c → que

turc	→	turque 터키의	public	→	publique 공공의, 대중의

예외

grec	→	grecque 그리스의	sec	→	sèche 마른, 건조한

>> 여성형이 불규칙하게 변하는 형용사

일반적인 규칙은 있지만 예외는 언제나 존재합니다. 형용사가 여성형으로 변할 때 형태가 불규칙하게 변하는 형용사도 있으니 잘 알아 두도록 합시다.

beau	→	belle 멋진, 예쁜	vieux	→	vieille 늙은, 낡은
gros	→	grosse 뚱뚱한, 살찐	gentil	→	gentille 친절한
bas	→	basse 낮은	long	→	longue 길이가 긴, 오래 걸리는
nouveau	→	nouvelle 새로운	jumeau	→	jumelle 쌍둥이의

Mini test

Q. 다음 형용사들의 여성형을 쓰세요.

① joli ________	② jeune ________	③ mignon ________
④ pareil ________	⑤ complet ________	⑥ léger ________
⑦ menteur ________	⑧ étranger ________	⑨ extérieur ________
⑩ heureux ________	⑪ faux ________	⑫ naïf ________

정답

① jolie	② jeune	③ mignonne
④ pareille	⑤ complète	⑥ légère
⑦ menteuse	⑧ étrangère	⑨ extérieure
⑩ heureuse	⑪ fausse	⑫ naïve

1.2 형용사의 복수형

일반적으로 형용사의 복수형은 명사의 복수형과 마찬가지로 형용사의 단수형에 s를 붙이며, 이때 s는 발음하지 않습니다.

남성형			여성형		
grand	→	grand**s**	grande	→	grand**es**
petit	→	petit**s**	petite	→	petit**es**
joli	→	joli**s**	jolie	→	joli**es**
bon	→	bon**s**	bonne	→	bon**nes**

이처럼 형용사의 복수형은 단수형에 s를 붙여 만들 수 있지만 남성 형용사는 어미에 따라 복수형으로 만드는 방법이 달라지기도 합니다.

» s, x로 끝나는 형용사

s, x로 끝나는 형용사의 단수형과 복수형은 동일합니다.

gros → gros 뚱뚱한, 살찐
vieux → vieux 늙은, 낡은

» al → aux

amical → amic**aux** 우호적인, 친밀한
mondial → mondi**aux** 세계적인

예외

fatal → fatal**s** 운명의, 치명적인
final → final**s** 최종의

» eau → eaux

beau → beau**x** 멋진, 예쁜
nouveau → nouveau**x** 새로운

Mini test

Q. 괄호 안의 형용사를 명사의 성과 수에 맞게 바꾸어 쓰세요.

① une ____________ chambre		(petit)	작은 방
② des questions ____________		(difficile)	어려운 문제들
③ une ____________ humeur		(mauvais)	나쁜 기분
④ des projets ____________		(annuel)	연간 계획들
⑤ des activités ____________		(dangereux)	위험한 활동들
⑥ une opinion ____________		(public)	여론
⑦ une ____________ vache		(gros)	뚱뚱한 소
⑧ une ____________ durée		(long)	오랜 기간
⑨ des romans ____________		(mondial)	세계적인 소설들
⑩ une voix ____________		(doux)	부드러운 목소리
⑪ une langue ____________		(étranger)	외국어
⑫ un ____________ souvenir		(beau)	아름다운 추억
⑬ une cuisine ____________		(français)	프랑스 요리
⑭ des meubles ____________		(ancien)	오래된 가구들
⑮ des idées ____________		(créatif)	창의적인 생각들

정답 ① petite ② difficiles ③ mauvaise ④ annuels ⑤ dangereuses
⑥ publique ⑦ grosse ⑧ longue ⑨ mondiaux ⑩ douce
⑪ étrangère ⑫ beau ⑬ française ⑭ anciens ⑮ créatives

❷ 색깔 형용사

색깔 형용사도 일반적으로 수식하는 명사의 성과 수에 따라 형태가 변합니다. 규칙적으로 변하는 형용사도 있지만 불규칙적으로 변하는 것도 있으니 잘 알아 두도록 합시다.

뜻	남성 단수	여성 단수	남성 복수	여성 복수
빨간색의 ●	rouge	rouge	rouges	rouges
노란색의 ●	jaune	jaune	jaunes	jaunes
파란색의 ●	bleu	bleue	bleus	bleues
초록색의 ●	vert	verte	verts	vertes
분홍색의 ●	rose	rose	roses	roses
흰색의 ○	blanc	blanche	blancs	blanches
회색의 ●	gris	grise	gris	grises
보라색의 ●	violet	violette	violets	violettes
검정색의 ●	noir	noire	noirs	noires
갈색의 ●	brun	brune	bruns	brunes
금색의 ●	blond	blonde	blonds	blondes

un t-shirt **noir**	검정색 티셔츠
une jupe **verte**	초록색 치마
des lunettes **bleues**	파란색 안경

하지만 원래 명사로 쓰이던 사물이 색깔 형용사로 쓰이는 경우에는 명사의 성과 수에 일치시키지 않습니다.

뜻	형태
오렌지색의 ●	orange
밤색의 ●	marron
올리브색의 ●	olive
살구색의 ●	abricot

un manteau **orange**	오렌지색 외투
une robe **marron**	밤색 원피스
des chemises **abricot**	살구색 와이셔츠들

3 감정/느낌 형용사

감정/느낌 형용사도 수식하는 명사 또는 대명사의 성과 수에 일치시켜야 합니다.

magnifique	매우 멋진, 웅장한
intéressant(e)	흥미로운, 재미있는
original(e)	독창적인, 참신한
agréable	호감의, 유쾌한
précieux(-se)	소중한
content(e)	만족한, 마음에 드는
malheureux(-se)	불행한
triste	슬픈
ennuyeux(-se)	지루한, 지겨운
mélancolique	우울한
surpris(e)	놀라운
déçu(e)	실망한

Le roman de Dumas est **original.** 뒤마의 소설은 독창적입니다.

Paul est **ennuyeux.** Paul은 지루합니다.

Marie est **contente.** Marie는 만족합니다.

C'est un cadeau **magnifique** ! 이것은 매우 멋진 선물이야!

하지만 감정/느낌 형용사가 명사나 대명사를 직접적으로 수식하지 않고 'C'est + 형용사'의 단순 서술의 형태로 쓰이는 경우에는 항상 남성 단수 기본형을 씁니다. 이 규칙은 품질 형용사와 색깔 형용사에도 동일하게 적용됩니다.

Le roman d'Hugo, c'est **intéressant.** 위고의 소설, 그것은 재미있습니다.

La Tour Eiffel, c'est **grand.** 에펠탑, 그것은 큽니다.

Les chaussures de Nicolas, c'est **gris.** Nicolas의 신발, 그것은 회색입니다.

Les moules-frites, c'est **bon.** 물 프리트, 그것은 맛있습니다.

참고

moules-frites (요리 이름) 감자튀김을 곁들인 홍합찜

Mini test

Q. 괄호 안의 형용사를 명사의 성과 수에 맞게 바꾸어 쓰세요.

① La voiture de Laura est ____________________. (magnifique)

Laura의 자동차는 멋있습니다.

② Je vois des films ____________________. (intéressant)

나는 재미있는 영화들을 봅니다.

③ Il porte une chemise ________________. (bleu)

그는 파란 와이셔츠를 입고 있습니다.

④ Elle est ____________________. (malheureux)

그녀는 불행합니다.

⑤ Nina aime la jupe __________________. (abricot)

Nina는 살구색 치마를 좋아합니다.

⑥ Paul a les yeux ____________________. (brun)

Paul은 갈색 눈을 갖고 있습니다.

⑦ Ce sont des cadeaux _________________. (précieux)

이것은 소중한 선물들입니다.

⑧ Elle est un peu ____________________. (déçu)

그녀는 조금 실망합니다.

⑨ La Tour Eiffel, c'est _________________. (grand)

에펠탑, 그것은 큽니다.

⑩ La lune est _________________ et ___________________. (rond, blond)

달이 둥글고 금빛입니다.

정답 ① magnifique ② intéressants ③ bleue ④ malheureuse
⑤ abricot ⑥ bruns ⑦ précieux ⑧ déçue ⑨ grand ⑩ ronde, blonde

4 형용사의 위치

국적, 색깔, 품질, 감정, 느낌 등을 나타내는 형용사는 일반적으로 명사를 뒤에서 수식합니다. 음절이 긴 형용사도 주로 명사를 뒤에서 수식합니다.

un ciel **gris**	흐린 하늘
une voiture **blanche**	흰 자동차
des moments **agréables**	유쾌한 순간들
Nicolas est un étudiant **sérieux.**	Nicolas는 진중한 학생입니다.
Ce sont des œuvres **mondiales.**	이것들은 세계적인 작품들입니다.

하지만 2음절 이하로 짧게 발음되면서 자주 사용되는 일부 형용사(bon, mauvais, grand, petit, gros, beau, joli, jeune, nouveau 등)의 경우에는 명사를 앞에서 수식합니다.

un **beau** temps	좋은 날씨
une **nouvelle** solution	새로운 해결책
de **jolies** filles	예쁜 소녀들

참고

▪ **복수의 de**

형용사가 복수 명사를 앞에서 수식하는 경우, 부정관사 des는 de로 바뀝니다. 이를 '복수의 de'라고 합니다.

des yeux (양쪽)눈 — de beaux yeux 예쁜 눈

하지만 합성 명사(형용사와 명사가 연결부호(trait d'union, -로 표시됨)로 합성되어 굳어진 의미로 쓰이는 명사)로 쓰인 경우 부정관사 des는 de로 바뀌지 않고 그대로 쓰입니다.

de petits garçons 어린 소년들, 남자 아이들	des petits-enfants 손자들
de grands parcs 큰 공원들	des grands-parents 조부모님
de belles images 아름다운 이미지들	des belles-sœurs 의붓자매들

▪ **남성 제2형을 갖는 형용사**

모음이나 무음 h로 시작하는 남성 단수 명사를 앞에서 수식하는 형용사 중에는 발음의 편의를 위해 남성 제2형으로 변하는 형용사들이 있습니다. 그러나 모음이나 무음 h로 시작하더라도 남성 복수 명사인 경우에는 남성 제2형을 쓰지 않습니다. 특수한 경우이니 잘 알아 두도록 합시다.

남성형	여성형	남성 제2형
beau(x)	belle(s)	bel
nouveau(x)	nouvelle(s)	nouvel
vieux	vieille(s)	vieil

un **bel** avion 멋진 비행기
de **beaux** avions 멋진 비행기들
un **nouvel** appartement 새 아파트
de **nouveaux** appartements 새 아파트들
un **vieil** homme 늙은 남자, 노인
de **vieux** hommes 늙은 남자들

5 위치에 따라 의미가 달라지는 형용사

몇몇 형용사는 명사를 앞에서 수식하느냐, 뒤에서 수식하느냐에 따라 의미가 변합니다.

형용사	명사 앞	명사 뒤
ancien(ne)	예전의, 퇴직한	오래된, 옛날의
cher(-ère)	친애하는, 소중한	값비싼
grand(e)	위대한, 중대한	키가 큰
petit(e)	(규모가) 작은, 어린	키가 작은
pauvre	불쌍한	가난한, 빈약한
seul(e)	단 하나의	고독한, 외로운

un **ancien** président 전 대통령
une voiture **ancienne** 오래된 자동차
un **cher** ami 소중한 친구
une chambre **chère** 비싼 방
un **grand** personnage 위대한 인물
une femme **grande** 키가 큰 여자
un **petit** commerçant 소상공업자
une fille **petite** 키가 작은 소녀
un **pauvre** voisin 불쌍한 이웃
une famille **pauvre** 가난한 가족
un **seul** enfant 단 한 명의 아이
une personne **seule** 고독한 사람

Mini test

1 괄호 안의 형용사를 명사의 성과 수에 맞게 바꾸고 알맞은 위치에 쓰세요.

① un ________ canapé ________	(confortable)	편안한 소파
② un ________ homme ________	(jeune)	젊은 남자
③ une ________ voiture ________	(nouveau)	새 자동차
④ une ________ chambre ________	(agréable)	쾌적한 방
⑤ des ________ lunettes ________	(vert)	초록색 안경
⑥ une ________ robe ________	(joli)	예쁜 원피스
⑦ un ________ hôtel ________	(vieux)	오래된 호텔
⑧ un ________ acteur ________	(beau)	잘생긴 배우
⑨ des ________ personnes ________	(pauvre)	가난한 사람들
⑩ des ________ élèves ________	(sérieux)	진중한 학생들

2 밑줄 친 부분에 복수의 de 또는 부정관사 des를 쓰세요.

① Elle a ________ beaux yeux.	그녀는 아름다운 눈을 갖고 있습니다.
② Ils ont ________ petits-enfants.	그들은 손자들이 있습니다.
③ Là-bas, il y a ________ vieilles voitures.	저기에 오래된 자동차들이 있습니다.
④ Vous avez ________ nouvelles solutions ?	당신은새로운해결책들을갖고있습니까?
⑤ J'ai ________ beaux-frères.	나는 의붓형제들이 있습니다.

정답 1. ① un canapé confortable ② un jeune homme ③ une nouvelle voiture ④ une chambre agréable ⑤ des lunettes vertes ⑥ une jolie robe ⑦ un vieil hôtel ⑧ un bel acteur ⑨ des personnes pauvres ⑩ des élèves sérieux
2. ① de ② des ③ de ④ de ⑤ des

Exercices

1 <보기>와 같이 주어진 문장을 바꾸어 쓰세요.

1-1

보기

Paul est intelligent et Marie aussi. → C'est vrai, ils sont intelligents.

① Pierre est gentil et Élisa aussi. → ______________________

② Lucie est mignonne et Sylvie aussi. → ______________________

③ L'éléphant est gros et l'hippopotame aussi. → ______________________

④ Le ballon est rond et la Terre aussi. → ______________________

⑤ La table est ancienne et le fauteuil aussi. → ______________________

1-2

보기

Le pantalon est beau. Et la robe ? → Elle est belle.

⑥ Max est prêt. Et elle, Marion ? → ______________________

⑦ L'ananas est mûr. Et les bananes ? → ______________________

⑧ Le pantalon est rose. Et les chaussures ? → ______________________

⑨ Le sac est lourd. Et les valises ? → ______________________

⑩ Le gâteau est bon. Et les frites ? → ______________________

2 괄호 안의 단어들을 해석에 맞게 순서대로 쓰세요.

① 이것은 세계적인 작품들입니다. (des, Ce, mondiales, sont, œuvres)

→ ______________________________

② 프랑스 요리는 맛있습니다. (bonne, cuisine, La, française, est)

→ ______________________________

③ 그녀는 예쁜 눈을 가지고 있습니다. (yeux, de, Elle, a, beaux)

→ ______________________________

④ 그는 금색의 머리카락을 가지고 있습니다. (Il, cheveux, les, blonds, a)

→ ______________________________

⑤ 이것은 새 아파트입니다. (nouvel, C'est, appartement, un)

→ ______________________________

⑥ 저기, 큰 정원들이 있습니다. (jardins, il y a, Là-bas, grands, de)

→ ______________________________

⑦ 이것은 오래된 호텔입니다. (C'est, hôtel, vieil, un)

→ ______________________________

⑧ 로마에는 역사적 기념물들이 있습니다. (historiques, À Rome, des, il y a, monuments)

→ ______________________________

정답 p.280

형용사 2

Leçon 5

Quel est votre prénom ?

당신의 이름은 무엇입니까?

오늘의 목표

오늘은 명사를 앞에서 수식하며 한정사 역할을 하는 소유 형용사와 지시 형용사에 대해 학습합니다. 또 명사를 수식하면서 '어떤, 무슨'의 의미를 나타내는 의문 형용사도 함께 살펴봅시다.

소유 형용사와 지시 형용사는 명사를 앞에서 수식하며 관사 대신 의미를 제한해주는 한정사 역할을 하는 품사입니다. 두 형용사 모두 뒤에 오는 명사의 성과 수에 따라 형태가 변합니다. 의문 형용사도 수식하는 명사의 성과 수에 따라 형태가 변합니다. 이번 과에서는 소유 형용사, 지시 형용사, 의문 형용사의 개념과 형태에 대해 학습하겠습니다.

❶ 소유 형용사

소유 형용사는 사람과 사물, 대상 간 소유 관계를 나타내며 뒤에 오는 명사의 성과 수에 따라 형태가 변합니다. 소유 형용사를 쓸 때는 우선 소유자의 인칭을 먼저 생각한 다음 수식하는 명사의 성과 수에 맞추도록 합시다. 소유 형용사는 형용사이면서 동시에 한정사 역할을 하기 때문에 소유 형용사를 쓸 때는 관사를 쓰지 않습니다. 명사의 성과 수에 따른 소유 형용사의 형태를 살펴보겠습니다.

소유자의 인칭	남성 단수	여성 단수	남성/여성 복수	뜻
je	mon	ma	mes	나의
tu	ton	ta	tes	너의
il / elle	son	sa	ses	그의/그녀의
nous	notre	notre	nos	우리의
vous	votre	votre	vos	너희의/당신(들)의
ils / elles	leur	leur	leurs	그들의/그녀들의

C'est **un** stylo. 이것은 볼펜입니다. → C'est mon stylo. 이것은 나의 볼펜입니다.

C'est **une** robe. 이것은 원피스입니다. → C'est ma robe. 이것은 나의 원피스입니다.

Ce sont **des** cahiers. 이것은 공책들입니다. → Ce sont mes cahiers. 이것은 나의 공책들입니다.

3인칭 단수 il과 elle의 소유 형용사 son, sa, ses는 '그'뿐만 아니라 '그녀'의 소유를 나타냅니다. 3인칭 복수 ils과 elles의 소유 형용사 leur, leur, leurs도 '그들'뿐만 아니라 '그녀들'의 소유를 나타냅니다.

Ce sont les lunettes **de Maria** ? 이것은 Maria의 안경입니까?

- Oui, ce sont ses lunettes. 네, 이것은 그녀의 안경입니다.

C'est la maison **des amies de Lisa** ? 이것은 Lisa의 (여자)친구들의 집입니까?

- Oui, c'est leur maison. 네, 이것은 그녀들의 집입니다.

참고

'être à + 사람'은 소유를 나타내는 표현입니다. 1과에서 학습한 것처럼 이름 등 사람을 나타내는 명사 대신 '나, 너, 그' 등을 가리키는 인칭 대명사를 주어가 아닌 자리에 써야 할 때에는 강세형 인칭 대명사를 씁니다.

C'est à qui, cette voiture ? 이 자동차는 누구 거예요?

- Elle est à moi. 내 거예요.

소유 형용사 뒤에 모음이나 무음 h로 시작하는 여성 단수 명사가 올 경우에는 모음 충돌을 피하고 발음을 편하게 하기 위해 소유 형용사 여성 단수형인 ma, ta, sa를 남성 단수형인 mon, ton, son으로 바꾸어 줍니다.

Mon école est là-bas.	내 학교는 저기 있습니다.
Ton amie est jolie !	네 (여자인)친구 예쁘다!
Son histoire est triste.	그(그녀)의 이야기는 슬픕니다.

꼭 기억하세요!

소유 형용사의 성과 수는 소유자의 인칭이 아닌 소유 형용사가 수식하는 명사의 성과 수에 일치시켜야 함에 주의하세요.

Le père de Bruno est français et **la mère de Bruno** est espagnole.
브뤼노의 아버지는 프랑스 사람이고 브뤼노의 어머니는 스페인 사람입니다.

→ Son père est français et sa mère est espagnole.
그의 아버지는 프랑스 사람이고 그의 어머니는 스페인 사람입니다.

Mini test

Q. 밑줄 친 부분에 알맞은 소유 형용사를 쓰세요.

① J'ai un téléphone portable. → C'est __________ téléphone portable.

② Tu as une gomme. → C'est __________ gomme.

③ Il a des documents. → Ce sont __________ documents.

④ Elle a un petit frère. → C'est __________ frère.

⑤ Vous avez un vélo. → C'est __________ vélo.

정답 ① mon ② ta ③ ses ④ son ⑤ votre

❷ 지시 형용사

지시 형용사는 명사 앞에서 '이, 그, 저'의 의미를 나타내며 사람이나 사물을 가리킵니다. 지시 형용사도 뒤에 오는 명사의 성과 수에 따라 형태가 변하며, 한정사의 역할을 하기 때문에 관사를 쓰지 않습니다. 명사의 성과 수에 따른 지시 형용사의 형태를 살펴보겠습니다.

남성 단수	여성 단수	남성/여성 복수
ce (cet)	cette	ces

C'est **le** tableau de Picasso. Ce tableau est impressionnant.
이것은 피카소의 그림입니다. 이 그림은 인상적입니다.

Paris est **la** ville des amoureux. J'aime cette ville.
파리는 연인들의 도시입니다. 나는 그 도시를 좋아합니다.

Il y a **des** fleurs dans le jardin. Ces fleurs sont belles.
정원에 꽃들이 있습니다. 저 꽃들은 아름답습니다.

모음이나 무음 h로 시작하는 남성 단수 명사 앞에서 지시 형용사 ce는 모음 충돌을 피하고 발음을 편하게 하기 위해 남성 제2형인 cet로 바꾸어 씁니다.

Cet homme est gentil.	그 남자는 친절합니다.
Cet enfant est intelligent.	그 아이는 똑똑합니다.

지시 형용사는 시간 명사와 함께 쓰일 때 주로 '오늘', '이번'의 의미로 현재를 나타냅니다.

ce matin	오늘 아침	ce week-end	이번 주말
cet après-midi	오늘 오후	cette semaine	이번 주
ce soir	오늘 저녁	cet hiver	이번 겨울
cette nuit	오늘 밤		

Mini test

Q. 밑줄 친 부분에 알맞은 지시 형용사(ce, cette, ces)를 쓰세요.

① ______ chaise ② ______ histoires ③ ______ couteau

정답 ① cette ② ces ③ ce

3 의문 형용사

의문 형용사는 '어떤', '무슨'의 의미를 나타내며, 주로 '의문 형용사 + être + 명사?' 또는 '의문 형용사 + 명사 + 동사 + 주어?'의 구문으로 쓰입니다. 의문 형용사는 수식하는 명사의 성과 수에 따라 형태가 변합니다.

남성 단수	여성 단수	남성 복수	여성 복수
quel	quelle	quels	quelles

» 의문 형용사 + être + 명사 ?

Quel est votre numéro de téléphone ? 당신의 전화번호는 무엇입니까?

- C'est le 06 32 51 44 82. 06 32 51 44 82 번입니다.

참고

전화번호를 말할 때는 C'est를 쓰고 번호 앞에는 정관사 le를 붙입니다.

Quelle est ton adresse ? 너의 주소는 무엇이니?

- 5, rue Guy de Maupassant. 기드 모파상가 5번지야.

Quels sont vos acteurs préférés ? 당신이 좋아하는 배우들은 누구입니까?

- Maxence Danet-Fauvel et Charlotte Gainsbourg, ce sont mes acteurs préférés.
  막성스 다네 포벨과 샤를로트 갱스부르, 이들은 내가 좋아하는 배우들입니다.

» 의문 형용사 + 명사 + 동사 + 주어 ?

Quel temps fait-il ? 날씨가 어떻습니까?

- Il fait beau. 날씨가 맑습니다.

Quelle heure est-il ? 몇 시입니까?

- Il est 19 heures. 19시입니다.

참고

날씨와 시간을 묻고 답할 때는 비인칭 주어인 il을 씁니다.

Quels films aimez-vous ? 당신은 어떤 영화들을 좋아합니까?

- J'aime les films noirs. 나는 누아르 영화들을 좋아합니다.

Mini test

Q. 밑줄 친 부분에 알맞은 의문 형용사를 쓰세요.

① ____________ est la date de ton anniversaire ?

너의 생일은 며칠이니?

② ____________ sport aimez-vous ?

당신은 어떤 스포츠를 좋아합니까?

③ ____________ musique écoutes-tu ?

너는 어떤 음악을 듣니?

④ ____________ est votre prénom ?

당신의 이름은 무엇입니까?

⑤ ____________ est le métier de sa mère ?

그의 어머니의 직업은 무엇입니까?

⑥ ____________ sont tes couleurs préférées ?

네가 좋아하는 색깔들은 무엇이니?

⑦ ____________ langues parlez-vous ?

당신은 어떤 언어를 말합니까?

⑧ ____________ est la capitale de la France ?

프랑스의 수도는 무엇입니까?

⑨ ____________ âge as-tu ?

너는 몇 살이니?

⑩ ____________ est votre nationalité ?

당신의 국적은 무엇입니까?

정답 ① Quelle ② Quel ③ Quelle ④ Quel ⑤ Quel ⑥ Quelles ⑦ Quelles ⑧ Quelle ⑨ Quel ⑩ Quelle

Exercices

1 다음 해석을 보고 밑줄 친 부분에 알맞은 지시 형용사 또는 소유 형용사를 쓰세요.

① __________ parapluie est à toi ?

이 우산은 네 것이니?

– Oui, c'est ________ parapluie.

– 응, 내 우산이야.

② __________ montre est à Chantal ?

이 손목시계는 Chantal의 것입니까?

– Oui, c'est ________ montre.

– 네, 그녀의 손목시계입니다.

③ ______________ livres sont à vos enfants ?

이 책들은 당신의 아이들 것입니까?

– Oui, ce sont __________ livres.

– 네, 그들의 책들입니다.

④ J'aime _________ écrivain. Je lis _______ dernier roman.

나는 이 소설가를 좋아합니다. 나는 그의 최근 소설을 읽습니다.

⑤ Tu aimes _______ chanteur ? Tu as tous ________ albums !

너는 이 가수를 좋아하니? 너는 그의 모든 앨범을 갖고 있구나!

⑥ Vous connaissez ________ actrice ? J'aime aussi ________ films.

당신은 이 여배우를 압니까? 나도 그녀의 영화들을 좋아합니다.

MP3 QR

2 다음 해석을 보고 밑줄 친 부분에 알맞은 의문 형용사를 쓰세요.

① ____________ est la capitale du Canada ?

캐나다의 수도는 무엇입니까?

- C'est Ottawa.

- 오타와입니다.

② ____________ est le sommet le plus haut d'Europe ?

유럽의 가장 높은 봉우리는 무엇입니까?

- C'est le Mont-Blanc.

- 몽블랑입니다.

③ ____________ sport fais-tu en été ?

너는 여름에 어떤 스포츠를 하니?

- Je fais de la natation.

- 나는 수영해.

④ À ______________ heure rentres-tu à la maison ?

몇 시에 너는 집에 돌아오니?

- À 18 h.

- 18시에.

⑤ ____________ est la date de l'anniversaire de Paul ?

Paul의 생일은 며칠입니까?

- C'est le 14 mai.

- 5월 14일입니다.

⑥ ____________ est votre cuisine préférée ?

당신이 좋아하는 요리는 무엇입니까?

- J'adore les lasagnes.

- 나는 라자냐를 좋아합니다.

정답 p.281

동사 1

Leçon 6

Je parle français.

나는 프랑스어를 합니다.

오늘의 목표 프랑스어 동사의 종류를 배우고, 동사변화 형태를 학습합니다.

동사는 프랑스어 문법의 핵심이라고 해도 과언이 아닙니다. 프랑스어 동사를 배우기 위해서는 '시제(temps)'와 '법(mode)'이 무엇인지 알아야 합니다. 한국인에게 낯선 개념인 동사의 '법'에는 직설법, 명령법, 조건법, 접속법 등이 있는데 이는 해당 과에서 자세히 다루겠습니다. '시제'는 크게 현재, 과거, 미래로 구분되며 여기서 다시 세분화됩니다.

이번 과에서는 동사의 직설법(indicatif) 현재 시제를 살펴보겠습니다. 직설법은 현재, 과거, 미래의 행위나 사건, 상태를 객관적으로 서술하는 용법으로 우리가 접하는 대부분의 문장들이 직설법에 속합니다. 현재 시제는 말 그대로 현재의 동작, 행위를 나타냅니다.

프랑스어 동사의 가장 핵심적인 특징은 주어의 인칭에 따라 형태가 변하는 것이라고 할 수 있습니다. 이것을 동사변화(conjugaison)라고 합니다. 따라서 동사를 공부할 때는 원형과 변화형을 함께 기억해야 합니다. 일반적으로 프랑스어 동사는 동사원형을 기준으로 1군 동사, 2군 동사, 3군 동사로 나뉩니다.

1 1군 동사

1.1 1군 규칙 동사

1군 동사는 동사원형이 주로 '-er'로 끝납니다. 인칭에 따른 동사변화는 동사원형에서 '-er'을 떼고 주어의 인칭에 따라 1군 동사변화 어미(-e, -es, -e, -ons, -ez, -ent)를 각각 붙이면 됩니다. 이때 -e, -es, -ent는 모두 '으'[ə] 로 발음되며, -ons는 '옹'[ɔ̃], -ez는 '에'[e]로 발음합니다. 1군 동사가 인칭에 따라 어떻게 변화하는지 살펴봅시다.

인칭 \ 동사원형	**aimer** 좋아하다, 사랑하다	**habiter** 살다	**travailler** 일하다	**étudier** 공부하다
je (j')	aim**e**	habit**e**	travaill**e**	étudi**e**
tu	aim**es**	habit**es**	travaill**es**	étudi**es**
il / elle / on	aim**e**	habit**e**	travaill**e**	étudi**e**
nous	aim**ons**	habit**ons**	travaill**ons**	étudi**ons**
vous	aim**ez**	habit**ez**	travaill**ez**	étudi**ez**
ils / elles	aim**ent**	habit**ent**	travaill**ent**	étudi**ent**

J'aime le football.	나는 축구를 좋아합니다.
Vous habitez où ?	당신은 어디에 삽니까?
Nous étudions le français.	우리는 프랑스어를 공부합니다.
Tu écoutes de la musique ?	너는 음악을 듣고 있니?

1.2 1군 불규칙 동사

일부 1군 동사들은 인칭에 따라 동사변화할 때, 철자가 추가 · 변경되거나 강세 부호(accent)가 추가 · 변경되기도 합니다. 이러한 변화는 대부분 발음상의 이유로 일어납니다.

≫ -ger, -cer 로 끝나는 동사

1인칭 복수인 nous와 -ger, -cer 로 끝나는 동사가 만나 동사변화할 때는 발음상의 이유로 -ger로 끝나는 동사는 g 뒤에 e가 추가되고 -cer로 끝나는 동사는 c가 ç로 바뀝니다.

인칭 \ 동사원형	**manger** 먹다	**voyager** 여행하다	**commencer** 시작하다	**annoncer** 알리다
je (j')	mang**e**	voyag**e**	commenc**e**	annonc**e**
tu	mang**es**	voyag**es**	commenc**es**	annonc**es**
il / elle / on	mang**e**	voyag**e**	commenc**e**	annonc**e**
nous	mange**ons**	voyage**ons**	commenç**ons**	annonç**ons**
vous	mang**ez**	voyag**ez**	commenc**ez**	annonc**ez**
ils / elles	mang**ent**	voyag**ent**	commenc**ent**	annonc**ent**

>> é + 자음 + er 로 끝나는 동사

1인칭 복수 nous와 2인칭 복수 vous를 제외한 모든 인칭에서 é는 è로 바뀝니다.

인칭 \ 동사원형	**préférer** 선호하다	**répéter** 반복하다	**protéger** 보호하다	**espérer** 바라다
je (j')	préfère	répète	protège	espère
tu	préfères	répètes	protèges	espères
il / elle / on	préfère	répète	protège	espère
nous	préférons	répétons	protégeons	espérons
vous	préférez	répétez	protégez	espérez
ils / elles	préfèrent	répètent	protègent	espèrent

>> e + 자음 + er 로 끝나는 동사

1인칭 복수 nous와 2인칭 복수 vous를 제외한 모든 인칭에서 동일한 자음이 한 번 더 추가되거나, e가 è로 바뀝니다.

인칭 \ 동사원형	**appeler** 부르다	**jeter** 버리다	**acheter** 사다	**lever** 일으키다
je (j')	appelle	jette	achète	lève
tu	appelles	jettes	achètes	lèves
il / elle / on	appelle	jette	achète	lève
nous	appelons	jetons	achetons	levons
vous	appelez	jetez	achetez	levez
ils / elles	appellent	jettent	achètent	lèvent

>> -ayer, -oyer로 끝나는 동사

-ayer로 끝나는 1군 동사는 1인칭 복수 nous와 2인칭 복수 vous를 제외한 모든 인칭에서 y를 i로 바꿔 쓸 수 있습니다. -oyer로 끝나는 1군 동사는 1인칭 복수 nous와 2인칭 복수 vous를 제외한 모든 인칭에서 반드시 y를 i로 바꿔야 합니다.

인칭 \ 동사원형	**essayer** 노력하다	**payer** 지불하다	**envoyer** 전송하다	**nettoyer** 청소하다
je (j')	essaie / essaye	paie / paye	envoie	nettoie
tu	essaies / essayes	paies / payes	envoies	nettoies
il / elle / on	essaie / essaye	paie / paye	envoie	nettoie
nous	essayons	payons	envoyons	nettoyons
vous	essayez	payez	envoyez	nettoyez
ils / elles	essaient / essayent	paient / payent	envoient	nettoient

1군 불규칙 동사를 다시 한번 살펴봅시다.

(voyager)	Nous voyageons en France.	우리는 프랑스를 여행합니다.
(commencer)	Nous commençons une discussion.	우리는 토론을 시작합니다.
(espérer)	J'espère un bon résultat.	나는 좋은 결과를 기대합니다.
(jeter)	Il jette ses vieux vêtements.	그는 그의 낡은 옷들을 버립니다.
(acheter)	Tu achètes quoi ?	너는 무엇을 사니?
(payer)	Ils paient (payent) 30 euros.	그들은 30유로를 지불합니다.
(envoyer)	Elle envoie des photos à sa mère.	그녀는 그녀의 엄마에게 사진을 보냅니다.

Mini test

1 다음 동사를 주어에 맞게 변화시키세요.

① commencer　Je ____________ le travail à 9 heures.　나는 9시에 일을 시작합니다.

② terminer　Vous ____________ à 18 heures ?　당신은 오후 6시에 끝납니까?

③ jeter　Elles ____________ leur vieux canapé.　그녀들은 그녀들의 낡은 소파를 버립니다.

④ payer　Tu ____________ combien ?　너는 얼마를 지불하니?

2 밑줄 친 동사의 원형을 쓰세요.

① Tu <u>téléphones</u> à tes parents ? 너는 네 부모님께 전화하니?　→

② Nous <u>voyageons</u> à Rome. 우리는 로마를 여행합니다.　→

③ Elle <u>étudie</u> le français. 그녀는 프랑스어를 공부합니다.　→

④ Ils <u>nettoient</u> la cuisine. 그들은 부엌을 청소합니다.　→

⑤ J'<u>essaie</u> beaucoup. 나는 많이 노력합니다.　→

정답 1. ① commence ② terminez ③ jettent ④ paies / payes
2. ① téléphoner ② voyager ③ étudier ④ nettoyer ⑤ essayer

❷ 2군 동사

2군 동사는 동사원형이 '-ir'로 끝납니다. 인칭에 따른 동사변화는 동사원형에서 '-ir'을 떼고 주어의 인칭에 따라 2군 동사변화 어미(-is, -is, -it, -issons, -issez, -issent)를 각각 붙이면 됩니다.

인칭 \ 동사원형	**finir** 끝나다	**choisir** 선택하다	**grossir** 살찌다	**grandir** 자라다, 성장하다
je	fin**is**	chois**is**	gross**is**	grand**is**
tu	fin**is**	chois**is**	gross**is**	grand**is**
il / elle / on	fin**it**	chois**it**	gross**it**	grand**it**
nous	fin**issons**	chois**issons**	gross**issons**	grand**issons**
vous	fin**issez**	chois**issez**	gross**issez**	grand**issez**
ils / elles	fin**issent**	chois**issent**	gross**issent**	grand**issent**

Le cours finit à 15 h. 수업은 15시에 끝납니다.
Vous choisissez quel livre ? 당신은 어떤 책을 선택합니까?
Il grossit de plus en plus. 그는 점점 살이 찌고 있다.
Les enfants grandissent bien. 아이들이 잘 자라고 있다.

Mini test

Q. 다음 동사를 주어에 맞춰 알맞게 변화시키세요.

① choisir Vous ________________ quel film ? 당신은 어떤 영화를 선택합니까?

② réfléchir Ils ________________ vraiment longtemps. 그들은 정말 오래 생각한다.

③ grossir Je __________ en hiver. 나는 겨울에 살이 찝니다.

④ rougir Elle __________ en public. 그녀는 사람들 앞에서 얼굴이 빨개집니다.

⑤ vieillir Nous ________________ naturellement. 우리는 자연스럽게 나이를 먹습니다.

⑥ finir Tu __________ à quelle heure ? 너는 몇 시에 끝나?

정답 ① choisissez ② réfléchissent ③ grossis ④ rougit ⑤ vieillissons ⑥ finis

❸ 3군 동사

3군 동사는 1군 동사와 2군 동사에 속하지 않는 불규칙 동사입니다. être, avoir 동사도 3군 동사입니다. 자주 쓰이는 대표적인 3군 동사들을 살펴보겠습니다.

동사원형 / 인칭	**aller** 가다	**faire** 하다	**dire** 말하다
je	vais	fais	dis
tu	vas	fais	dis
il / elle / on	va	fait	dit
nous	allons	faisons	disons
vous	allez	faites	dites
ils / elles	vont	font	disent

꼭 기억하세요!

faire 동사의 1인칭 복수 nous 의 동사변화형인 faisons은 'f프종'/fəzɔ̃/ 으로 발음하므로 주의합시다.

Nous allons à la piscine.	우리는 수영장에 갑니다.
Elles font du sport.	그녀들은 운동을 합니다.
Il fait beau aujourd'hui !	오늘 날씨가 좋습니다!
Je dis « Bonjour ! » à Marie.	나는 Marie에게 "안녕!"이라고 말합니다.

Mini test

Q. 해석을 보고 괄호 안의 동사를 참고하여 빈칸에 알맞은 주어와 동사변형을 쓰세요.

① ______ ________ où ? - ______ __________ à l'école. (aller)

너 어디 가? – 나는 학교에 가.

② ______ ____________ toujours la vérité. (dire)

그들은 항상 진실을 말한다.

③ Qu'est-ce que _______ _________ dans la vie ? (faire)

당신은 삶에서 무엇을 하세요? (직업이 무엇입니까?)

정답 ① Tu vas / Je vais ② Ils disent ③ vous faites

3군 동사는 불규칙 동사지만, 동사가 변화할 때 동일한 어미를 갖는 동사들끼리 묶어서 학습해 봅시다.

>> 동사변화의 어간이 두 종류인 동사들

partir 동사를 보면, 각 인칭에 따른 동사변화 어미를 제외한 어간이 je, tu, il/elle/on의 경우는 par-, nous, vous, ils/elles의 경우는 part- 입니다. 이런 규칙을 알면 동사변화를 학습하는 데 도움이 될 것입니다.

동사원형 / 인칭	partir 떠나다	sortir 나가다	dormir 자다	sentir 느끼다
je	pars	sors	dors	sens
tu	pars	sors	dors	sens
il / elle / on	part	sort	dort	sent
nous	part**ons**	sort**ons**	dorm**ons**	sent**ons**
vous	part**ez**	sort**ez**	dorm**ez**	sent**ez**
ils / elles	part**ent**	sort**ent**	dorm**ent**	sent**ent**

동사원형 / 인칭	lire 읽다	écrire 쓰다	voir 보다	savoir 알다
je (j')	lis	écris	vois	sais
tu	lis	écris	vois	sais
il / elle / on	lit	écrit	voit	sait
nous	lis**ons**	écriv**ons**	voy**ons**	sav**ons**
vous	lis**ez**	écriv**ez**	voy**ez**	sav**ez**
ils / elles	lis**ent**	écriv**ent**	voi**ent**	sav**ent**

다음은 어간의 철자는 동일하지만 발음이 두 종류인 동사입니다.

동사원형 / 인칭	répondre 대답하다	attendre 기다리다	entendre 듣다	rendre 돌려주다
je (j')	réponds	attends	entends	rends
tu	réponds	attends	entends	rends
il / elle / on	répond	attend	entend	rend
nous	répond**ons**	attend**ons**	entend**ons**	rend**ons**
vous	répond**ez**	attend**ez**	entend**ez**	rend**ez**
ils / elles	répond**ent**	attend**ent**	entend**ent**	rend**ent**

je, tu, il/elle/on의 경우 어간의 마지막 자음이 발음되지 않지만, nous, vous, ils/elles의 경우 어간의 마지막 자음을 발음해야 합니다.

동사원형 / 인칭	mettre 놓다, 두다	connaître 겪다, 알다
je	met**s**	connai**s**
tu	met**s**	connai**s**
il / elle / on	met	connaî**t**
nous	mett**ons**	connaiss**ons**
vous	mett**ez**	connaiss**ez**
ils / elles	mett**ent**	connaiss**ent**

mettre 동사는 발음상의 편의를 위해 nous, vous, ils/elles 어간의 마지막 자음이 반복됩니다. mettre의 동사변화를 암기해 두면 permettre (허락하다), commettre (저지르다), promettre (약속하다), admettre (인정하다) 등의 동사들도 쉽게 변화시킬 수 있습니다. connaître 동사는 nous, vous, ils/elles의 어간이 달라지므로 주의합시다.

>> 동사변화의 어간이 세 종류인 동사들

동사원형 / 인칭	boire 마시다	prendre 얻다, 먹다, 타다	venir 오다	recevoir 받다
je	boi**s**	prend**s**	vien**s**	reçoi**s**
tu	boi**s**	prend**s**	vien**s**	reçoi**s**
il / elle / on	boi**t**	prend	vien**t**	reçoi**t**
nous	buv**ons**	pren**ons**	ven**ons**	recev**ons**
vous	buv**ez**	pren**ez**	ven**ez**	recev**ez**
ils / elles	boiv**ent**	prenn**ent**	vienn**ent**	reçoiv**ent**

boire 동사의 변화를 보면, je, tu, il/elle/on의 어간은 boi-, nous, vous의 어간은 buv-, ils/elles의 어간은 boiv- 인 것을 확인할 수 있습니다. 이렇게 인칭에 따라 동사변화 시 어간이 세 종류인 동사들이 있으니 잘 알아두도록 합시다.

prendre의 동사변화를 암기해 두면 apprendre (배우다), comprendre (이해하다), reprendre (재개되다) 등의 동사들도 쉽게 변화시킬 수 있습니다. 마찬가지로 venir의 동사변화를 암기해 두면 revenir (돌아오다), devenir (되다), prévenir (알리다) 등의 동사들도 쉽게 변화시킬 수 있습니다.

» 동사변화의 어간이 한 종류인 동사들

인칭 \ 동사원형	**ouvrir** 열다	**offrir** 제공하다	**rire** 웃다	**courir** 달리다
je (j')	ouvr**e**	offr**e**	ri**s**	cour**s**
tu	ouvr**es**	offr**es**	ri**s**	cour**s**
il / elle / on	ouvr**e**	offr**e**	ri**t**	cour**t**
nous	ouvr**ons**	offr**ons**	ri**ons**	cour**ons**
vous	ouvr**ez**	offr**ez**	ri**ez**	cour**ez**
ils / elles	ouvr**ent**	offr**ent**	ri**ent**	cour**ent**

ouvrir, offrir는 어미가 -er로 끝나는 1군 동사와 동일하게 바뀝니다.

Mini test

1 다음 동사를 주어에 맞춰 알맞게 변화시키세요.

① faire　　Vous ________ de la natation ? 당신은 수영을 합니까?

② aller　　Ils ________ au cinéma ce soir. 그들은 오늘 저녁 영화관에 갑니다.

③ mettre　　Je ________ cette pomme dans le frigo. 나는 이 사과를 냉장고에 넣습니다.

④ venir　　Vous ________ à 18 heures ? 당신은 오후 6시에 옵니까?

⑤ recevoir　　Nous ________ des colis. 우리는 택배를 받습니다.

⑥ prendre　　Il ________ un café. 그는 커피를 마십니다.

⑦ ouvrir　　Elles ________ les fenêtres. 그녀들은 창문을 엽니다.

⑧ partir　　Tu ________ à Paris ? 너는 파리로 떠나니?

2 밑줄 친 동사의 원형을 쓰세요.

① Qu'est-ce que tu <u>dis</u> ? 너는 무슨 말을 하는 거니? →

② J'<u>apprends</u> le français. 나는 프랑스어를 배웁니다. →

③ Vous <u>connaissez</u> son adresse e-mail ? 당신은 그의 메일 주소를 압니까? →

④ Elle <u>lit</u> souvent le poème. 그녀는 시를 자주 읽습니다. →

⑤ Nous <u>revenons</u> demain. 우리는 내일 다시 돌아옵니다. →

⑥ Ils <u>savent</u> faire du golf. 그들은 골프를 칠 줄 압니다. →

⑦ Je te <u>promets</u> ! 너에게 약속할게! →

⑧ Elles <u>boivent</u> souvent de la bière. 그녀들은 자주 맥주를 마십니다. →

정답 1. ① faites ② vont ③ mets ④ venez ⑤ recevons ⑥ prend ⑦ ouvrent ⑧ pars
2. ① dire ② apprendre ③ connaître ④ lire ⑤ revenir ⑥ savoir ⑦ promettre ⑧ boire

Exercices

1 괄호 안의 동사원형을 참고하여 알맞은 동사변화를 고르세요.

① Paul **cours/court** le dimanche matin. (courir)

Paul은 일요일 아침마다 달립니다.

② Je **fais/fait** la grasse matinée. (faire)

나는 늦잠을 잡니다.

③ Nous **prenez/prenons** le petit-déjeuner au canapé. (prendre)

우리는 소파에서 아침을 먹습니다.

④ Mon père **lis/lit** le journal après le déjeuner. (lire)

나의 아버지는 점심 식사 후에 신문을 읽습니다.

⑤ Vous **voyagez/voyagent** parfois ? (voyager)

당신은 가끔 여행을 하나요?

⑥ Ils **oublies/oublient** leurs affaires. (oublier)

그들은 그들의 할 일을 잊었습니다.

⑦ Mon fils est timide. Il **rougit/rougis** souvent. (rougir)

나의 아들은 부끄럼을 탑니다. 그는 자주 얼굴이 빨개집니다.

⑧ Nous **mangeons/manges** trop en vacances. (manger)

우리는 바캉스 동안 너무 많이 먹습니다.

⑨ Vous **reviennent/revenez** chez vous tard ? (revenir)

당신은 집에 늦게 돌아갑니까?

⑩ Elle **déménages/déménage** bientôt. (déménager)

그녀는 곧 이사를 갑니다.

MP3 QR

2 크리스마스 휴가에 대한 Daniel과 Emma의 대화입니다. 밑줄 친 부분에 알맞은 동사변화 형태를 쓰세요.

- **Daniel** : Quels ________ (être) tes projets pour Noël ? Tu ______________ (partir) faire du ski ?

- **Emma** : Cette année, ma famille ______ (avoir) dix jours de vacances. Alors, nous ________________ (partir) à Nice et après nous ________________ (prendre) l'avion pour la Suisse. Là, nous ________________ (faire) du ski. Nous ____________ (revenir) le 4 janvier.

- **Daniel** : Et tes enfants _______________ (venir) avec vous ?

- **Emma** : Pour Noël, oui. Ils ___________ (être) avec nous à Nice. Mais après, ils ____________ (aller) chez leurs grands-parents. Ils _________________ (reprendre) l'école le 6 janvier. Et toi, tu _____________ (faire) quoi ?

- **Daniel**: 크리스마스를 위한 네 계획은 뭐야? 스키 타러 가?

- **Emma**: 올해 나의 가족은 열흘의 휴가 기간이 있어. 그래서 우리는 니스로 떠나고 그다음에 스위스행 비행기를 타. 거기에서 우리는 스키를 타. 우린 1월 4일에 다시 돌아와.

- **Daniel**: 그럼 네 아이들도 너희와 함께 가니?

- **Emma**: 응, 크리스마스에 우리와 함께 니스에 있어. 하지만 그다음에 할머니 할아버지 댁에 가. 아이들은 1월 6일에 개학하거든. 너는 뭐 할 거야?

정답 p.281

동사 2

Leçon **7**

Je me lève à 7 heures du matin.

나는 아침 7시에 일어납니다.

오늘의 목표 이번 과에서는 준조동사, 대명동사의 동사변화를 살펴본 뒤, 현재 진행형을 학습합니다.

'준조동사'란 일반 동사로 쓸 수 있을 뿐만 아니라, 별다른 전치사 없이 동사원형을 바로 쓸 수도 있는 동사를 말합니다. '대명동사'란 주어와 동일한 것을 가리키는 재귀 대명사를 가진 동사로, 사전에서는 'se + 동사' 형태로 제시됩니다.

프랑스어의 대표적인 준조동사에는 vouloir, pouvoir, devoir, aller, venir, savoir 가 있습니다. 7과에서는 6과에서 학습한 aller, venir, savoir 동사를 제외한 나머지 세 동사를 학습합니다. vouloir는 '원하다, 바라다'의 의미를 가지며 전치사 없이 동사원형 또는 명사를 바로 쓸 수 있습니다. pouvoir는 '할 수 있다'의 의미를 가지며 동사원형을 바로 쓸 수 있습니다. devoir는 '~해야 한다'라는 뜻으로 주로 쓰이며 동사원형을 바로 쓸 수 있습니다.

1 준조동사

1.1 vouloir, pouvoir, devoir 동사변화

세 동사 모두 불규칙 동사이지만 나름의 변화 규칙이 있습니다. 이 동사들이 인칭에 따라 어떻게 변하는지 알아봅시다.

인칭 \ 동사원형	**vouloir** 원하다, 바라다	**pouvoir** 할 수 있다	**devoir** 해야 한다
je	veu**x**	peu**x**	doi**s**
tu	veu**x**	peu**x**	doi**s**
il / elle / on	veu**t**	peu**t**	doi**t**
nous	voul**ons**	pouv**ons**	dev**ons**
vous	voul**ez**	pouv**ez**	dev**ez**
ils / elles	veul**ent**	peuv**ent**	doiv**ent**

세 동사 모두 동사변화 시 세 종류의 어간을 갖습니다. 인칭에 따른 동사변화 어미도 다른 규칙 동사들처럼 1인칭, 2인칭 단수는 –x 나 –s, 3인칭 단수는 –t, 1인칭 복수는 –ons, 2인칭 복수는 –ez, 3인칭 복수는 –ent로 변합니다.

1.2 준조동사의 용법

준조동사로 쓰이는 vouloir, pouvoir, devoir, aller, venir, savoir 뒤에는 동사원형이 바로 옵니다.

vouloir 동사 뒤에는 동사원형이나 명사를 바로 쓸 수 있으며, 의지 또는 바람을 나타냅니다.

Je **veux** votre conseil.	나는 당신의 조언을 원합니다.
Il **veut** une chambre avec terrasse.	그는 테라스가 있는 방을 원합니다.

pouvoir 동사 뒤에는 동사원형을 씁니다. 신체적 또는 지적 능력을 말하거나, 허가를 나타낼 때 쓰이며, 부정문에서는 금지의 의미로도 쓰입니다.

Je **peux** avoir une fourchette, s'il vous plaît ?	포크 한 개만 주시겠습니까?
Vous **pouvez** parler trois langues ? Génial !	당신은 3개 국어를 할 수 있습니까? 멋지네요!
Nous **pouvons** entrer ?	들어가도 될까요?

devoir 동사 뒤에도 동사원형을 쓰는데, 의무나 필요를 의미합니다. 부정문으로 쓰일 때는 금지의 의미를 갖기도 합니다.

Tu **dois** dire la vérité à Marie !	너는 Marie에게 진실을 말해야 해!
On ne **doit** pas fumer dans l'avion.	비행기 안에서 담배를 피우면 안 됩니다.

aller 동사 뒤에 동사원형이 쓰일 때는 주로 '~할 예정이다, ~할 것이다'라고 해석하며 가까운 미래의 일을 가리키는 '근접 미래' 시제가 됩니다.

Vous **allez** visiter le musée ?	당신은 박물관을 방문할 예정입니까?
Ils **vont** arriver demain.	그들은 내일 도착할 것입니다.

venir 동사 뒤에 동사원형이 쓰이면 '~하러 오다'라는 뜻이 됩니다.

Il **vient** récupérer sa chemise à la laverie.	그는 세탁소에 그의 셔츠를 찾으러 왔습니다.
Elles **viennent** voir leur professeur.	그녀들은 그들의 선생님을 보러 왔습니다.

savoir 동사 뒤에 동사원형이 쓰이면 '~할 줄 알다'라는 뜻이 됩니다.

Je **sais** nager.	나는 수영을 할 줄 압니다.
Vous **savez** conduire ?	당신은 운전을 할 줄 압니까?

Mini test

Q. 밑줄 친 부분에 주어진 동사의 알맞은 형태를 쓰세요.

① devoir　　Nous ______________ fixer l'heure de notre réunion.
우리는 회의 시간을 정해야 합니다.

② vouloir　　Tu ______________ venir au cinéma avec moi ?
나와 함께 영화관에 가고 싶어?

③ savoir　　Il ______________ lire et écrire l'arabe.
그는 아랍어를 읽고 쓸 줄 압니다.

④ pouvoir　　Vous ______________ épeler votre nom, s'il vous plaît ?
당신의 이름의 철자를 불러줄 수 있나요?

⑤ venir　　Je ______________ chercher mes enfants.
나는 나의 아이들을 찾으러 왔습니다.

정답 ① devons ② veux ③ sait ④ pouvez ⑤ viens

2 대명동사

2.1 대명동사의 형태

대명동사는 프랑스어 문법에서 특수한 동사라고 할 수 있는데, 동사 앞에 재귀 대명사 se를 붙여서 만든 동사를 가리킵니다. 대명동사는 주어와 목적 보어가 동일한 재귀적 용법으로 자주 쓰입니다. 재귀 대명사 se는 직접 목적 보어나 간접 목적 보어로, '자기 자신을' 또는 '자기 자신에게'라는 의미입니다. 대명동사는 일상생활과 관련된 동사가 많습니다. 다음은 자주 쓰이는 재귀 동사입니다.

동사	대명동사
lever 일으키다	se lever 일어나다 (자기 자신을 일으키다)
réveiller 잠을 깨우다	se réveiller 깨다 (자기 자신을 깨우다)
laver 씻기다	se laver 씻다 (자기 자신을 씻기다)
doucher 샤워시키다	se doucher 샤워하다 (자기 자신을 샤워시키다)
promener 산책시키다	se promener 산책하다 (자기 자신을 산책시키다)
reposer 쉬게 하다	se reposer 쉬다 (자기 자신을 쉬게 하다)
habiller 옷을 입히다	s'habiller 옷을 입다 (자기 자신에게 옷을 입히다)

대명동사에서 중요한 것은 재귀 대명사 se가 주어의 인칭에 따라 me, te, se, nous, vous, se로 변한다는 것입니다. 뒤에 모음이나 무음 h로 시작하는 동사가 오면 me, te, se는 각각 m', t', s'로 축약됩니다.

동사원형 / 인칭	**se lever** 일어나다	**s'habiller** 옷을 입다
je	**me** lève	**m'**habille
tu	**te** lèves	**t'**habilles
il / elle / on	**se** lève	**s'**habille
nous	**nous** levons	**nous** habillons
vous	**vous** levez	**vous** habillez
ils / elles	**se** lèvent	**s'**habillent

2.2 대명동사의 용법

대명동사의 용법은 크게 재귀적 용법, 상호적 용법으로 나뉩니다. 앞에서 본 것처럼 주어가 주어 자신에게 동사의 행위를 하게 만드는 것은 대명동사의 재귀적 용법입니다. 한편, 상호적 용법은 '서로 ~하다'라는 의미로 쓰이며 복수의 주어일 경우에만 가능합니다. 주어가 on, nous, vous, ils, elles 로 복수라면 동사의 행위는 복수의 주어 서로 간에 일어나는데, 이것이 대명동사의 상호적 용법입니다.

>> 재귀적 용법

Quand je rentre, je **me lave** les mains.	집에 돌아오면 나는 손을 씻습니다.
Tu **te regardes** souvent dans le miroir ?	너는 거울을 자주 보니?
Il **se lève** très tard le matin.	그는 아침마다 매우 늦게 일어납니다.
Nous **nous promenons** tous les soirs.	우리는 매일 저녁 산책합니다.
Ils **se reposent** à la plage.	그들은 해변에서 쉽니다.

>> 상호적 용법

Vous **vous connaissez** ?	여러분은 서로 아는 사이인가요?
Elles **se voient** régulièrement au café.	그녀들은 카페에서 정기적으로 만납니다.
Ils **se saluent** amicalement.	그들은 정겹게 서로 인사를 나눕니다.
Marie et Paul **s'aiment** beaucoup.	Marie와 Paul은 서로를 매우 사랑합니다.

Mini test

Q. 밑줄 친 부분에 들어갈 재귀 대명사를 쓰세요.

① Je ________ lève très tôt le matin. 나는 아침에 매우 일찍 일어납니다.

② Il ________ douche le soir. 그는 저녁에 샤워를 합니다.

③ Nous ________ couchons vers minuit. 우리는 자정 즈음에 눕습니다.

④ Tu ________ réveilles tard ? 너는 늦게 잠에서 깨니?

⑤ Elles ________ téléphonent tous les jours. 그녀들은 매일 통화합니다.

⑥ Vous ________ disputez souvent ? 당신들은 자주 다툽니까?

정답 ① me ② se ③ nous ④ te ⑤ se ⑥ vous

③ 현재 진행형

현재 진행형은 'être en train de + 동사원형' 형태로 쓰이며 '~하는 중이다'라는 의미입니다. 주어에 따라서 être 동사가 바뀝니다. 모음이나 무음 h로 시작하는 동사원형이 쓰일 경우에 전치사 de는 d'로 축약됩니다. 대명동사가 오면 주어에 따라서 재귀 대명사를 일치시켜야 합니다.

Tu **es en train de** déjeuner ?	너는 점심 먹는 중이니?
Mon fils **est en train de** faire son devoir.	내 아들은 숙제를 하는 중입니다.
Elle **est en train d'**apprendre le français.	그녀는 프랑스어를 배우는 중입니다.
Nous **sommes en train de** nous habiller.	우리는 옷을 입는 중입니다.
Ils **sont en train de** se discuter.	그들은 이야기를 나누는 중입니다.

하지만 현재 진행형을 반드시 써야 하는 것은 아닙니다. 현재 시제만으로도 진행의 의미를 나타낼 수 있기 때문입니다. 현재 진행형은 현재 일어나고 있는 행위를 강조할 때 주로 쓰입니다. 지금 하고 있는 일 때문에 다른 것을 할 수 없다는 의미를 내포하기도 합니다.

(Le téléphone sonne)	*(전화벨이 울린다.)*
Chéri, tu peux répondre au téléphone ?	여보, 전화 받을 수 있어?
- Non, je prends ma douche.	– 아니, 나 샤워해.
- Non, je **suis en train de** prendre ma douche.	– 아니, 나 지금 샤워하는 중이야. (그래서 전화를 받을 수 없어.)

Mini test

Q. 밑줄 친 부분에 들어갈 현재 진행형을 쓰세요.

① regarder la télé → Il ______________________.

② attendre le train → Elles ______________________.

③ prendre du café → Les touristes ______________________.

④ préparer le repas → Ma grand-mère ______________________.

정답 ① est en train de regarder la télé ② sont en train d'attendre le train
③ sont en train de prendre du café ④ est en train de préparer le repas

Exercices

1 다음 중 알맞은 동사변화에 ○ 하세요.

① Je **peux/peut** avoir un renseignement s'il vous plaît ?

제가 정보를 얻을 수 있을까요?

② Vous **pouvez/peuvent** utiliser cet ordinateur.

당신은 이 컴퓨터를 사용할 수 있습니다.

③ Pour le cinquième étage, on **dois/doit** prendre l'ascenseur.

5층으로 가려면 엘리베이터를 타야 합니다.

④ Marc **sait/savent** traiter cette machine.

Marc는 이 기계를 다룰 줄 압니다.

⑤ Nous **veulent/voulons** visiter Rome.

우리는 로마를 방문하고 싶습니다.

2 다음 문장을 현재 진행형으로 바꿔 쓰세요.

① Je téléphone. → ______________________

② Nous mangeons. → ______________________

③ On se prépare pour la fête. → ______________________

④ Il discute avec ses voisins. → ______________________

⑤ Elles font du shopping. → ______________________

MP3 QR

3 Daniel의 자기소개와 그의 하루 일과에 관한 글입니다. 밑줄 친 부분에 들어갈 괄호 안 동사의 알맞은 형태를 쓰세요.

Je ______________ (s'appeler) Daniel. Je ______ (être) employé de banque. Le matin je _________ (se lever) à six heures. Je __________ (se brosser) les dents et je _______________ (se doucher). Je ___________ (prendre) mon petit-déjeuner. Je ___________________ (sortir) de chez moi vers sept heures. Je _____________ (prendre) le métro pour aller au bureau. J' ____________ (arriver) à mon bureau vers huit heures. Je ___________ (déjeuner) à midi avec mes collègues et nous _________________ (se promener) dans le jardin. Je ___________ (reprendre) le travail à une heure de l'après-midi et je ________ (finir) à cinq heures. Je ________ (aller) directement au club de gym. Après une heure de sport, je ______________ (rentre) chez moi et je ________ (dîner). Je ___________ (se reposer) et je ______ (lire) le roman de Victor Hugo. Je _____________ (se coucher) vers onze heures.

내 이름은 Daniel입니다. 나는 은행 직원입니다. 나는 아침 6시에 일어납니다. 양치질하고 샤워합니다. 나는 아침을 먹습니다. 나는 7시쯤 집에서 나옵니다. 나는 사무실에 가기 위해 지하철을 탑니다. 나는 8시쯤 사무실에 도착합니다. 나는 정오에 동료들과 점심을 먹고 우리는 정원을 산책합니다. 오후 1시에 나는 일을 재개하고 5시에 끝이 납니다. 나는 헬스 클럽으로 바로 갑니다. 한 시간 운동한 후, 나는 집에 돌아가 저녁을 먹습니다. 나는 휴식을 취하고 빅토르 위고의 소설을 읽습니다. 나는 11시쯤 잠자리에 듭니다.

정답 p.281

장소 & 시간 표현

Leçon 8

On va au cinéma à 18 heures.

우리는 저녁 6시에 영화관에 갑니다.

오늘의 목표 국가, 도시를 비롯한 장소를 나타낼 때 쓰는 전치사와 시간이나 기간을 나타낼 때 쓰는 전치사 및 표현을 학습합니다.

프랑스어에는 국가 이름이나 도시 이름 앞에 쓰는 전치사를 비롯해 사람 및 사물의 위치를 나타내는 장소 전치사가 많습니다. 전치사 뒤에 정관사를 쓴 명사가 올 경우에 정관사는 전치사와 축약됩니다. 8과에서는 어떤 행위나 사건의 기간이나 과거의 한 시점, 소요 시간 등을 나타내는 시간 전치사도 함께 학습합니다.

❶ 전치사(à, de)와 관사의 축약

전치사 à와 de가 정관사 le나 les를 만나면 축약시켜야 하는데, 이를 '축약 관사'라고도 합니다. 반면 정관사 la와 l'는 축약되지 않습니다.

à + le	= au	de + le	= du
à + la	= à la	de + la	= de la
à + les	= aux	de + les	= des

Nous allons **au** cinéma. 우리는 영화관에 갑니다.

Elle passe ses vacances **à la** plage. 그녀는 해변에서 바캉스를 보냅니다.

Il étudie la philosophie **à l'**université. 그는 대학에서 철학을 공부합니다.

Je vais **aux** toilettes. 나는 화장실에 갑니다.

Il y a le festival **du** cinéma à Cannes. 칸에서 영화 페스티벌이 있습니다.

Il y a une fête à la résidence **des** étudiants. 학생 기숙사에서 파티가 있습니다.

On vient **de la** piscine. 우리는 수영장에서 오는 길입니다.

Mes enfants rentrent **de l'**école à 15 heures. 나의 아이들은 오후 3시에 학교에서 돌아옵니다.

꼭 기억하세요!

전치사 de+정관사의 축약 형태와 부분관사 du, de la, des 또는 부정관사 des와 혼동하지 않도록 주의합시다.

Je mange **du** pain. 나는 빵을 먹습니다. (부분관사)

Paul rencontre **des** amis. Paul은 친구들을 만납니다. (부정관사)

Mini test

Q. 해석을 참고하여 빈칸에 알맞은 형태의 축약 관사를 쓰세요.

① 여름 방학의 기억

Les souvenirs ________ vacances d'été

② 그들은 학교에 간다.

Ils vont ______ école.

정답 ① des ② à l'

2 국가명, 대륙, 도시 앞에 쓰는 전치사

2과에서 학습한 것처럼 프랑스어 명사는 문법적인 성을 갖고 있습니다. 국가 이름도 마찬가지입니다. 국가명은 고유명사이기 때문에 정관사와 함께 쓰입니다. 또 대륙 이름 앞에도 정관사를 씁니다. 국가명 및 대륙 앞에 쓰이는 전치사 au, en, aux는 주로 '~에', '~에서'라는 의미를 갖습니다.

남성 국가명	여성 국가명	복수 국가명	대륙명
Le Brésil 브라질	La Corée 대한민국	Les États-Unis 미국	L'Asie 아시아
Le Japon 일본	La France 프랑스	Les Pays-Bas 네덜란드	L'Afrique 아프리카
Le Royaume-Uni 영국	La Suisse 스위스	Les Philippines 필리핀	L'Amérique 아메리카
Le Portugal 포르투갈	La Belgique 벨기에		L'Europe 유럽
Le Canada 캐나다	La Russie 러시아		L'Océanie 오세아니아
Le Mexique 멕시코	L'Italie 이탈리아		L'Antarctique 남극

» au + 남성 국가명

남성 국가명 앞에는 전치사 au (à + le)를 씁니다.

Noémie est **au** Japon.	Noémie는 일본에 있습니다.
Ils habitent **au** Mexique.	그들은 멕시코에 삽니다.

» en + 여성 국가명 / 대륙명 / 모음으로 시작하는 단수의 국가명

여성 국가명과 대륙명, 남성 국가명이라도 모음으로 시작하는 단수의 국가명은 전치사 en을 씁니다. 전치사 en과 쓰일 때 관사는 생략됩니다.

Nous voyageons **en** Italie.	우리는 이탈리아를 여행합니다.
Il travaille **en** Iran.	그는 이란에서 일합니다. (*이란은 남성 국가명)
Il y a beaucoup de monuments historiques **en** Europe.	유럽에는 많은 역사적 기념물이 있습니다.

» aux + 복수 국가명

복수로 쓰는 국가명 앞에는 전치사 aux (à + les)를 씁니다.

Je suis **aux** États-Unis.	나는 미국에 있습니다.
Elles passent des vacances **aux** Pays-Bas.	그녀들은 네덜란드에서 휴가를 보냅니다.

도시명 앞에는 일반적으로 관사를 쓰지 않습니다. 도시명 앞에는 주로 전치사 à를 붙입니다. 관사 없이 쓰이는 국가명(예를 들어, Cuba 쿠바, Singapour 싱가포르, Israël 이스라엘 등) 앞에도 전치사 à가 쓰이며, '~에', '~에서'라는 의미로 쓰입니다.

Mes grands-parents habitent **à** Madrid.	나의 조부모님은 마드리드에 삽니다.
Son fils étudie **à** Londres.	그의 아들은 런던에서 공부합니다.
Nous allons **à** Singapour cet hiver.	이번 겨울에 우리는 싱가포르에 갑니다.

국가명과 도시 앞에 전치사 de를 쓰는 경우도 있는데, 이때 전치사 de는 '~로부터'라는 의미입니다. 남성 국가명 또는 복수 국가명과 함께 쓰일 경우에 전치사 de와 정관사 le, les는 축약됩니다. 그러나 여성 국가명의 경우에는 정관사를 생략합니다.

Vous venez **du** Japon ?	당신은 일본에서 왔습니까?
- Non, je viens **de** Corée.	– 아니요, 저는 한국에서 왔습니다.
Violaine est américaine ?	Violaine은 미국인입니까?
- Oui, elle vient **des** États-Unis.	– 네, 그녀는 미국에서 왔습니다.

Mini test

Q. 밑줄 친 부분에 들어갈 전치사를 쓰세요.

① 당신은 파리에 삽니까? Vous habitez ________ Paris ?

② 그는 스페인에서 공부합니다. Il étudie ________ Espagne.

③ 그녀는 멕시코에 있습니다. Elle est ________ Mexique.

④ 나는 한국에서 왔습니다. Je viens ________ Corée.

⑤ 우리는 미국에서 휴가를 보냅니다. Nous passons des vacances ________ États-Unis.

정답 ① à ② en ③ au ④ de ⑤ aux

③ 장소 전치사

프랑스어 문법에서 자주 활용되는 주요 전치사를 예문과 함께 살펴봅시다.

sur	~위에	Le stylo est **sur** la table. 펜은 테이블 위에 있습니다.
sous	~아래에	Il y a un chat **sous** la voiture. 고양이 한 마리가 자동차 아래에 있습니다.
dans	~안에	Il est **dans** un taxi. 그는 택시 안에 있습니다.
devant	~앞에	**Devant** la maison, il y a un jardin. 집 앞에 정원이 있습니다.
derrière	~뒤에	La station de métro est **derrière** la banque. 지하철역은 은행 뒤에 있습니다.
près (de)	~가까이에	La piscine est **près de** l'école. 수영장은 학교 가까이에 있습니다.
loin (de)	~멀리에	Le musée d'Orsay est **loin d**'ici. 오르세 미술관은 여기에서 멀리 있습니다.
à côté de	~옆에	Nous attendons **à côté du** cinéma. 우리는 영화관 옆에서 기다립니다.
en face de	~맞은편에	Il y a un bon restaurant **en face du** magasin. 가게 맞은편에 좋은 레스토랑이 있습니다.
à droite (de)	~오른쪽	Au carrefour, vous tournez **à droite**. 교차로에서 오른쪽으로 가세요.
à gauche (de)	~왼쪽	Vous prenez la première rue **à gauche**. 왼쪽 첫 번째 길로 가세요.
entre A et B	~사이에	Le parc est **entre** la librairie et l'école. 공원은 서점과 학교 사이에 있습니다.
au centre de	~중심에	Il y a une fontaine **au centre de** la place. 광장 중심에 분수대가 있습니다.

Mini test

Q. 밑줄 친 부분에 들어갈 장소 전치사를 쓰세요.

① 호텔 가까이에 이탈리안 레스토랑이 있습니다.
Il y a un restaurant italien ____________________ l'hôtel.

② 테이블은 소파 앞에 있습니다.
La table est __________________ le canapé.

정답 ① près de ② devant

4 시간과 기간 나타내기

시간, 요일, 날짜, 연도, 계절, 세기 등을 나타낼 때 쓰는 전치사 및 표현들을 살펴보겠습니다. 과거, 현재, 미래의 어떤 사건이나 행위가 시작되거나 끝나는 순간 또는 그 기간을 나타내는 표현들도 살펴봅니다.

» 시간

시간을 가리킬 때는 전치사 à를 씁니다.

Il arrive **à** 9 heures du matin.	그는 오전 9시에 도착합니다.
Je me lève **à** 7 heures 30.	나는 7시 30분에 일어납니다.
J'ai un rendez-vous **à** 8 heures du soir.	나는 저녁 8시(= 20 heures)에 약속이 있습니다.

꼭 기억하세요!

단, 현재 시간을 말할 때는 비인칭 구문 Il est를 쓰며, 전치사 à는 쓰지 않습니다.

Il est une heure vingt.	지금은 1시 20분입니다.

» 요일

요일을 나타낼 때는 기본적으로 관사도, 전치사도 쓰지 않습니다. 정관사 le를 쓸 경우 반복을 나타내어 '매주'를 의미합니다.

J'ai une réunion importante **mercredi**.	나는 수요일에 중요한 회의가 있습니다.
Vous êtes libre **vendredi** ?	당신은 금요일에 한가합니까?
Le samedi, je vais à la piscine.	매주 토요일에 나는 수영장에 갑니다.

» 날짜

날짜를 나타낼 때는 전치사를 쓰지 않고 정관사 le를 씁니다.

Nous sommes **le** 26 mai.	오늘은 5월 26일입니다.
Il y a un feu d'artifice au Trocadéro **le** 14 juillet.	7월 14일에 트로카데로에서 불꽃놀이가 있습니다.

» 월, 연도

월과 연도를 나타낼 때는 전치사 en을 씁니다.

Vous êtes en vacances **en** août ?	당신은 8월에 휴가입니까?
Albert Camus est né **en** 1913.	알베르 카뮈는 1913년에 태어났습니다.

» 계절

계절을 나타낼 때는 전치사 au 또는 en을 씁니다.

Au printemps, il fait doux.	봄에는 날씨가 따뜻합니다.
En été, on va à la plage.	여름에 우리는 해변에 갑니다.
Il y a beaucoup de feuilles mortes **en** automne.	가을에는 낙엽이 많습니다.
Je fais du ski **en** hiver.	겨울에 나는 스키를 탑니다.

» 세기

세기를 나타낼 때에는 전치사 au를 씁니다. au는 전치사 à와 정관사 le가 축약된 형태입니다.

Nous sommes **au** 21ᵉ siècle.	지금은 21세기입니다.
Au 20ᵉ siècle, il y avait deux guerres mondiales.	20세기에 두 번의 세계 전쟁이 있었습니다.

» 기간을 나타내는 표현

프랑스어에서 기간을 나타내는 표현은 다양합니다. 아래 그림과 예문을 통해 살펴보겠습니다.

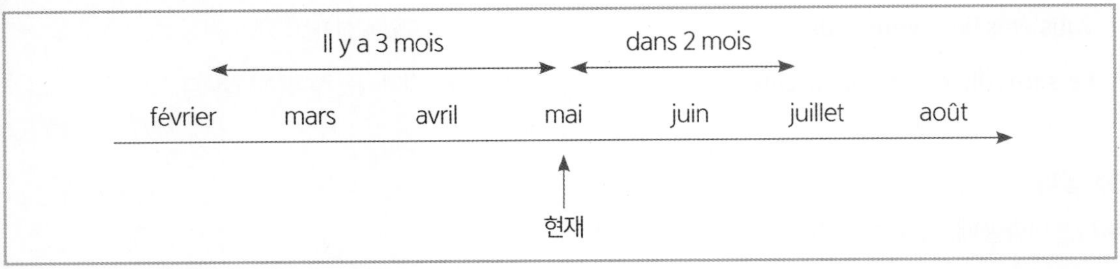

① Il y a + 기간

'~전에'라는 뜻으로 과거의 한 시점을 가리키며 복합과거(passé composé) 시제와 함께 쓰입니다.

J'ai rencontré Paul **il y a** 3 mois.	나는 3개월 전에 Paul을 만났습니다.
Il y a une semaine, je suis rentré de voyage.	나는 일주일 전에 여행에서 돌아왔습니다.

참고

복합과거 시제는 프랑스어 문법에서 가장 많이 쓰이는 과거 시제입니다. 14과에서 더 자세히 학습할 예정입니다.

② Dans + 기간

'~후에'라는 뜻으로, 말하고 있는 시점을 기준으로 미래의 한 시점까지를 나타냅니다. 주로 현재 시제 또는 미래 시제와 함께 쓰입니다.

Je partirai **dans** 2 mois.	나는 2개월 후에 떠날 것입니다.
Il reviendra **dans** cinq jours.	그는 5일 후에 돌아올 것입니다.

꼭 기억하세요!

'dans + 정관사 + 시간 명사'를 쓸 경우에는 '~이내로'라는 뜻이 됩니다.

Je vais partir dans les trois jours.	나는 3일 내로 떠날 것입니다.
Il va retourner dans les deux semaines.	그는 2주 내로 돌아올 것입니다.

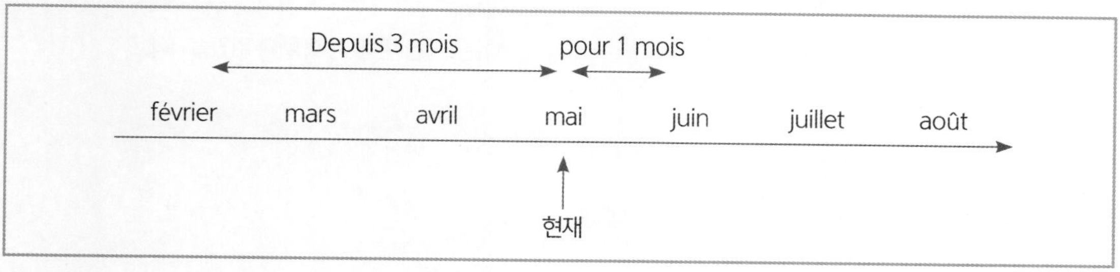

③ Depuis + 기간 또는 사건

'~이후로', '~전부터'라는 뜻으로 과거 어떤 행위나 순간의 시작점부터 현재까지를 나타내며 주로 현재 시제 또는 복합 과거 시제의 부정문과 함께 쓰입니다.

J'apprends le français **depuis** 2021.	나는 2021년부터 프랑스어를 배우고 있습니다.
Ils habitent à Paris **depuis** un an.	그들은 일 년 전부터 파리에 살고 있습니다.
Je n'ai pas vu Paul **depuis** deux mois.	나는 두 달 전부터 Paul을 보지 못했습니다.

④ Pour + 기간

'~예정으로'라는 뜻으로 예정된 기간을 나타냅니다. 현재, 과거, 미래 시제에서 모두 쓰일 수 있습니다.

Elle est en vacances **pour** deux semaines.	그녀는 2주간 휴가입니다.
J'ai loué un studio **pour** six mois.	나는 6개월간 스튜디오를 얻었습니다.
Il va partir **pour** trois mois.	그는 3개월간 떠날 예정입니다.

⑤ Pendant + 행위의 기간

'~동안에'라는 뜻으로 어떤 사건이나 행위의 기간을 나타냅니다.

Mon fils visite chez sa grand-mère **pendant** les vacances.

나의 아들은 방학 동안에 할머니 댁을 방문합니다.

Pendant la nuit blanche, il y a beaucoup de monde dans la rue.

백야 축제 기간 동안 거리에는 사람들이 많습니다.

⑥ en + 행위 실현의 기간

'~이내에', '~에 걸려서', '~만에'라는 뜻으로 어떤 사건이나 행위에 소요되는 시간 또는 그것이 실현되는 기간을 나타냅니다.

Je vais au travail **en** une demi-heure.	나는 30분 이내로 출근합니다.
J'ai lu ce livre **en** deux heures.	나는 2시간 만에 이 책을 다 읽었습니다.

⑦ à partir de + 행위의 시작점

'~부터'라는 뜻으로 기간이나 행위의 시작점을 나타냅니다.

Cette boulangerie ouvre **à partir du** 1er novembre.	이 빵집은 11월 1일부터 엽니다.
Il va aller à la piscine **à partir de** demain.	그는 내일부터 수영장에 갈 것입니다.

⑧ jusqu'à + 행위가 끝나는 시점

'~까지'라는 뜻으로 기간이나 행위가 끝나는 시점을 나타냅니다. 연도, 월, 계절 등을 나타낼 때는 jusqu'en으로 바꾸어 씁니다.

Il faut finir ce travail **jusqu'à** mardi.	이 업무를 화요일까지 끝내야 합니다.
La piscine est fermée **jusqu'en** mai.	수영장은 5월까지 문을 닫습니다.

Mini test

1 <보기>에서 알맞은 말을 골라 빈칸에 쓰세요.

보기

en　　à　　le　　au

① Nous sommes ____________ 22 mars.　　오늘은 3월 22일입니다.

② On est ____________ printemps.　　지금은 봄입니다.

③ Notre train arrive ____________ 15 h 26.　　우리 기차는 15시 26분에 도착합니다.

④ Vous partez ________ juillet ?　　당신은 7월에 떠납니까?

⑤ Elle est née ________ 20e siècle, ____________ 1280.　　그녀는 20세기에, 1280년에 태어났습니다.

⑥ ____________ samedi, je vais au club de gym.　　토요일마다 나는 헬스클럽에 갑니다.

2 <보기>에서 알맞은 말을 골라 빈칸에 쓰세요. 단, 축약이 필요하면 축약하세요.

보기

pendant　　depuis　　pour　　dans　　il y a　　à partir de　　jusqu'à

① Vous avez mal ____________ longtemps ?　　당신은 오래전부터 아팠나요?

② Paul a une course ____________ trois semaines.　　Paul은 3주 뒤에 경주가 있습니다.

③ Il a commencé le ski ________ 5 ans.　　그는 5년 전에 스키를 시작했습니다.

④ Je me repose ____________ les vacances.　　나는 바캉스 동안 쉽니다.

⑤ Le magasin ouvre ____________ 5 juin.　　가게는 6월 5일부터 엽니다.

⑥ Il est à l'hôpital ____________ un mois.　　그는 한 달간 병원에 있을 예정입니다.

⑦ Il faut arriver ____________ 16 h.　　16시까지 도착해야 합니다.

정답 1. ① le ② au ③ à ④ en ⑤ au, en ⑥ Le
2. ① depuis ② dans ③ il y a ④ pendant ⑤ à partir du ⑥ pour ⑦ jusqu'à

Exercices

1 밑줄 친 부분에 들어갈 전치사를 쓰세요.

① Il habite ________ France ________ Lyon.

그는 프랑스 리옹에 삽니다.

② Ils arrivent _______ Pays-Bas, ________ Rotterdam.

그들은 네덜란드 로테르담에 도착했습니다.

③ Demain il va ________ Grèce, ________ Athènes.

내일 그는 그리스 아테나에 갑니다.

④ Elle est __________ Maroc, ________ Casablanca.

그녀는 모로코 카사블랑카에 있습니다.

⑤ Tu vas ___________ Allemagne, ___________ Berlin ?

너는 독일 베를린에 가니?

⑥ On va ___________ États-Unis, ___________ Chicago.

우리는 미국 시카고에 갑니다.

MP3 QR

2 내가 살고 있는 마을을 묘사한 글입니다. 축약에 유의하며 밑줄 친 부분에 들어갈 전치사를 쓰세요.

J'habite ______________ un village. ________ la rue, il y a beaucoup de magasins. Mon appartement se trouve ______________ un restaurant. ______________ chez moi, il y a mon magasin préféré : la boulangerie qui se trouve ________ la librairie et la boucherie ! ________________ la boulangerie, il y a une jolie place avec des arbres et des bancs. ______________________ la place, il y a un petit musée de la Musique.

나는 마을의 중심부에 삽니다. 거리에는 상점들이 많이 있습니다. 나의 아파트는 식당 맞은편에 있습니다. 집 옆에는 내가 좋아하는 가게가 있습니다. 바로 서점과 정육점 사이에 있는 빵집이죠! 빵집 근처에는 나무와 벤치가 있는 예쁜 광장이 있습니다. 광장 왼쪽에는 작은 음악 박물관이 있습니다.

3 식당 직원과의 대화입니다. 밑줄 친 부분에 들어갈 시간 전치사를 쓰세요.

A : Vous travaillez ici ?

B : Oui, je travaille dans ce restaurant ________________ quatre ans.

A : Vous pensez rester ici ________________ combien de temps encore ?

B : J'ai l'intention de partir ____________ un an ou deux. Mon rêve, c'est d'acheter mon restaurant.

A : 여기서 일하세요?

B : 네, 저는 이 식당에서 4년 전부터 일했어요.

A : 여기 얼마나 더 있을 것 같아요?

B : 1~2년 후에 떠날 생각입니다. 제 꿈은 나의 식당을 차리는 것입니다.

정답 p.282

의문문 & 부정문

Leçon 9

Avez-vous un stylo ? – Non, je n'ai pas de stylo.

볼펜 있나요? - 아니요, 없습니다.

오늘의 목표 의문문을 만드는 방법과 의문사의 활용, 부정문을 만드는 방법에 대해 학습합니다.

프랑스어 문법에서 의문문을 만드는 방법은 크게 세 가지가 있습니다. ① 평서문에서 억양을 활용한 의문문, ② 평서문에 est-ce que를 활용한 의문문, ③ 주어와 동사를 도치해 만드는 의문문입니다. 의문 대명사(qui, que)나 의문 부사(où, quand, comment, combien, pourquoi)를 사용해 의문문을 만들 수도 있습니다.

부정문을 만드는 방법에도 규칙이 있습니다. 9과에서는 부정문의 기본 형태를 익히고 부정의 de를 비롯해 여러 가지 부정문의 형태를 살펴보겠습니다. 또한 준조동사, 대명동사의 부정문을 만드는 방법도 학습하겠습니다.

1 의문문

억양을 활용한 의문문

가장 쉽게 의문문을 만들 수 있는 방법입니다. 평서문에 마침표 대신 물음표를 붙여 억양을 높이기만 하면 의문문이 됩니다. 주로 구어에서 많이 씁니다.

Il regarde le journal. (평서문)	→	Il regarde le journal ? (의문문)
그는 신문을 봅니다.		그는 신문을 봅니까?
Vous écoutez de la musique. (평서문)	→	Vous écoutez de la musique ? (의문문)
당신은 음악을 듣습니다.		당신은 음악을 듣습니까?

est-ce que를 활용한 의문문

억양을 활용한 의문문만큼 쉽게 의문문을 만들 수 있는 방법으로, 평서문 앞에 est-ce que를 붙이면 됩니다. 구어와 문어에서 모두 활용할 수 있습니다. 평서문의 주어가 il, elle, on, ils, elles 처럼 모음으로 시작할 경우 que는 qu'로 축약됩니다.

Tu aimes le vin. (평서문)	→	**Est-ce que** tu aimes le vin ? (의문문)
너는 와인을 좋아한다.		너는 와인을 좋아하니?
Elle achète des livres. (평서문)	→	**Est-ce qu'**elle achète des livres ? (의문문)
그녀는 책들을 구매합니다.		그녀는 책들을 구매합니까?

도치 의문문

주어와 동사의 순서를 바꾸어 만드는 가장 형식적이고 격식 있는 문어체의 의문문입니다. 주어와 동사의 순서가 바뀌었기 때문에 도치의 표시로 - (trait d'union)을 적어야 합니다. 도치를 한 후 동사의 마지막 자음과 주어의 모음이 만나면 연음해야 합니다. 도치 의문문에서는 발음의 편의를 위해 il, elle, on 주어와 동사 사이에 t가 추가되기도 합니다.

Vous habitez à Tokyo. (평서문)	→	**Habitez-vous** à Tokyo ? (의문문)
당신은 도쿄에 삽니다.		당신은 도쿄에 삽니까?
Il envoie une lettre. (평서문)	→	**Envoie-t-il** une lettre ? (의문문)
그는 편지를 보냅니다.		그는 편지를 보냅니까?

'준조동사 + 동사원형' 구문의 도치 의문문에서는 준조동사와 주어가 도치되며, 대명동사를 활용한 구문의 도치 의문문에서는 재귀 대명사와 동사가 함께 묶여 주어와 도치됩니다.

On peut visiter le musée. (평서문)	→	**Peut-on** visiter le musée ? (의문문)
우리는 박물관을 방문할 수 있습니다.		우리는 박물관을 방문할 수 있습니까?
Elle se réveille à 7 h. (평서문)	→	**Se réveille-t-elle** à 7 h ? (의문문)
그녀는 7시에 일어납니다.		그녀는 7시에 일어납니까?

주어가 고유 명사이거나 인칭 대명사가 아닌 평서문을 도치 의문문으로 만들 때에는 고유 명사를 해당 인칭 대명사로 다시 써야 합니다.

Pierre aime le roman. (평서문)	→	Pierre **aime-t-il** le roman ? (의문문)
Pierre는 소설을 좋아합니다.		Pierre는 소설을 좋아합니까?
Les enfants jouent au foot. (평서문)	→	Les enfants **jouent-ils** au foot ? (의문문)
아이들은 축구를 합니다.		아이들은 축구를 합니까?

2 의문사

2.1 의문 대명사

이번에는 성과 수에 따라 변하지 않는 의문 대명사를 활용한 의문문을 살펴봅시다. 형태가 변하지 않는 의문 대명사에는 사람을 가리키며 '누구', '누가'의 의미를 갖는 qui와, 사물을 가리키며 '무엇을'을 의미하는 que가 있습니다. 의문 대명사는 주어나 목적어가 될 수 있으며 각각의 위치에서 형태가 달라집니다.

	주어	직접 목적어	간접 목적어
사람	qui qui est-ce qui	qui qui est-ce que	전치사 + qui
뜻	누가	누구를	전치사에 따라 해석
사물	qu'est-ce qui	que qu'est-ce que	전치사 + quoi
뜻	무엇이	무엇을	전치사에 따라 해석

» 주어

Qui vient à la fête ?	누가 파티에 오나요?
Qui est-ce qui téléphone à Emma ?	누가 Emma에게 전화를 거나요?
Qu'est-ce qui est bon ?	무엇이 맛있나요?
Qu'est-ce qui t'arrive ?	무슨 일이야?

» 직접 목적어

Qui aimez-vous ?	당신은 누구를 좋아하나요?
Qui est-ce que tu attends ?	너는 누구를 기다리니?
Que faites-vous ?	당신은 무엇을 하고 있나요?
Qu'est-ce que vous voulez manger ?	당신은 무엇을 먹고 싶나요?

» 간접 목적어

À qui vous demandez ?	당신은 누구에게 요청합니까?
Avec qui tu vas partir ?	너는 누구와 함께 떠나니?
À quoi ça sert ?	이것은 무엇에 쓰이나요?
De quoi tu parles ?	너는 무엇에 대해 말하는 거니?

꼭 기억하세요!

servir à는 '~에 쓰이다', parler de는 '~에 대해 말하다'라는 뜻입니다. 이처럼 전치사가 함께 쓰이는 동사가 쓰인 문장을 의문 대명사를 활용해 의문문으로 만들 때는 각 동사에 알맞은 전치사를 써야 합니다. 한편, '전치사 + 의문 대명사'를 활용한 의문문에서 '전치사 + 의문 대명사'는 문장 앞 또는 뒤에 올 수 있습니다.

Tu travailles **avec qui** ?	너는 누구와 함께 일하니?
Vous dessinez **avec quoi** ?	당신은 무엇으로 그림을 그리나요?

2.2 의문 부사

프랑스어 문법에는 시간, 장소, 양태나 방법, 양, 이유를 묻는 의문 부사가 있습니다. 각 의문 부사의 형태와 의미, 활용법을 살펴보겠습니다.

언제	어디서	어떻게	얼마나	왜
quand	où	comment	combien (de)	pourquoi

의문 부사는 문장 앞 또는 뒤에 쓸 수 있습니다. 의문 부사가 문장 앞에서 쓰일 때에는 est-ce que를 함께 활용할 수도 있습니다. 단, pourquoi는 문장 앞에서만 쓰이므로 주의해야 합니다.

quand	Vous arrivez **quand** ?	**Quand** arrivez-vous ? **Quand est-ce que** vous arrivez ?
뜻	당신은 언제 도착하나요?	
Où	Tu vas **où** ?	**Où** vas-tu ? **Où est-ce que** tu vas ?
뜻	너는 어디 가니?	
comment	Vous voyagez **comment** ?	**Comment** voyagez-vous ? **Comment est-ce que** vous voyagez ?
뜻	당신은 어떻게 여행하나요?	
combien combien de	Ça coûte **combien** ? Il y a **combien de** personnes ?	**Combien est-ce que** ça coûte ? **Combien de** personnes **est-ce qu'**il y a ?
뜻	얼마입니까? 몇 명의 사람들이 있습니까?	
pourquoi	**Pourquoi** il marche vite ?	**Pourquoi est-ce qu'**il marche vite ?
뜻	그는 왜 빨리 걷나요?	

꼭 기억하세요!

est-ce que 뒤에 모음이나 무음 h로 시작하는 단어가 오면 qu'로 축약해야 합니다. Quand 뒤에 모음이 올 때는 연음해서 읽어야 하며 이때 발음은 [t]가 됩니다.

Mini test

1 의문 대명사 qui와 quoi를 활용해 예문처럼 의문문을 만들어 보세요.

> Il habite avec un ami. → Il habite avec qui ?
> 그는 친구와 함께 삽니다.

① Elle étudie la philosophie. → ______________________
그녀는 철학을 공부합니다.

② Tu collectionnes les pièces de monnaie. → ______________________
너는 동전을 수집한다.

③ Il danse avec sa petite amie. → ______________________
그는 그의 여자친구와 춤을 춥니다.

2 다음 의문문을 est-ce que를 활용해 예문처럼 다시 만들어 보세요.

> Tu es en vacances **quand** ? → Quand est-ce que tu es en vacances ?
> 너는 언제 휴가를 가니?

① On va **où** en vacances ? → ______________________
우리는 어디로 휴가를 갑니까?

② Tu voyages **comment** ? → ______________________
너는 어떻게 여행하니?

③ **Pourquoi** vous préférez la voiture ? → ______________________
당신은 왜 자동차를 선호합니까?

정답 1. ① Elle étudie quoi ? ② Tu collectionnes quoi ? ③ Il danse avec qui ?
2. ① Où est-ce qu'on va en vacances ? ② Comment est-ce que tu voyages ?
③ Pourquoi est-ce que vous préférez la voiture ?

3 부정문

3.1 부정문의 형태

부정문은 기본적으로 동사의 앞뒤에 ne...pas를 붙여 'ne + 동사 + pas' 형태를 갖습니다. ne 다음에 모음이나 무음 h로 시작하는 동사가 나오면 ne는 n'로 축약해야 합니다.

Je **ne** suis **pas** étudiant.	나는 학생이 아닙니다.
Tu **n'**aimes **pas** la viande ?	너는 고기를 싫어하니?
Il **ne** part **pas** en vacances.	그는 휴가를 떠나지 않습니다.

'준조동사 + 동사원형' 구문을 부정문으로 만들 경우에는 준조동사의 앞뒤에 ne...pas를 씁니다.

Je **ne** veux **pas** travailler.	나는 일을 하고 싶지 않습니다.
Elle **ne** sait **pas** nager.	그녀는 수영을 할 줄 모릅니다.
Nous **ne** pouvons **pas** entrer dans la salle.	우리는 방 안에 들어갈 수 없습니다.

대명동사가 쓰인 문장을 부정문으로 만들 경우에는 재귀 대명사와 동사의 앞뒤에 ne...pas를 씁니다.

Tu **ne** t'habilles **pas** un manteau ?	너는 코트를 안 입니?
Il **ne** se lève **pas** tôt le matin.	그는 아침에 일찍 일어나지 않습니다.
Vous **ne** vous promenez **pas** dans le jardin ?	당신은 정원에서 산책을 하지 않습니까?

3.2 부정의 de

avoir, prendre, mettre 동사나 il y a 구문 등이 쓰인 부정문에서 직접 목적어가 올 경우, 부정관사가 부정의 de로 바뀝니다. 부분관사도 마찬가지로 부정문에서는 부정의 de로 바뀝니다. 모음이나 무음 h로 시작하는 단어의 경우 d'로 축약해야 합니다.

As-tu un chien ?	너는 강아지가 있니?
- Non, je n'ai pas **de** chien.	- 아니, 나는 강아지가 없어.
Avez-vous des enfants ?	당신은 자녀가 있나요?
- Non, je n'ai pas **d'**enfants.	- 아니요, 나는 자녀가 없습니다.
Il n'y a pas **de** voiture dans la rue.	길에 차가 없습니다.
Jean ne met pas **de** lunettes.	Jean은 안경을 쓰지 않습니다.

꼭 기억하세요!

Ce n'est pas... 또는 Ce ne sont pas... 구문의 부정문에서 부정관사는 부정의 de로 바뀌지 않습니다. 또한 정관사는 부정문에서 부정의 de로 바뀌지 않으므로 주의해야 합니다.

Ce sont des étudiants ?	학생들인가요?
- Non, ce ne sont pas **des** étudiants.	- 아니요, 학생들이 아닙니다.
Tu aimes le vin ?	너는 와인을 좋아하니?
- Non, je n'aime pas **le** vin.	- 아니, 나는 와인을 좋아하지 않아.

3.3 여러 가지 부정의 형태

기본형인 ne...pas 외에도 다양한 부정문이 있습니다. 동사 뒤에 pas 대신 다른 부정의 단어들을 쓸 수 있습니다.

ne...plus 더 이상 ~아니다	Je **ne** fume **plus.** 나는 더 이상 흡연하지 않습니다.
ne...pas encore 아직 ~아니다	Tu **ne** vois **pas encore** le film ? 너는 그 영화를 아직 안 봤니?
ne...jamais 전혀(절대) ~아니다	Il **ne** danse **jamais**. 그는 절대 춤을 추지 않습니다.
ne...rien 아무것도 ~아니다	Vous **ne** voulez **rien** ? 당신은 아무것도 원하지 않습니까?
ne...personne 아무도 ~아니다	Je **ne** connais **personne**. 나는 아무도 알지 못합니다.
ne...ni...ni **= pas de...ni de...ni de...** ~도 ~도 아니다	Alain **n'**a **ni** frère **ni** sœur. = Alain **n'**a **pas de** frère **ni de** sœur. Alain은 형제도 자매도 없습니다.

Mini test

Q. 부정의 de에 주의하며 다음 문장의 부정문을 쓰세요.

① J'aime le sport. → ______________________

② Il a un chien. → ______________________

③ Tu bois de l'eau. → ______________________

정답 ① Je n'aime pas le sport. ② Il n'a pas de chien. ③ Tu ne bois pas d'eau.

Exercices

1 예문을 보고 Qu'est-ce que 또는 Est-ce que를 활용하여 다음 대답에 알맞은 질문을 쓰세요.

Il fait les devoirs. 그는 숙제를 합니다.	→ Qu'est-ce qu'il fait ?
Non, je ne lis pas le journal. 아니오, 나는 신문을 읽지 않습니다.	→ Est-ce que tu lis le journal ?

① Nous regardons la télé. → ________________

우리는 텔레비전을 봅니다.

② Oui, elle joue du piano. → ________________

네, 그녀는 피아노를 칩니다.

③ Non, elle n'a pas de parapluie. → ________________

아니오, 그녀는 우산이 없습니다.

④ Je chante une chanson. → ________________

나는 노래를 부릅니다.

⑤ Ils font de la natation. → ________________

그들은 수영을 합니다.

2 밑줄 친 부분에 알맞은 말을 <보기>에서 골라 쓰세요.

보기

Quel Où Pourquoi Comment Quels

① ____________ vas-tu ? 너는 어떻게 지내니?

② ____________ âge avez-vous ? 당신은 몇 살입니까?

③ ____________ vous apprenez le français ? 당신은 왜 프랑스어를 배웁니까?

④ ____________ sont vos acteurs préférés ? 당신은 어떤 배우를 선호합니까?

⑤ ____________ habites-tu ? 너는 어디에 사니?

MP3 QR

3 다음 문장을 부정문으로 쓰세요.

① Je veux abandonner mes études. 나는 나의 학업을 그만두고 싶습니다.

→ ______

② Tu peux venir ce soir ? 너는 오늘 저녁에 올 수 있니?

→ ______

③ Elle prend du café et des croissants. 그녀는 커피와 크로아상을 먹습니다.

→ ______

④ Je vais partir en vacances cet été. 나는 이번 여름에 휴가를 떠날 계획입니다.

→ ______

⑤ Elle apporte des gâteaux. 그녀는 케이크를 가지고 옵니다.

→ ______

⑥ Thomas pleure encore. Thomas는 아직 울고 있습니다.

→ ______

⑦ Maman fait toujours les courses le samedi. 엄마는 토요일마다 항상 장을 봅니다.

→ ______

⑧ Il connaît tout le monde. 그는 모든 사람을 압니다.

→ ______

정답 p.282

대명사 1

Leçon
10

Il me le donne.

그는 나에게 그것을 줍니다.

오늘의 목표

이번 과에서는 직접 목적 보어와 간접 목적 보어의 형태와 용법에 대해 학습합니다.
그리고 부정문에서 직접 목적 보어와 간접 목적 보어의 위치에 대해서도 살펴보겠습니다.

프랑스어 문법에서 구체적인 목적어는 J'aime la musique. 에서 볼 수 있듯이 동사 뒤에 위치하는 것이 원칙입니다. 그러나 목적어의 반복을 피하기 위해 사용하는 직접 목적 보어나 간접 목적 보어 인칭 대명사는 언제나 동사 앞에 위치하는데, 동사가 두 개일 경우 동사원형 앞에 위치합니다. 직접 목적 보어는 사람과 사물 목적어를 대신할 수 있고, 간접 목적 보어는 사람을 대신할 때만 쓸 수 있습니다.

❶ 직접 목적 보어

직접 목적 보어가 대신할 수 있는 목적어는 전치사 없이 쓰인 타동사의 목적어입니다. 한국어로는 주로 '~를(을)'로 해석되지만 그렇게 해석되지 않더라도 프랑스어로 타동사로 쓰이는 동사들의 목적어는 직접 목적 보어로 받아야 합니다. 예를 들면, prévenir quelqu'un(~에게 알리다), remercier quelqu'un(~에게 감사하다), contacter quelqu'un(~에게 연락하다) 등이 그렇습니다. 직접 목적 보어는 긍정 명령문(12과 참조)을 제외하고는 동사 앞에 위치합니다. 또한 사람, 사물을 모두 대신할 수 있습니다. me, te, le, la는 뒤에 모음이나 무음 h로 시작하는 동사가 오면 m', t', l'로 축약됩니다.

주어 인칭 대명사	직접 목적 보어 사람	직접 목적 보어 사물
je	me	-
tu	te	-
il	le	le
elle	la	la
nous	nous	-
vous	vous	-
ils / elles	les	les

Il **me** regarde.	그는 나를 봅니다.
Je **t'**aime.	나는 너를 사랑해.
Nous **le/la** connaissons bien.	우리는 그/그녀를 잘 압니다.
Elle **nous** invite à la fête.	그녀는 우리를 파티에 초대합니다.
On **vous** attend.	우리는 당신을 기다립니다.
Je **les** préviens.	나는 그들에게 알립니다.

직접 목적 보어가 사물을 대신할 경우에는 사물의 성과 수를 따라야 합니다. 남성 단수 명사의 경우에는 le, 여성 단수 명사의 경우에는 la, 복수 명사의 경우에는 les를 씁니다.

Ils prennent le bus ?	그들은 버스를 탑니까?
- Oui, ils **le** prennent.	– 네, 그들은 그것을 탑니다.
Tu vends ta voiture ?	너는 네 자동차를 팔 거니?
- Oui, je **la** vends.	– 응, 나는 그것을 팔 거야.
Vous avez les documents ?	당신은 문서들을 갖고 있습니까?
- Oui, je **les** ai.	– 네, 나는 그것들을 갖고 있습니다.

준조동사와 동사원형을 쓰는 구문에서 직접 목적 보어가 쓰일 경우 직접 목적 보어는 동사원형 앞에 위치합니다.

Tu peux **m'**aider, s'il te plaît ?	너는 나를 도와줄 수 있니?
Il va **me** contacter.	그는 나에게 연락할 것입니다.
Je dois **le** finir.	나는 그것을 끝내야 합니다.
Nous voulons **les** rencontrer.	우리는 그들을 만나고 싶습니다.

꼭 기억하세요!

aimer, détester 동사 뒤에 사물 목적어를 대신하는 경우에는 직접 목적 보어 le, la, les 대신 ça를 써야 하므로 주의해야 합니다.

Tu aimes le ski ?	너는 스키를 좋아하니?
- Oui, j'aime **ça**.	– 응, 나는 그것을 좋아해.

Mini test

Q. 다음 예문을 보고 밑줄 친 부분에 들어갈 직접 목적 보어를 쓰세요.

Je t'aime et tu ________ aimes.

→ Je t'aime et tu **m'**aimes.

① Nous vous attendons et vous ________ attendez.

② Il me critique et je __________ critique.

③ Tu nous invites et nous _________ invitons.

④ Elle m'écoute et je __________ écoute.

⑤ Je vous déteste et vous ____________ détestez.

⑥ Ils vous oublient et vous ____________ oubliez.

정답 ① nous ② le ③ t' ④ l' ⑤ me ⑥ les

❷ 간접 목적 보어

간접 목적 보어는 '전치사 à + 사람'을 동반하는 동사들의 간접 목적어를 대신할 수 있습니다. 따라서 간접 목적 보어는 사람을 대신할 때 씁니다. 한국어로는 주로 '~에게'로 해석되지만 그렇게 해석되지 않아도 프랑스어는 '전치사 à + 사람'이 쓰이는 간접 타동사의 목적어는 간접 목적 보어로 받아야 합니다. 전치사 à 와 함께 간접 목적어를 쓰는 대표적인 동사들을 먼저 살펴보겠습니다.

parler à	dire à	téléphoner à	écrire à
~에게 말하다	~에게 말하다	~에게 전화하다	~에게 편지 쓰다
répondre à	demander à	envoyer à	rendre à
~에게 대답하다	~에게 묻다, 요청하다	~에게 보내다	~에게 돌려주다
sourire à	donner à	prêter à	plaire à
~에게 미소 짓다	~에게 주다	~에게 빌려주다	~의 마음에 들다

간접 목적 보어는 직접 목적 보어와 마찬가지로 긍정 명령문(12과 참조)을 제외하고는 동사 앞에 위치합니다. me, te는 뒤에 모음이나 무음 h로 시작하는 동사가 오면 m', t'로 축약됩니다.

주어 인칭 대명사	간접 목적 보어 사람
je	me
tu	te
il / elle	lui
nous	nous
vous	vous
ils / elles	leur

Il **me** parle.	그는 나에게 말합니다.
Je **t'**envoie un colis.	나는 너에게 소포를 보낸다.
Nous **lui** disons bonjour.	우리는 그/그녀에게 인사합니다.
Elle **nous** donne des cadeaux.	그녀는 우리에게 선물을 줍니다.
On **vous** écrit.	우리는 당신에게 편지를 씁니다.
Tu **leur** réponds.	너는 그들에게 대답한다.

준조동사와 동사원형을 쓰는 구문에서 간접 목적 보어가 쓰일 경우에 간접 목적 보어는 직접 목적 보어와 마찬가지로 동사원형 앞에 위치합니다.

Tu vas **lui** expliquer ?	너는 그/그녀에게 설명할 거니?
Vous voulez **me** montrer le résultat ?	당신은 나에게 결과를 보여 주고 싶습니까?
Il doit **nous** rendre dans deux jours.	그는 우리에게 이틀 후에 돌려주어야 합니다.

꼭 기억하세요!

'전치사 à + 사람'을 쓰는 간접 타동사라고 해서 무조건 간접 목적 보어로 받을 수 있는 것은 아닙니다. 몇몇 동사들은 간접 목적 보어가 아닌 '전치사 à + 강세형 인칭 대명사'의 형태로 쓰이므로 주의해야 합니다. 예를 들어, s'intéresser à (~에게 흥미가 있다), penser à (~를 생각하다), rêver à (~을 꿈꾸다), s'habituer à (~에게 익숙해지다), tenir à (~에게 애착을 갖다) 등이 그렇습니다.

Je pense à mes amis.	나는 내 친구들을 생각합니다.
→ Je pense à **eux**.	나는 그들을 생각합니다.
Elle s'intéresse à Robert.	그녀는 Robert에게 관심이 있습니다.
→ Elle s'intéresse à **lui**.	그녀는 그에게 관심이 있습니다.

Mini test

Q. 다음 예문을 보고 밑줄 친 단어에 알맞은 간접 목적 보어를 괄호 안에 쓰세요.

보기

C'est ton anniversaire, je (   ) fais un gâteau.

→ C'est ton anniversaire, je te fais un gâteau.

① Marie nous invite, on va (   ) apporter des fleurs.

② Monsieur, j'ai un problème, je peux (   ) poser une question ?

③ Je connais bien cet homme, je vais aller (   ) parler.

④ Je ne sais pas prendre quelle direction, tu (   ) montres sur la carte ?

⑤ Tu ne comprends pas, on va (   ) expliquer.

정답 ① lui ② vous ③ lui ④ me ⑤ t'

3 목적 보어의 위치

직접 목적 보어와 간접 목적 보어는 한 문장에 같이 쓸 수도 있습니다. 한 문장에서 같이 쓰일 경우에는 아래와 같이 순서에 따라 위치시켜야 합니다. 가장 구체적인 정보를 갖는 목적격 인칭 대명사 me, te, nous, vous를 먼저 쓰고, 성과 수를 구분할 수 있는 직접 목적 보어 le, la, les를 쓸 수 있습니다. 성과 수를 가장 구분하기 어려운 간접 목적 보어 lui, leur는 가장 마지막에 위치합니다. 아래 그림에서 보듯이 (a) + (b) 또는 (b) + (c)의 조합으로만 쓸 수 있으며 그 외의 조합은 쓸 수 없습니다.

주어	+	(ne)	+	me te nous vous	+	le la les	+	lui leur	+	동사	+	(pas)
				(a)		(b)		(c)				

Pierre prête son stylo à Marie ?	Pierre는 그의 볼펜을 Marie에게 빌려 줍니까?
- Oui, il le lui prête.	– 네, 그는 그것을 그녀에게 빌려 줍니다.
Il vous donne ces livres ?	그는 이 책들을 당신에게 줍니까?
- Oui, il me les donne.	– 네, 그는 나에게 그것들을 줍니다.

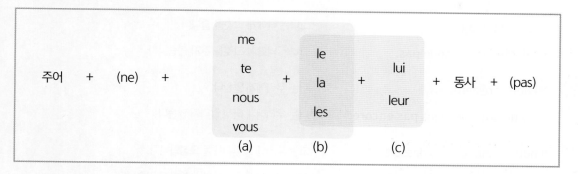

Mini test

Q. 해석을 참고하여 밑줄 친 부분에 들어갈 목적 보어를 쓰세요.

A : J'aime bien ce livre.

B : Si tu veux, je ①_____ ②______ prête.

A : Merci ! Je ③ _____ ④______ rends vite.

B : Très bien, parce que je ⑤_______ lis souvent.

A : 이 책 참 좋다.

B : 만일 네가 원한다면 내가 그것을 네게 빌려줄게.

A : 고마워! 내가 네게 그것을 빨리 돌려줄게.

B : 좋아, 왜냐하면 나는 그것을 자주 읽거든.

정답 ① te ② le ③ te ④ le ⑤ le

❹ 목적 보어의 부정문

직접 목적 보어와 간접 목적 보어의 부정문을 만들 때에는 직접 목적 보어와 간접 목적 보어를 포함하여 동사의 앞뒤에 ne...pas를 붙여야 합니다. 다양한 부정의 표현들도 마찬가지 형태로 쓸 수 있습니다.

Je le regarde.	나는 그를 봅니다.
→ Je **ne** le regarde **pas**.	나는 그를 보지 않습니다.
Elle me la donne.	그녀는 나에게 그것을 줍니다.
→ Elle **ne** me la donne **pas**.	그녀는 나에게 그것을 주지 않습니다.
Tu nous préviens.	너는 우리에게 알린다.
→ Tu **ne** nous préviens **pas encore**.	너는 우리에게 아직 알리지 않는다.
Il nous demande des desserts.	그는 우리에게 디저트를 요청합니다.
→ Il **ne** nous demande **pas de** desserts.	그는 우리에게 디저트를 요청하지 않습니다.
Vous leur téléphonez.	당신은 그들에게 전화합니다.
→ Vous **ne** leur téléphonez **jamais**.	당신은 그들에게 절대 전화하지 않습니다.

그러나 '준조동사+동사원형' 구문에서 직접 목적 보어와 간접 목적 보어가 쓰였을 때 부정문으로 만들 경우에는 준조동사의 앞뒤에 ne...pas를 붙여야 합니다.

Je vais te contacter.
나는 너에게 연락할 것이다.

→ Je **ne** vais **pas** te contacter.
나는 너에게 연락하지 않을 것이다.

Vous devez lui rendre ce dossier demain.
당신은 그/그녀에게 이 서류를 내일 돌려줘야 합니다.

→ Vous **ne** devez **pas** lui rendre ce dossier demain.
당신은 그/그녀에게 이 서류를 내일 돌려주지 않아도 됩니다.

Tu dois me la donner.
너는 나에게 그것을 줘야만 한다.

→ Tu **ne** dois **pas** me la donner.
너는 나에게 그것을 줄 필요가 없다.

Mini test

Q. 밑줄 친 부분을 알맞은 목적 보어로 바꾸어 부정문으로 대답해 보세요.

① Est-ce qu'il donne à son directeur le numéro de téléphone de Paul ?

→ Non, ______________________________

② Est-ce que le facteur t'apporte le courrier ?

→ Non, ______________________________

③ Michel prête sa voiture à son fils ?

→ Non, ______________________________

④ Tu laisses tes clés à tes enfants ?

→ Non, ______________________________

⑤ Elle t'envoie le dossier par fax ?

→ Non, ______________________________

정답 ① il ne le lui donne pas. ② il ne me l'apporte pas. ③ il ne la lui prête pas. ④ je ne les leur laisse pas. ⑤ elle ne me l'envoie pas par fax.

Exercices

1 밑줄 친 목적 보어가 가리키는 것이 무엇인지 쓰세요.

① Je **lui** donne un cadeau. (　　)

a. à mon ami　　　　b. un tableau

② Paul **les** aime bien ? (　　)

a. à ses collègues　　　　b. les films français

③ Tu **la** regardes tous les soirs ? (　　)

a. le sport　　　　b. la télé

④ Vous ne **le** connaissez pas bien. (　　)

a. Pierre　　　　b. Laura

⑤ Elle **leur** téléphone pour prendre rendez-vous. (　　)

a. au médecin　　　　b. à ses parents

⑥ Qu'est-ce que tu **lui** offres pour son anniversaire ? (　　)

a. ton chien　　　　b. à ton grand-père

⑦ Ils **les** vendent. (　　)

a. leurs vélos　　　　b. aux voisins

⑧ Quand est-ce que vous **le** préparez ? (　　)

a. la fête　　　　b. le plat

2 목적 보어를 활용하여 다음 문장을 다시 쓰세요.

① Je ne vois pas Julien dans la classe.

→ ______________________________

② Est-ce que vous téléphonez à votre ami ?

→ ______________________________

③ Je n'ai pas le numéro de téléphone de Jean.

→ ______________________________

④ Stéphanie apporte à la banque les papiers nécessaires.

→ ______________________________

3 다음은 Laurent과 Lucie를 생일 파티에 초대하려는 두 친구의 대화입니다. 해석을 참고하여 밑줄 친 부분에 들어갈 목적 보어를 쓰세요.

A : Je vais inviter Laurent et Lucie pour mon anniversaire.

B : Mais, tu ne ________ connais pas. Ce sont mes copains.

A : Moi, je ____________ connais bien. Nous allons au même centre de gym.

B : Ah bon ? Depuis quand ?

A : Depuis un mois. Je vais ____________ donner ma carte d'invitation.

B : C'est une bonne idée. Mais c'est mieux de __________ téléphoner avant.

A : 내 생일을 위해서 Laurent과 Lucie를 초대할 계획이야.
B : 그런데, 너는 그들을 모르잖아. 그들은 내 친구들인걸.
A : 나도 그들을 잘 알아. 우리는 같은 헬스 클럽에 다니거든.
B : 정말? 언제부터?
A : 한 달 전부터. 나는 그들에게 초대장을 보낼 계획이야.
B : 좋은 생각이다. 그런데 그전에 그들에게 전화를 하는 게 좋겠어.

정답 p.282

대명사 2

Leçon 11

J'y vais.

나는 거기에 갑니다.

오늘의 목표 중성 대명사 y와 en의 용법에 대해 학습합니다.

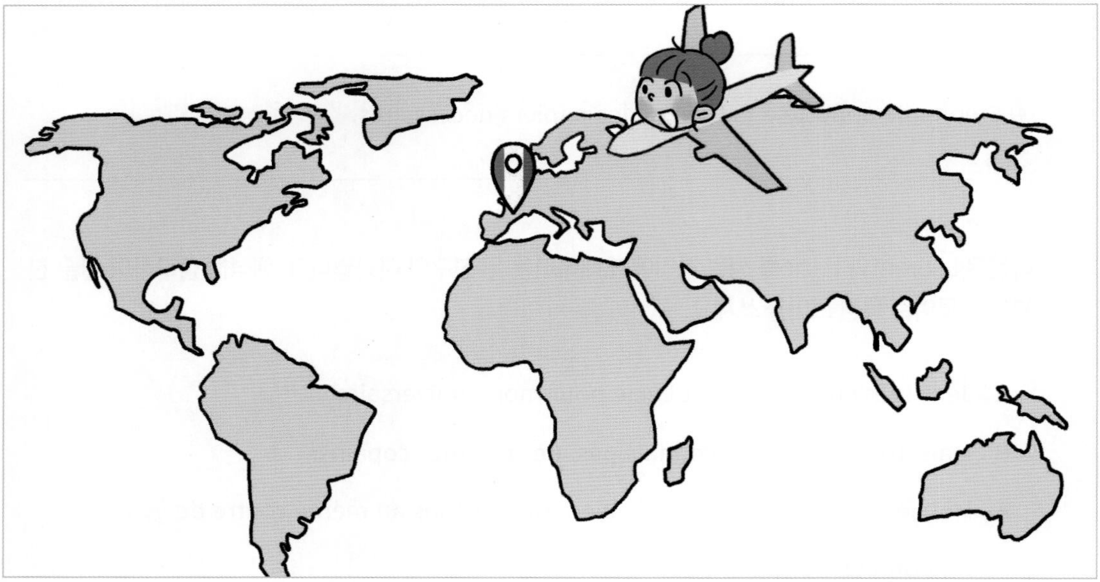

10과에서 학습한 직접 목적 보어와 간접 목적 보어가 사람 또는 사물을 대신하기 위해 쓰였다면, 중성 대명사 y는 주로 'à + 장소, 사물'을, en은 'de + 명사' 또는 '부분관사 + 명사'를 대신할 때 쓰입니다. 중성 대명사라고 부르는 이유는 대신하는 명사의 성과 수에 따라 대명사의 형태가 변하지 않기 때문입니다. 중성 대명사 역시 반복을 피하기 위해 사용된다는 것이 특징이며, 직접 목적 보어, 간접 목적 보어와 마찬가지로 항상 동사 앞에 쓰입니다.

11과에서는 중성 대명사 y와 en의 용법에 대해 학습합니다. 또한 중성 대명사의 위치와 부정문의 형태도 살펴보겠습니다.

1 중성 대명사 y

중성 대명사 y는 주로 '전치사 à + 장소/사물'을 대신합니다. 장소 명사 앞에 오는 전치사 à 이외에 다른 장소 전치사(sur, chez, devant, derrière 등...)를 동반한 장소 명사를 y로 대체할 수 있습니다. 핵심은 장소 명사의 반복을 피하기 위해 중성 대명사 y를 사용한다는 것입니다. 또한 전치사 à를 동반하는 동사(s'intéresser à, penser à 등) 뒤에 오는 사물 명사의 반복을 피할 때도 중성 대명사 y를 씁니다. '그곳에' 또는 '그것에'로 주로 해석되며, 중성 대명사 y는 언제나 동사 앞에 위치합니다. 1인칭 단수 주어 Je와 만나면 축약해야 합니다.

>> 전치사 + 장소 명사

Je vais à l'école en bus.	나는 버스로 학교에 갑니다.
→ J'**y** vais en bus.	나는 버스로 **그곳에** 갑니다.
Vous êtes devant le cinéma ?	당신은 영화관 앞에 있습니까?
→ Oui, j'**y** suis pour voir Paul.	네, 나는 Paul을 보기 위해 **그곳에** 있습니다.

>> 동사 + à + 사물 명사

Je m'intéresse beaucoup à ce film.	나는 이 영화에 관심이 많습니다.
→ Je m'**y** intéresse beaucoup.	나는 **그것에** 관심이 많습니다.
Il pense à ses vacances.	그는 휴가에 대해 생각합니다.
→ Il **y** pense.	그는 **그것에** 대해 생각합니다.

꼭 기억하세요!

'동사 + à + 명사'의 구조라고 해서 무조건 중성 대명사 y로 받을 수 있는 것은 아닙니다. 'à + 사람 명사'는 '전치사 à + 강세형 인칭 대명사'의 형태로 써야 합니다.

Il pense à une chanteuse.	그는 한 여가수를 생각합니다.
→ Il pense à **elle**.	그는 그녀를 생각합니다.
Je m'intéresse à Frédéric.	나는 Frédéric에게 관심이 있습니다.
→ Je m'intéresse à **lui**.	나는 그에게 관심이 있습니다.

Mini test

1 밑줄 친 부분을 중성 대명사 y를 활용하여 문장을 바꿔 쓰세요.

① Nous habitons <u>au centre-ville</u>. → ____________________

② Je passe le week-end <u>à Marseille</u>. → ____________________

③ Elles voyagent <u>à Madrid</u>. → ____________________

④ Mes enfants vont <u>à l'école</u>. → ____________________

⑤ Il travaille <u>à l'agence de voyage</u>. → ____________________

⑥ On monte <u>en haut de la tour Eiffel</u>. → ____________________

2 중성 대명사 y 또는 강세형 인칭 대명사를 활용하여 질문에 알맞은 답을 쓰세요.

① Vous êtes chez vous ? → Oui, ____________________

② Elle va souvent à la piscine ? → Oui, ____________________

③ Tu t'intéresses à ce musée ? → Oui, ____________________

④ Vous pensez souvent à votre fille ? → Oui, ____________________

⑤ Il s'habitue à son nouvel appartement ? → Oui, ____________________

⑥ Tu participes à des manifestations ? → Oui, ____________________

정답 1. ① Nous y habitons. ② J'y passe le week-end. ③ Elles y voyagent.
④ Mes enfants y vont. ⑤ Il y travaille. ⑥ On y monte.
2. ① j'y suis. ② elle y va souvent. ③ je m'y intéresse.
④ je pense souvent à elle. ⑤ il s'y habitue. ⑥ j'y participe.

2 중성 대명사 en

중성 대명사 en은 주로 '거기로부터'의 의미를 갖는 '전치사 de + 장소 명사', '부분관사 + 명사' 또는 '수량 표현 + 명사'를 대체하여 앞서 언급된 명사의 반복을 피할 때 씁니다. 전치사 de를 동반하는 동사(parler de, avoir besoin de, s'occuper de등)나 형용사(être heureux de, être content de 등) 뒤에 오는 명사의 반복을 피할 때도 중성 대명사 en을 씁니다. 동사 앞에 위치하며 주어나 목적 보어와 중성 대명사 en 사이 모음은 축약됩니다.

» de + 장소 명사

Vous sortez du café ?	당신은 카페에서 나갑니까?
- Oui, j'**en** sors à l'instant.	– 네, 지금 **거기서** 나갑니다.
Reviens-tu de l'école ?	너는 학교에서 돌아오는 길이니?
- Oui, j'**en** reviens.	– 응, **거기서** 돌아오는 길이야.

» 부분관사 + 명사

Tu prends du pain au petit-déjeuner ?	너는 아침으로 빵을 먹니?
- Oui, j'**en** prends.	– 응, 나는 **그것을** 먹어.
Vous buvez de la bière ?	당신은 맥주를 마십니까?
- Oui, j'**en** bois.	– 네, 나는 **그것을** 마십니다.

» 수량 표현 + 명사

Il a des frères ?	그는 형제가 있습니까?
- Oui, il **en** a **un**.	– 네, 한 명 있습니다.
Tu as des devoirs ?	너는 숙제가 있니?
- Oui, j'**en** ai **beaucoup**.	– 응, 많이 있어.

꼭 기억하세요!

'수량 표현 + 명사'의 구조에서 반복되는 명사는 중성 대명사 en으로 대체하고, 구체적인 수량은 뒤에 적습니다.

>> 동사/형용사 + de + 명사

Nous parlons d'un nouveau film.	우리는 새 영화에 대해 이야기합니다.
→ Nous **en** parlons.	우리는 **그것에 대해** 이야기합니다.
Qui s'occupe de ce projet ?	누가 이 프로젝트를 담당합니까?
→ Théo s'**en** occupe.	Théo가 **그것을** 담당합니다.
Elle est heureuse de mon succès.	그녀는 나의 성공에 대해 기뻐합니다.
→ Elle **en** est heureuse.	그녀는 **그것에 대해** 기뻐합니다.
Je suis content de votre conseil.	나는 당신의 조언이 만족스럽습니다.
→J'**en** suis content.	나는 **그것이** 만족스럽습니다.

꼭 기억하세요!

직접 목적 보어, 간접 목적 보어와 마찬가지로 준조동사와 동사원형을 쓰는 구문에서 중성 대명사 y와 en은 동사원형 앞에 위치합니다.

Je peux **y** aller.	나는 **거기에** 갈 수 있습니다.
Elle va s'**en** occuper.	그녀는 **그것을** 담당할 것입니다.

또한 중성대명사 y와 마찬가지로 'de + 사람 명사'는 '전치사 de + 강세형 인칭 대명사'의 형태로 써야 합니다.

Ma mère est fière de son fils.	나의 어머니는 아들을 자랑스러워합니다.
→ Ma mère est fière de **lui**.	나의 어머니는 그를 자랑스러워합니다.

Mini test

1 밑줄 친 부분을 중성 대명사 en을 활용하여 문장을 쓰세요.

① Elle vient du bureau. → ____________________

② Je sors de la boulangerie. → ____________________

③ Il s'occupe de ce travail. → ____________________

④ On parle du festival. → ____________________

⑤ Nous nous souvenons de ce film. → ____________________

⑥ J'ai besoin d'aide. → ____________________

2 중성 대명사 en 또는 강세형 인칭 대명사를 활용하여 질문에 알맞은 답을 쓰세요. 단, 괄호 안의 수량 표현을 활용하세요.

① Vous avez peur des chiens ? → Oui, ____________________

② Tu as des enfants ? (trois) → Oui, ____________________

③ Vous prenez des salades au déjeuner ? → Oui, ____________________

④ Ils ont beaucoup de travail ? → Oui, ____________________

⑤ Elle parle de cet acteur ? → Oui, ____________________

⑥ Il est heureux de ce résultat ? → Oui, ____________________

정답 1. ① Elle en vient. ② J'en sors. ③ Il s'en occupe. ④ On en parle.
⑤ Nous nous en souvenons. ⑥ J'en ai besoin.
2. ① j'en ai peur. ② j'en ai trois. ③ j'en prends au déjeuner.
④ ils en ont beaucoup. ⑤ elle parle de lui. ⑥ il en est heureux.

❸ 중성 대명사의 위치와 부정문

중성 대명사 y와 en은 직접 목적 보어나 간접 목적 보어와 한 문장에서 함께 쓸 때 순서에 따라 위치시켜야 합니다. 가장 구체적인 정보를 갖는 목적격 인칭 대명사 me, te, nous, vous 또는 재귀 대명사 me, te, se, nous, vous를 먼저 쓰고, 성과 수를 구분할 수 있는 직접 목적 보어 le, la, les를 씁니다. 대명동사의 재귀 대명사가 올 경우 중성 대명사 y와 en은 바로 뒤에서 모음이 축약된 형태로 씁니다. 직접 목적 보어 le, la, les 뒤에는 간접 목적 보어 lui, leur를 쓸 수 있습니다. 간접 목적 보어가 올 경우 중성 대명사 en은 가장 마지막에 위치합니다. 중성 대명사 y와 en이 한 문장에 쓰일 경우에는 y를 먼저 씁니다. 아래 그림으로 전체 순서를 확인하고 예문을 살펴보겠습니다.

						y/en								
주어	+	(ne)	+	me te se nous vous	+	le la les	+	lui leur	+	y en	+	(pas)	+	동사

Elle **m'y** emmène.	그녀는 **나를 거기에** 데려갑니다.
Nous **les y** conduisons.	우리는 **그들을 거기에** 데려갑니다.
Je **lui en** offre.	나는 **그에게 그것을** 줍니다.
Il **y en** a.	**거기에 그것이** 있습니다.

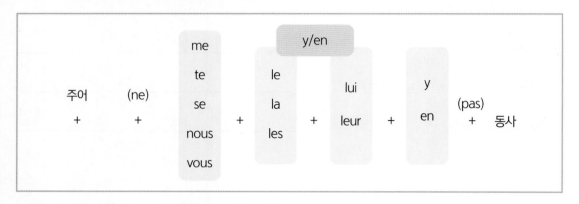

중성 대명사의 부정문을 만들 때에는 직접 목적 보어와 간접 목적 보어의 부정문에서와 마찬가지로 동사의 앞뒤에 ne...pas를 붙여야 합니다. 다양한 부정의 표현들도 마찬가지 형태로 쓸 수 있습니다. 위 예문들을 부정문으로 바꿔 봅시다.

Elle **ne** m'y emmène **pas**.	그녀는 나를 거기에 데려가지 않습니다.
Nous **ne** les y conduisons **pas**.	우리는 그들을 거기에 데려가지 않습니다.
Je **ne** lui en offre **pas**.	나는 그에게 그것을 주지 않습니다.
Il **n'**y en a **pas**.	거기에 그것이 없습니다.

그러나 '준조동사 + 동사원형' 구문의 부정문은 준조동사의 앞뒤에 ne...pas를 붙이고 목적 보어와 중성 대명사의 순서를 지켜 써야 합니다.

Je **ne** veux **pas** l'y emmener.	나는 그녀를 거기에 데려가고 싶지 않습니다.
Nous **ne** pouvons **pas** nous en occuper.	우리는 그것을 담당할 수 없습니다.

Mini test

1 목적 보어, 중성 대명사를 활용해 질문에 알맞은 답을 쓰세요.

① Vous allez parler de vos problèmes à votre directeur ?

→ Oui, ______________________________

② Il envoie des documents à son professeur ?

→ Non, ______________________________

③ Tu peux donner des informations aux visiteurs ?

→ Non, ______________________________

④ Je dois indiquer l'heure de la réunion aux clients ?

→ Oui, ______________________________

⑤ Elle t'emmène à la gare ?

→ Oui, ______________________________

2 해석을 참고하여 다음 단어들을 순서에 맞게 배열하세요.

① peux / Je / un / vous / emprunter / en / ? 제가 그것을 한 개 빌릴 수 있을까요?

→ ______________________________

② ne / le / te / pas / prêter / peux / Je 나는 너에게 그것을 빌려줄 수 없다.

→ ______________________________

③ transférer / pouvez / Vous / me / le / ? 그것을 저에게 전달해 주시겠어요?

→ ______________________________

④ plusieurs / Je / commander / veux / en / leur 나는 그들에게 그것을 여러 개 주문하고 싶습니다.

→ ______________________________

⑤ Elle / y / les / va / rencontrer 그녀는 거기서 그들을 만날 계획입니다.

→ ______________________________

정답 1. ① je vais lui en parler. ② il ne lui en envoie pas. ③ je ne peux pas leur en donner. ④ vous devez la leur indiquer. ⑤ elle m'y emmène.

2. ① Je peux vous en emprunter un ? ② Je ne peux pas te le prêter. ③ Vous pouvez me le transférer ? ④ Je veux leur en commander plusieurs. ⑤ Elle va les y rencontrer.

4 목적 보어와 중성 대명사 개념 정리

10과와 11과에서는 직접 목적 보어, 간접 목적 보어, 중성 대명사에 대해 살펴보았습니다. 동일 명사의 반복을 피하기 위해 쓰지만 헷갈릴 수도 있는 개념입니다. 핵심은 반복되는 명사의 성격, 전치사의 유무에 따라 대체할 수 있는 대명사가 달라진다는 것입니다. 목적 보어와 중성 대명사의 개념을 표로 정리하면 다음과 같습니다.

사람 명사, 사물 명사	le	Je **le** regarde.	나는 그를/그것을 봅니다.
	la	Je **la** regarde.	나는 그녀를/그것을 봅니다.
	les	Je **les** regarde.	나는 그들을/그것들을 봅니다.
à + 사람 명사	lui	Tu **lui** parles.	너는 그에게/그녀에게 말한다.
	leur	Tu **leur** parles.	너는 그들에게/그녀들에게 말한다.
à + 사물 명사	y	Il **y** pense.	그는 그것을 생각합니다.
à + 장소 명사		Il **y** va.	그는 거기에 갑니다.
de + 사물 명사	en	Vous **en** parlez.	당신은 그것에 대해 말합니다.
de + 장소 명사		Vous **en** sortez.	당신은 거기에서 나옵니다.
수량의 de (부분관사)		Vous **en** mangez.	당신은 그것을 먹습니다.

Exercices

1 다음 중 밑줄 친 중성 대명사 또는 강세형 인칭 대명사가 가리키는 것이 무엇인지 고르세요.

① Il y va en bus. (   )

a. à l'école   b. de l'école

② J'y suis jusqu'à cinq heures. (   )

a. chez moi   b. de la piscine

③ Tu penses à lui ? (   )

a. ton fils   b. le film

④ Elle s'y intéresse beaucoup. (   )

a. aux acteurs   b. aux projets

⑤ Il en parle souvent. (   )

a. de son travail   b. de sa mère

⑥ Vous en venez maintenant ? (   )

a. de l'université   b. à l'agence

⑦ Tu t'en souviens ? (   )

a. de ses photos   b. de ses parents

⑧ Elle s'occupe de lui ? (   )

a. son plan   b. son père

2 밑줄 친 부분에 들어갈 알맞은 중성 대명사를 쓰세요.

① Veux-tu du gâteau ?

– Oui, j'_______ veux.

② Répondez-vous à la question ?

– Non, je n'__________ réponds pas.

③ Nous voulons partir en voyage pour visiter l'Égypte.

Nous ________ pensons sérieusement.

④ Est-ce qu'il y a du café ? Je veux ________ boire.

⑤ Il va me voir demain. J'_________ suis heureuse.

MP3 QR

3 해석을 참고하여 밑줄 친 부분에 들어갈 목적 보어, 중성 대명사를 순서에 맞게 쓰세요.

Au bureau

A : Juliette, vous pouvez apporter ce dossier à Xavier ? Il le signe et il __________ __________ redonne tout de suite. C'est urgent.

B : D'accord, je ________ ________ apporte maintenant.

A : Vous allez réserver une chambre d'hôtel pour nos clients ?

B : Oui, je vais ________ ________ réserver deux.

A : Vous pouvez ________ ________ conduire ce soir et aller ________ ________ chercher demain matin ?

사무실에서

A : Juliette, 이 서류를 Xavier에게 갖다 줄 수 있어요? 그가 그것을 서명하고 당신에게 그것을 바로 돌려줄 겁니다. 긴급합니다.

B : 알겠습니다. 지금 그것을 그에게 가져다주겠습니다.

A : 우리의 고객들을 위해 호텔 룸을 예약할 예정입니까?

B : 네, 그들에게 룸을 두 개 예약해 줄 것입니다.

A : 그들을 거기에 오늘 저녁 데려다 주고, 내일 아침 그들을 거기에 찾으러 갈 수 있나요?

정답 p.282

명령문 & 감탄문

Leçon 12

Regarde, quel beau ciel !

봐, 멋진 하늘이야!

오늘의 목표 명령문과 감탄문을 학습합니다.

명령문은 일반적으로 '~해!, ~하자!, ~하세요!'라고 해석하며 'tu, nous, vous'의 인칭에서 사용됩니다. 프랑스어에서 명령문은 '명령'의 의미만으로 쓰이지는 않습니다. 맥락에 따라 '권유' 또는 '청유'의 의미를 갖기도 합니다. 감탄문은 문장 끝에 느낌표와 함께 쓰이며 '멋진데!, 맛있는데!'처럼 칭찬이나 감탄을 표현할 때 사용됩니다. 형용사를 강조하는 부사(vraiment, très, trop 등)를 사용하여 만들기도 하지만 이번 과에서는 의문 형용사 quel, 감탄의 표현을 나타내는 qu'est-ce que, comme로 감탄문을 만드는 방법을 살펴보겠습니다.

❶ 명령문 만들기

명령문을 만드는 가장 기본적인 방법은 평서문에서 주어를 삭제하고 문장의 끝에 느낌표를 찍는 것입니다. 단, 'tu(너), nous(우리), vous(당신)'의 인칭에서만 명령문을 만들 수 있습니다. 1군 동사를 활용한 명령문의 경우, 주어가 tu일 때는 규칙 동사 변화 어미인 -es에서 s를 삭제해야 합니다. 나머지 인칭의 동사 어미에서는 변화가 일어나지 않으며, 2군 동사도 어미의 변화 없이 명령문을 만들 수 있습니다. 3군 동사는 모두 불규칙 동사이기 때문에 1군 동사와 2군 동사처럼 어미 변화 규칙을 제시할 수 없으므로 평서문에서 각 인칭에 해당하는 동사 변화를 잘 암기해야 합니다.

1군 동사 명령문

Tu étudies le français.	너는 프랑스어를 공부한다.
→ **Étudie** le français !	프랑스어를 공부해!
Nous mangeons de la pizza.	우리는 피자를 먹는다.
→ **Mangeons** de la pizza !	피자 먹자!
Vous achetez un ordinateur.	당신은 컴퓨터를 삽니다.
→ **Achetez** un ordinateur !	컴퓨터를 사세요!

2군 동사 명령문

Tu finis tes devoirs.	너는 너의 숙제를 끝낸다.
→ **Finis** tes devoirs !	너의 숙제를 끝내!
Nous choisissons ce vin.	우리는 이 와인을 선택합니다.
→ **Choisissons** ce vin !	이 와인을 선택하자!
Vous réfléchissez à votre projet.	당신은 당신의 프로젝트를 생각합니다.
→ **Réfléchissez** à votre projet !	당신의 프로젝트를 생각하세요!

3군 동사 명령문

Tu mets ton portable sur la table.	너는 너의 휴대폰을 테이블 위에 둔다.
→ **Mets** ton portable sur la table !	너의 휴대폰을 테이블 위에 둬!
Nous prenons le métro.	우리는 지하철을 탑니다.
→ **Prenons** le métro !	지하철을 타자!
Vous attendez Paul.	당신은 Paul을 기다립니다.
→ **Attendez** Paul !	Paul을 기다리세요!

단, aller 동사의 경우 예외적으로 tu 인칭 명령문에서 동사 변화 어미에서 s를 삭제해야 합니다.

Tu vas à l'hôpital.	너는 병원에 간다.
→ **Va** à l'hôpital !	병원에 가!

또한 être, avoir, vouloir, savoir 동사들은 명령문에서 평서문의 동사변화와 다른 형태를 가지므로 명령문을 만들 때 주의해야 합니다.

	Tu	Nous	Vous
être	Sois	Soyons	Soyez
avoir	Aie	Ayons	Ayez
savoir	Sache	Sachons	Sachez
vouloir	Veuille	Voulons	Veuillez

Sois gentil !	친절히 대해라!
Ayons du courage !	용기를 가지자!
Sachez que je vous aime !	내가 당신을 좋아한다는 것을 명심하세요!
Veuillez patienter quelques instants.	잠시만 기다려 주시기 바랍니다.

Mini test

Q. 다음 해석을 참고하여 밑줄 친 부분에 알맞은 말을 쓰세요.

① aimer ________________ votre travail ! 당신의 일을 사랑하세요!

② être ________________ calme ! 조용히 있어!

③ faire ________________ ce que vous voulez ! 당신이 원하는 것을 하세요!

④ aller ________________ à l'école jusqu'à 9 h ! 9시까지 학교에 가!

정답 ① Aimez ② Sois ③ Faites ④ Va

❷ 대명동사의 명령문

대명동사를 명령문으로 만들 때는 tu, nous, vous 인칭에 해당하는 재귀 대명사 te, nous, vous와 동사를 서로 도치하고 '– (trait d'union)'으로 연결해야 합니다. 단, 이때 재귀 대명사 te는 강세형 인칭 대명사 toi의 형태로 바뀝니다. 1군 동사 변화에 속하는 재귀 대명사는 tu 인칭의 경우 동사 변화 어미 -es에서 s를 삭제하는 규칙이 그대로 적용되니 주의하세요.

Tu te laves les mains.	너는 손을 씻는다.
→ **Lave-toi** les mains !	손을 씻어라!
Nous nous promenons au jardin.	우리는 정원에서 산책합니다.
→ **Promenons-nous** au jardin !	정원에서 산책하자!
Vous vous asseyez ici.	당신은 여기에 앉습니다.
→ **Asseyez-vous** ici !	여기에 앉으세요!

Mini test

Q. 아침에 아이들을 깨워 등교 준비를 하고 있는 상황입니다. 해석을 참고하여 괄호 안의 대명동사를 명령문 형태로 바꿔 쓰세요.

① Les enfants, ______________________ (se réveiller), il est 8 heures !

얘들아, 일어나, 8시야!

② Toi, Mathieu, ______________________ (se laver) le premier ! D'accord ?

Mathieu, 너 먼저 씻어! 알겠지?

③ Les enfants, ______________________ (s'habiller) vite et ______________________ (s'asseoir) pour le petit-déjeuner.

얘들아, 얼른 옷 입어. 그리고 아침을 먹어야 하니 앉아.

④ Et toi, Pauline, ______________________ (se dépêcher) de rentrer après l'école !

그리고 Pauline, 학교 끝나고 서둘러 집에 들어와!

정답 ① réveillez-vous ② lave-toi ③ habillez-vous, asseyez-vous ④ dépêche-toi

❸ 대명사를 활용한 명령문

10과, 11과에서 학습한 대명사(직접 목적 보어, 간접 목적 보어, 중성 대명사)를 활용하여 명령문을 만들 때, 대명사는 동사와 도치하여 동사의 뒤에 써야 합니다. 또한 도치되었음을 나타내기 위해서 마찬가지로 '-'로 연결해야 합니다. 이때 목적 보어 me, te는 강세형 인칭 대명사 moi, toi로 바뀝니다.

Tu me regarde.	너는 나를 본다.
→ Regarde-moi !	나를 봐!
Nous lui téléphonons.	우리는 그에게 전화합니다.
→ Téléphonons-lui !	그에게 전화하자!
Vous en buvez beaucoup.	당신은 그것을 많이 마십니다.
→ Buvez-en beaucoup !	그것을 많이 마시세요!

꼭 기억하세요!

1군 동사를 활용한 명령문에서 주어가 tu일 때 규칙 동사 변화 어미인 -es에서 s를 삭제하는 것이 원칙이지만, 중성 대명사 y나 en이 오는 경우 발음의 편의(연음, liaison)를 위해서 s를 삭제하지 않습니다. aller 동사를 쓴 tu 인칭 명령문에서도 같은 예외 규칙이 적용됩니다.

Tu y penses.	너는 그것을 생각한다.
→ Penses-y !	그것을 생각해!
Tu y vas.	너는 거기에 간다.
→ Vas-y !	거기에 가!
Tu en manges souvent.	너는 그것을 자주 먹는다.
→ Manges-en souvent !	그것을 자주 먹어라!

명령문에서 두 개 이상의 대명사가 함께 쓰일 때에는 대명사의 순서에 주의해야 합니다. 평서문과 달리 명령문에서는 동사를 문장 맨 앞으로 보내야 하기 때문에 대명사는 모두 동사 뒤에 위치합니다. 직접 목적 보어 le, la, les를 가장 먼저 쓰고, 나머지 순서는 아래 표처럼 평서문과 동일합니다. 단, 동사와 대명사 사이에 반드시 '-'를 넣어야 하고 목적 보어 me, te는 강세형 인칭 대명사 moi, toi로 바꿔야 합니다.

le la les	moi toi	nous vous lui leur	y	en

Donne-le-moi !	나에게 그것을 줘!
Laissons-la-y !	그것을 거기에 놔 두자!
Montrez-les-leur !	그들에게 그것들을 보여 주세요!
Offrez-lui-en !	그에게 그것을 주세요!

4 부정 명령문

부정 명령문을 만드는 것은 수월합니다. 부정문을 만들기 위해서는 동사의 앞뒤로 ne...pas를 붙여야 하며, 명령문으로 만들기 위해서 주어를 생략하기만 하면 됩니다.

Tu ne manges pas beaucoup de gâteaux.	너는 케이크를 많이 먹지 않는다.
→ Ne mange pas beaucoup de gâteaux !	케이크를 많이 먹지 마!
Nous n'allons pas à la piscine.	우리는 수영장에 가지 않습니다.
→ N'allons pas à la piscine !	수영장에 가지 말자!
Vous ne prenez pas le taxi.	당신은 택시를 타지 않습니다.
→ Ne prenez pas le taxi !	택시를 타지 마세요!

대명동사 또는 직접 목적 보어, 간접 목적 보어, 중성 대명사가 있는 부정 명령문은 평서문과 그 순서가 동일합니다. 단, 명령문이기 때문에 주어를 생략해야 하고 앞에서 학습했던 동사변화의 예외적인 규칙들을 모두 적용하기만 하면 됩니다.

Tu ne me regardes pas.	너는 나를 보지 않는다.
→ Ne me regarde pas !	나를 보지 마!
Nous n'allons pas les y voir.	우리는 그들을 거기에서 보지 않을 것입니다.
→ N'allons pas les y voir !	그들을 거기에서 보지 말자!
Vous ne vous en occupez pas.	당신은 그것을 담당하지 않습니다.
→ Ne vous en occupez pas !	그것을 담당하지 마세요!

Mini test

1 해석을 참고하여 단어를 순서에 맞게 배열한 뒤, 괄호 안에 알맞은 명사를 찾아 기호를 쓰세요.

a. Les fenêtres 창문들	b. Le chien 개	c. La clé 열쇠	d. Les plantes 식물들	e. Le ménage 청소

① perds / la / pas / Ne / ! 그것을 잃어버리지 마!

→ (   ) ______________________________

② fois / par / Faites / semaine / deux / - / le / ! 그것을 일주일에 두 번 하세요!

→ (   ) ______________________________

③ - / les / matin / pour / Ouvre / chaque / aérer / ! 환기하기 위해 아침마다 그것들을 열어라!

→ (   ) ______________________________

④ soir / N' / pas / de / promener / le / oublie / le / ! 저녁에 그를 산책시키는 것을 잊지 마!

→ (   ) ______________________________

⑤ souvent / les / pas / arrosez / Ne / trop / ! 그것들에 너무 자주 물을 주지 마세요!

→ (   ) ______________________________

참고

oublier de + 동사원형 : ~하는 것을 잊다

2 해석을 참고하여 밑줄 친 부분에 들어갈 명령문을 쓰세요.

① Tu veux aller en boîte ? ____________ mais ______________ seule.

클럽에 가고 싶니? 그곳에 가, 하지만 혼자서는 그곳에 가지 마.

② Tu veux manger des bonbons ? ____________ mais ________________ le soir.

사탕을 먹고 싶니? 그것을 먹어, 하지만 저녁에는 먹지 마.

정답 1. ① c. Ne la perds pas ! ② e. Faites-le deux fois par semaine !
③ a. Ouvre-les chaque matin pour aérer ! ④ b. N'oublie pas de le promener le soir !
⑤ d. Ne les arrosez pas trop souvent !
2. ① Vas-y, n'y va pas ② Manges-en, n'en mange pas

5 감탄문 만들기

의문 형용사 quel(le)을 사용해 감탄문을 만들 수 있습니다. 감탄 형용사로서의 quel(le)은 다양한 명사와 형용사와 함께 감탄 표현을 만들 수 있습니다. 함께 활용되는 명사의 성과 수에 맞춰 quel, quelle, quels, quelles 의 형태로 바뀌며, 관사는 생략해야 합니다.

C'est un beau garçon.	잘생긴 소년입니다.
→ **Quel** beau garçon !	잘생긴 소년이군요!
C'est une jolie fille.	귀여운 소녀입니다.
→ **Quelle** jolie fille !	귀여운 소녀군요!
Ce sont de bons gâteaux.	맛있는 케이크들입니다.
→ **Quels** bons gâteaux !	맛있는 케이크들이군요!
Ce sont des histoires intéressantes.	재미있는 이야기들이다.
→ **Quelles** histoires intéressantes !	재미있는 이야기들이군요!

평서문 전체를 감탄문으로 바꾸는 방법도 있습니다. 바로 Que (Qu'est-ce que) 또는 Comme를 활용하는 것입니다. 평서문 앞에 Que (Qu'est-ce que) 또는 Comme를 붙이고 문장 끝에 느낌표만 적으면 '(주어)는 ~하군요!'와 같은 감탄문이 됩니다. Que (Qu'est-ce que) 다음에 오는 주어가 모음으로 시작한다면 축약해야 합니다.

Il est gentil.	그는 친절합니다.
→ **Qu'**il est gentil !	그는 친절하군요!
→ **Qu'est-ce qu'**il est gentil !	
→ **Comme** il est gentil !	
Tu es curieux.	너는 호기심이 많다.
→ **Que** tu es curieux !	너는 호기심이 많구나!
→ **Qu'est-ce que** tu es curieux !	
→ **Comme** tu es curieux !	

Mini test

Q. 괄호 안의 단어 중 감탄문을 만들기 위해 알맞은 것을 고르세요.

① (Quelle / Comme) votre maison est confortable !

② (Qu'est-ce que / Quel) c'est loin des transports !

③ (Que / Quel) beau temps !

④ (Quels / Comme) voisins agréables !

⑤ (Qu'est-ce que / Quelles) montagnes merveilleuses !

⑥ (Qu'est-ce qu' / Quel) il est sympa !

⑦ (Comme / Quels) beaux arbres !

⑧ (Quel / Que) roman ennuyeux !

⑨ (Comme / Quelle) je suis fatigué !

⑩ (Qu'est-ce qu' / Quelles) elles sont intelligentes !

정답 ① Comme ② Qu'est-ce que ③ Quel ④ Quels ⑤ Quelles ⑥ Qu'est-ce qu' ⑦ Quels ⑧ Quel ⑨ Comme ⑩ Qu'est-ce qu'

Exercices

1 해석을 참고하여 괄호 안의 동사를 명령문 형태로 바꾸어 레시피를 완성하세요.

Recette des crêpes	크레이프 레시피
- 250 g de farine	- 밀가루 250g
- 4 œufs	- 계란 네 개
- 1 cuillère à soupe d'huile	- 오일 한 스푼
- 1 cuillère à soupe de rhum	- 럼주 한 스푼
- 2 cuillères à soupe de sucre	- 설탕 두 스푼
- 1/2 litre de lait	- 우유 1/2 리터
- 1 pincée de sel	- 소금 한 꼬집

① ________________ (Mettre) la farine dans un grand bol.
큰 볼에 밀가루를 담으세요.

② ________________ (Casser) les œufs sur la farine.
밀가루에 계란을 깨 넣으세요.

③ ________________ (Verser) le lait progressivement.
우유를 천천히 부으세요.

④ ________________ (Tourner) la pâte lentement.
반죽을 천천히 휘저어 섞으세요.

⑤ ________________ (Ajouter) l'huile, le rhum, le sucre et le sel.
오일, 럼주, 설탕, 소금을 첨가하세요.

⑥ ________________ (Faire) les crêpes petit à petit.
크레이프를 차근차근 만드세요.

⑦ ________________ (Choisir) un bon cidre pour boire avec les crêpes.
크레이프와 함께 마실 좋은 시드르를 고르세요.

2 Marie는 동물병원에서 수의사와 상담 중입니다. 해석을 참고하여 괄호 안의 동사를 명령문의 형태로 바꾸어, 강아지의 공격성을 완화하기 위한 수의사의 조언을 완성해 보세요.

A : Bonjour Madame, __________ (vouloir) vous asseoir ! Quel est votre problème ?

B : Docteur, mon chien devient agressif.

A : Qu'est-ce que vous lui donnez à manger ?

B : De la viande.

A : Je comprends. ________________ (lui donner) aussi des légumes et des fruits coupés en morceaux. Vous le sortez souvent ?

B : Deux ou trois fois par semaine.

A : Ce n'est pas assez ! ____________________________(le promener) plus souvent. Mais ______________________________ (ne pas oublier) ! _____________________ (le caresser) fréquemment et__________________________ (ne jamais le frapper) ! ___________________________ (être) douce avec lui !

A : 안녕하세요, 부인, 앉으세요! 어떤 문제가 있나요?

B : 의사 선생님, 제 개가 공격적이 되고 있어요.

A : 먹을 것을 무엇을 주나요?

B : 고기요.

A : 그렇군요. 채소와 과일도 조각으로 잘라 주세요. 얼마나 자주 데리고 나가나요?

B : 일주일에 두세 번이요.

A : 충분하지 않아요! 더 자주 산책하세요, 하지만 잊지 마세요. 자주 쓰다듬고 절대 때리지 마세요! 부드럽게 대하세요!

3 밑줄 친 부분에 들어갈 가능한 표현을 모두 써서 감탄문을 완성하세요.

① ____________________ succès formidable !

② ____________________ tu es stupide !

③ ____________________ elles sont dynamiques !

④ ____________________ questions difficiles !

⑤ ____________________ temps horrible !

⑥ ____________________ tu as trop peur !

정답 p.282

비교급 & 최상급

Leçon 13

Il est plus grand que moi.

그는 나보다 큽니다.

오늘의 목표 비교급과 최상급, 우등 비교에서 쓰이는 부사 plus의 발음 규칙에 대해 학습합니다.

프랑스어 문법에서 대표적인 비교급의 종류로는 우등 비교, 동등 비교, 열등 비교 이렇게 총 3가지가 있습니다. 주로 '~보다 더/만큼/덜 ~하다'라고 해석됩니다. 기본적으로는 형용사, 부사, 동사, 명사의 비교급이 있고, 정관사와 비교급을 활용한 최상급이 있습니다. 13과에서는 비교급과 최상급을 학습하겠습니다. 또한 우등 비교에서 쓰이는 부사 plus의 발음 규칙에 대해서도 살펴봅니다.

❶ 비교급

비교급에는 우등 비교, 동등 비교, 열등 비교가 있는데, 비교 대상인 '~보다'를 표현하기 위해 접속사 que가 함께 쓰이기도 합니다. 접속사 que 다음에 오는 비교 대상이 인칭 대명사라면 강세형 인칭 대명사의 형태로 써야 합니다. 또한 비교 대상이 모음 또는 무음 h로 시작할 경우 qu'로 축약해야 합니다. 단, 비교급 문장에서 반드시 비교 대상을 써야 하는 것은 아닙니다.

>> 형용사, 부사의 비교급

형용사의 비교급에서는 형용사가 수식하는 명사에 따라 형용사의 성과 수를 일치시켜야 하지만, 부사는 불변하는 품사이기 때문에 형태가 변하지 않습니다. 형용사와 부사의 비교 정도를 나타내는 부사 plus, aussi, moins은 형용사와 부사 앞에 위치합니다.

우등 비교	plus + 형용사 또는 부사 + que (~보다 더 ~하다)
동등 비교	aussi + 형용사 또는 부사 + que (~만큼 ~하다)
열등 비교	moins + 형용사 또는 부사 + que (~보다 덜 ~하다)

Marc est **plus** grand **que** moi.
Marc는 나보다 키가 더 큽니다.

Elle est **aussi** petite **que** sa petite sœur.
그녀는 그녀의 여동생만큼 키가 작습니다.

Le vélo est **moins** rapide **que** la voiture.
자전거는 자동차보다 덜 빠릅니다.

Bernard parle **plus** fort **que** toi.
Bernard는 너보다 더 크게 말한다.

Nicole court **aussi** vite **que** Jean.
Nicole은 Jean만큼 빠르게 달립니다.

En général, les chiens vivent **moins** longtemps **que** les tortues.
일반적으로 개는 거북이보다 덜 오래 삽니다.

꼭 기억하세요!

형용사 bon의 우등 비교는 plus bon으로 쓰지 않고 형태가 meilleur(e)(s)로 바뀝니다. 또한 부사 bien의 우등 비교는 plus mieux로 쓰지 않고 mieux로 바뀝니다.

Pierre a une **bonne** note. Marie a une **meilleure** note **que** lui.
Pierre는 좋은 점수를 받았습니다. Marie는 그보다 더 좋은 점수를 받았습니다.

Elle chante **bien.** Théo chante **mieux qu**'elle.
그녀는 노래를 잘 부릅니다. Théo는 그녀보다 노래를 더 잘 부릅니다.

Mini test

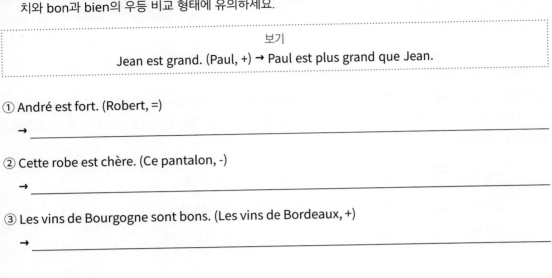

Q. <보기>를 참고하여 괄호 안의 명사를 주어로 쓰는 비교급 문장을 만들어 보세요. 단, 형용사의 성·수 일치와 bon과 bien의 우등 비교 형태에 유의하세요.

> 보기
>
> Jean est grand. (Paul, +) → Paul est plus grand que Jean.

① André est fort. (Robert, =)

→ ______________________________

② Cette robe est chère. (Ce pantalon, -)

→ ______________________________

③ Les vins de Bourgogne sont bons. (Les vins de Bordeaux, +)

→ ______________________________

정답 ① Robert est aussi fort qu'André.
② Ce pantalon est moins cher que cette robe.
③ Les vins de Bordeaux sont meilleurs que les vins de Bourgogne.

» 동사의 비교급

동사의 비교급 형태는 형용사, 부사의 비교급 형태와 유사하지만 동등 비교에서는 aussi 대신 autant(~만큼) 부사를 씁니다. 또한 형용사, 부사의 비교급과는 달리 비교 정도를 나타내는 부사 plus, autant, moins이 동사 바로 뒤에 위치합니다.

우등 비교	동사 + plus que
동등 비교	동사 + autant que
열등 비교	동사 + moins que

Mes parents regardent **plus** la télévision **que** nous.
나의 부모님은 우리보다 텔레비전을 더 많이 시청합니다.

Aujourd'hui, la neige tombe **autant qu**'hier.
오늘은 어제만큼 눈이 내립니다.

Léo mange **moins que** moi.
Léo는 나보다 덜 먹습니다.

>> 명사의 비교급

명사의 비교급은 동사의 비교급처럼 동등 비교에서 부사 autant을 씁니다. 단, 명사의 비교급은 비교 정도를 나타내는 부사 plus, autant, moins이 명사 앞에 쓰이며, 앞에서 살펴본 형용사, 부사, 동사의 비교급과는 달리 전치사 de를 반드시 함께 써야 합니다. plus de, autant de, moins de 뒤에 셀 수 있는 명사는 복수형으로, 셀 수 없는 명사는 단수형으로 씁니다.

우등 비교	plus de + 명사 + que
동등 비교	autant de + 명사 + que
열등 비교	moins de + 명사 + que

J'ai **plus de** chance **que** lui. 나는 그보다 운이 더 좋습니다.

Manon a **autant de** robes **que** toi. Manon은 너만큼 원피스를 갖고 있다.

Les Français boivent **moins de** café **qu'**autrefois. 프랑스인들은 예전보다 커피를 덜 마십니다.

Mini test

Q. <보기>를 참고하여 밑줄 친 부분에 알맞은 비교급 형태를 쓰세요.

보기

J'ai du travail mais je n'ai pas beaucoup de temps. (+ , -)

나는 일이 있지만 시간이 많이 없습니다.

→ J'ai ***plus de*** travail mais j'ai ***moins de*** temps.

① Pour la santé, mangez des légumes et ne mangez pas beaucoup de viande. (+ , -)

건강을 위해서 채소를 먹고 고기를 많이 먹지 마세요.

→ Pour la santé, mangez ____________ légumes et ___________ viande.

② Il n'y a pas beaucoup de bruit et donc les enfants dorment bien. (- , +)

소음이 많이 없어서 아이들은 잘 잡니다.

→ Il y a _____________ bruit et donc les enfants dorment _____________.

③ Nous avons des vacances et donc nous nous reposons. (+ , +)

우리는 휴가가 있어서 휴식을 취합니다.

→ Nous avons ______________ vacances et donc nous nous reposons __________.

정답 ① plus de, moins de ② moins de, mieux ③ plus de, plus

2 plus의 발음

plus는 마지막 자음 s의 발음 여부에 따라 의미가 완전히 달라지기 때문에 특히 회화에서 매우 중요하고, 발음을 엄격하게 구분해야 합니다.

» 비교급에서의 plus

우등 비교에서 쓰는 plus는 수식하는 대상에 따라 발음이 달라집니다. 일반적으로 형용사와 부사를 수식할 때는 s를 발음하지 않고 [ply] 라고 읽으며, 모음이나 무음 h로 시작하는 형용사와 부사 앞에 쓰일 때 s는 연음해야 합니다.

Cette table est **plus** [ply] grande que ça.	이 테이블은 그것보다 더 큽니다.
Ce roman est **plus** [ply] intéressant.	이 소설은 더 재미있습니다.

한편, 우등 비교에서 명사와 동사를 수식하는 plus는 s를 발음하여 [plys]로 읽어야 합니다.

Il lit **plus** [plys] le journal que moi.	그는 나보다 신문을 더 읽습니다.
Vous avez **plus** [plys] de courage que lui.	당신은 그보다 용기가 더 많습니다.

» 부정문에서의 plus

9과 부정문에서 학습한 것처럼, '더 이상 ~ 아니다'의 의미로 쓰이는 ne...plus에서 부사 plus는 마지막 자음 s를 발음하지 않고 [ply]라고 읽습니다. 회화에서 쓰이는 부정문에서는 ne를 생략하는 경우가 매우 빈번합니다. plus 발음에 유의하여 회화에서 자주 쓰이는 아래 두 예문을 비교해봅시다.

Je veux **plus** [ply] de café.	나는 더 이상 커피를 원하지 않습니다.
Je veux **plus** [plys] de café.	나는 커피를 더 원합니다
Tu en veux **plus** [ply] ?	너는 더 이상 그것을 원하지 않니?
Tu en veux **plus** [plys] ?	너는 그것을 더 원하니?

Je veux plus [ply] de café, Tu en veux plus [ply] ? 에서는 부정의 ne가 생략되어 있습니다. 더 이상 커피를 마시고 싶지 않은데 [plys] 로 발음하게 된다면 커피를 더 마시게 되는 불상사가 발생하겠죠? 부정의 의미로 쓰이는 plus는 절대 마지막 자음 s를 발음하지 않는다는 것을 기억합시다.

» '더하기' 의미의 plus

마지막으로 en plus, de plus 처럼 '그리고, 게다가, 덧붙여' 등의 의미로 쓰이는 연결사에서 plus는 마지막 자음 s를 발음하여 [plys]로 읽어야 합니다.

5 **plus** [plys] 5, ça fait 10.	5 더하기 5는 10이다.
Il est beau. **En plus** [plys], il est gentil.	그는 멋있습니다. 게다가 친절합니다.

Mini test

Q. 밑줄 친 plus의 마지막 자음 s를 발음해야 하는 문장들을 모두 고르세요.

① Elle est plus belle que toi.

② Tu as plus de problèmes que lui.

③ Le TGV est plus rapide que les autres trains.

④ Nous n'avons plus de pain.

⑤ En plus, elle est intelligente.

정답 ②, ⑤

3 최상급

최상급을 만드는 기본적인 방법은 비교급에 정관사를 붙이는 것입니다. 최상급은 말 그대로 '가장 ~하다'는 뜻이기 때문에 직접적인 비교 대상이 아닌, 비교 그룹이 존재합니다. 예를 들면 '그는 반에서 키가 가장 크다'는 최상급 문장에서 비교 그룹은 그가 속해 있는 '반'이 됩니다. 비교급에서는 비교 대상 앞에 que를 붙였다면, 최상급에서는 비교 그룹 앞에 전치사 de를 씁니다. 이때 전치사 de와 명사 앞에 쓰이는 정관사 사이의 축약을 반드시 주의해야 합니다. 물론 최상급 구문에서도 비교 그룹은 경우에 따라 생략할 수 있습니다.

» 형용사의 최상급

형용사의 최상급을 만들 때는 비교급에 쓰인 형용사의 성과 수에 따라 정관사를 일치시켜야 합니다. 즉, 형용사의 비교급에서 수식하는 명사에 따라 형용사의 성과 수를 일치시킨 것처럼, 만일 수식한 명사가 남성 단수라면 정관사 le, 여성 단수라면 정관사 la, 복수일 경우에는 les를 써야 합니다. 형용사 bon의 최상급은 우등 비교 meilleur(e)(s) 형태에 정관사를 붙이면 됩니다.

정관사 (le / la / les) + 형용사 비교급 (plus, moins) + de + 비교 그룹

Paul est **le plus** grand **de** la classe.
Paul은 반에서 키가 가장 큽니다.

Pour moi, elle est **la meilleure** chanteuse américaine.
나에게 그녀는 미국 최고의 가수입니다.

Françoise est **la moins** rapide **de** toute l'équipe.
Françoise는 모든 팀 중에서 가장 덜 빠릅니다.

Ce pays a le climat **le moins** humide **du** continent.
그 나라는 대륙에서 가장 덜 습한 기후를 갖고 있습니다.

>> 부사의 최상급

부사는 성과 수가 없기 때문에 부사의 최상급은 정관사 le만 사용합니다. 부사 bien의 최상급은 비교급 mieux 앞에 정관사 le를 붙여야 합니다.

le plus / le moins + 부사의 비교급

Pascal habite dans ce village **le plus** longtemps.	Pascal은 이 마을에서 가장 오래 살고 있습니다.
Ce train court **le moins** vite.	이 기차는 가장 덜 빠르게 달립니다.
Le bleu me va **le mieux**.	파란색은 나에게 가장 잘 어울립니다.

Mini test

Q. <보기>를 참고하여 최상급 문장을 만드세요.

보기
Michel est grand. (classe) → Michel est le plus grand de la classe.

① Ce monument est vieux. (ville)
→ ______________________

② Marie et Sylvie sont intelligentes. (école)
→ ______________________

정답 ① Ce monument est le plus vieux de la ville.
② Marie et Sylvie sont les plus intelligentes de l'école.

>> 명사의 최상급

명사의 최상급은 비교급과 마찬가지로 명사 앞에 전치사 de를 붙여야 합니다. 이때 주의해야 할 것은 정관사 le가 절대 변하지 않는다는 것입니다. 즉, 전치사 de 다음에 오는 명사의 성과 수와 관련이 없습니다. 비교급과 마찬가지로 셀 수 있는 명사는 복수형으로, 셀 수 없는 명사는 단수형으로 씁니다.

le plus[plys] de / le moins de + 명사

Où est-ce qu'il y a **le plus de** soleil en France ?	프랑스에서 가장 햇빛이 많은 곳은 어디입니까?
Mathieu a **le moins de** fautes à l'examen.	Mathieu는 시험에서 가장 실수가 적습니다.

>> 동사의 최상급

동사의 최상급은 비교급과 마찬가지로 동사의 뒤에 le plus 또는 le moins을 써서 만듭니다.

동사 + le plus[plys] / le moins

Aujourd'hui, le vent souffle **le plus**.	오늘은 바람이 가장 많이 붑니다.
Mon patron travaille **le moins**.	나의 사장님은 가장 일을 적게 한다.

Mini test

Q. <보기>를 참고하여 최상급을 활용한 의문문을 만드세요.

보기

sommet / élevé (+) / monde 세계에서 가장 높은 봉우리는 무엇입니까?

→ Quel est le sommet le plus élevé du monde ?

① ville / écologique (+) / planète 지구에서 가장 환경적인 도시는 무엇입니까?

→ ______________________

② endroit / peuplé (-) / Japon 일본에서 가장 사람들이 덜 밀집된 장소는 무엇입니까?

→ ______________________

③ continent / vaste (+) / monde 세계에서 가장 거대한 대륙은 무엇입니까?

→ ______________________

정답 ① Quelle est la ville la plus écologique de la planète ? ② Quel est l'endroit le moins peuplé du Japon ? ③ Quel est le continent le plus vaste du monde ?

Exercices

1 Léa와 Zoël은 서로의 집과 동네에 대해 이야기를 나누고 있습니다. 해석을 참고하여 <보기>에서 밑줄 친 부분에 들어갈 알맞은 비교급, 최상급 표현을 찾아 쓰세요.

보기

autant de / plus... que / moins de... que / le plus / plus de... que /
mieux... que / autant de / le plus...de / plus... que

Zoël : J'adore ton appartement ! Il est ______________ clair ______________ mon studio.

Léa : Oui, et il est ______________ lumineux ______________ mon ancien appartement.

Zoël : Chez moi, il y a beaucoup ______________ soleil ______________ chez toi.

Léa : C'est vrai, mais c'est normal. Moi, je suis à l'étage ______________ élevé !

Zoël : Et puis, ton studio est ______________ situé ______________ mon appartement.

Léa : Tu trouves ? Tu habites dans le quartier ______________ central ______________ la ville !

Zoël : D'accord, mais il y a ______________ bruit ______________ chez toi. Mais pour les courses, mon quartier est super !

Léa : Près de chez moi, c'est bien aussi. J'ai ______________ commerces et ______________ choix. On a de la chance de vivre ici, non ?

Zoël: 네 아파트 좋다! 내 스튜디오보다 더 밝아.

Léa: 응, 내 예전 아파트보다 빛이 잘 들어와.

Zoël: 우리 집은 네 집보다 햇빛이 훨씬 적어.

Léa: 맞아, 하지만 당연한걸. 난 가장 높은 층에 있잖아.

Zoël: 게다가 네 스튜디오는 내 아파트보다 더 좋은 위치에 있어.

Léa: 그렇게 생각해? 너는 도시에서 가장 중심인 지역에 살잖아.

Zoël: 맞아, 하지만 네 집보다 소음이 더 많아. 그래도 장 보는 데는 내 동네가 최고지!

Léa: 우리 집 근처도 좋아. 나도 그만큼의 상점과 선택권이 있어. 우리 여기 사는 거 행운이지 않아?

MP3 QR

2 '기차 여행 vs 자동차 여행'에 대한 글입니다. 해석을 참고하여 <보기>에서 밑줄 친 부분에 들어갈 알맞은 비교급, 최상급 표현을 찾아 쓰세요.

보기

plus / aussi / mieux / moins de / moins / autant de / les moins

Voyager en train ou en voiture ?

Bien sûr, la voiture est ________________ pratique, mais on a ___________________ place pour les jambes. On peut s'arrêter ______________ souvent qu'on veut. En train, on n'a pas ______________ liberté mais c'est _____________ dangereux. Moi, je suis________________ dans le train et je sais que les tarifs ne sont pas toujours pareils. Alors, je prends les billets _____________ chers.

기차 여행 vs 자동차 여행

물론, 차가 더 편리하지만, 다리를 놓을 공간이 더 적습니다. 우리가 원하는 만큼 자주 멈출 수 있습니다. 기차에서는 그만큼 자유는 없지만 덜 위험합니다. 나는 기차에서 있는 것이 더 좋은 편이고, 요금이 항상 같지는 않다는 것을 알고 있습니다. 그렇다면 저는 가장 덜 비싼(가장 저렴한) 표를 구매할게요.

정답 p.283

직설법 과거 1

Leçon 14

Hier, j'ai dîné au restaurant et je suis allé au cinéma.

어제 나는 레스토랑에서 저녁을 먹었고 영화관에 갔습니다.

오늘의 목표 근접과거와 복합과거에 대해 학습합니다.

프랑스어 문법에는 단순과거, 근접과거, 반과거, 복합과거, 대과거 이렇게 5개의 과거 시제가 있습니다. 본서에서 다루지는 않지만 단순과거는 문학이나 신문 등에서만 볼 수 있는 특별한 시제입니다. 일상 생활에서 쓰이는 시제가 아니기 때문에 현실과 단절된 이야기라는 느낌을 주는 특징이 있습니다. 대과거는 상대적인 시제로 과거 사건의 선후 관계를 나타내며 15과에서 학습할 예정입니다. 그렇다면 일상 생활에서 자주 활용하는 과거 시제는 무엇일까요? 바로 근접과거, 반과거, 복합과거입니다. 이번 과에서는 근접과거와 복합과거에 대해 살펴봅시다.

❶ 근접과거(Le passé récent)

프랑스어로 Le passé récent이라고 하는 근접과거 시제는 가장 최근에 일어난 과거의 행위를 나타낼 때 쓰이며, 주로 '막 ~했다'라는 의미를 갖습니다. 현재 시점을 기준으로 방금 전에 일어난 과거를 말할 때 쓰입니다.

주어 + venir de + 동사원형

동사 venir는 전치사 de와 함께 쓰이면서 '~로부터 오다'라는 뜻을 갖습니다. 전치사 de 뒤에 동사원형이 오게 되면 근접과거 시제가 되고, '~하고 오다'라는 뜻이 되면서 '(방금) 막 ~했다'라고 해석될 수 있습니다. 뒤에 붙는 동사가 모음 또는 무음 h로 시작하는 경우에는 전치사 de와 동사 사이에서 축약이 일어나니 주의합시다. 한편, 전치사 de 뒤에 대명동사가 올 경우에는 대명동사의 재귀 대명사를 주어에 맞춰 써야 합니다. 또한 목적 보어나 중성 대명사가 함께 쓰이는 경우에는 의미에 맞추어 전치사 de 뒤에 오는 동사원형의 앞에 써야 합니다.

Je **viens de** manger.	나는 방금 식사했습니다.
Il **vient d'**arriver.	그는 방금 도착했습니다.
Je **viens de** me laver.	나는 방금 씻었습니다.
Les enfants **viennent de** se réveiller.	아이들은 방금 잠에서 깼습니다.
Paul **vient d'**en sortir.	Paul은 방금 거기에서 나왔습니다.
Mes collègues **viennent de** me le dire.	나의 동료들이 내게 그것을 방금 말해 주었습니다.

Mini test

Q. 다음 단어들을 순서대로 나열하여 문장을 완성하세요. (단, 모음 축약에 주의하세요.)

① 나는 방금 메시지를 남겼습니다. (laisser / Je / message / viens / un / de)

→ ______________________

② 그는 방금 숙제를 끝냈습니다. (Il / ses / finir / de / vient / devoirs)

→ ______________________

③ 아이들은 방금 그것을 먹었습니다. (de / enfants / en / Les / viennent / manger)

→ ______________________

④ 그녀가 방금 나에게 그것을 가져다주었습니다. (Elle / le / vient / apporter / de / me)

→ ______________________

정답 ① Je viens de laisser un message. ② Il vient de finir ses devoirs. ③ Les enfants viennent d'en manger. ④ Elle vient de me l'apporter.

2 복합과거(Le passé composé)

복합과거(Le passé composé)는 프랑스어 회화에서 가장 많이 쓰이는 과거 시제 중 하나입니다. '~했습니까?', '~했다'로 주로 해석되는 복합과거 시제는 말하는 순간보다 앞선 과거의 사실이나 과거에 이미 완료된 행위 또는 사건을 표현할 때 사용합니다.

프랑스어 명칭에서도 볼 수 있듯이, 복합과거 시제는 조동사와 의미상 동사의 과거분사가 결합된 형태를 띱니다. 조동사는 의미상 동사의 성격에 따라 두 가지로 나뉘어 쓰입니다. 오고 감, 출발과 도착 등 이동을 표현하는 '왕래발착' 동사들의 경우에는 복합과거 시제의 조동사로 être를 사용합니다. 또한 대명동사를 복합과거 시제로 쓸 때에도 조동사로 être를 씁니다. 반면, 왕래발착 동사, 대명동사를 제외한 나머지 대부분의 동사들은 조동사로 avoir를 씁니다.

복합과거 시제의 문장을 만들 때에는 주어 인칭에 맞게 조동사를 동사변화하고, 뒤에 의미상 동사의 과거분사를 붙여야 합니다. 과거분사를 만드는 방법은 바로 다음 페이지에서 살펴보겠습니다.

주어 + 조동사 avoir / être 현재형 + 과거분사

Hier, j'ai travaillé.	어제 나는 일을 했습니다.
Samedi dernier, je suis allé au cinéma.	지난 토요일, 나는 영화관에 갔습니다.

복합과거 시제를 부정문으로 만들 때에는 조동사 avoir / être 앞·뒤로 ne...pas를 붙여야 합니다.

주어 + **ne** + 조동사 avoir / être 현재형 + **pas** + 과거분사

Hier, je **n**'ai **pas** travaillé.	어제 나는 일을 하지 않았습니다.
Samedi dernier, je **ne** suis **pas** allé au cinéma.	지난 토요일, 나는 영화관에 가지 않았습니다.

또한, 복합과거 시제의 문장에서 목적 보어, 중성 대명사는 조동사 avoir / être 앞에 위치합니다.

주어 + (ne) + 목적 보어/중성 대명사 + 조동사 avoir / être 현재형 + (pas) + 과거분사

Hier, je **l**'ai vu devant la gare.	어제 나는 기차역 앞에서 그를 보았습니다.
Samedi dernier, j'**y** suis allé.	지난 토요일, 나는 거기에 갔습니다.
Des gâteaux, je **n'en** ai **pas** mangé.	케이크, 나는 그것을 먹지 않았습니다.

2.1 과거분사 만들기

본격적으로 복합과거 시제 문장을 만드는 방법에 대해 학습하기 전에, 동사를 과거분사 형태로 만드는 방법을 알아봅시다. 규칙 동사에 해당하는 1군, 2군 동사들은 과거분사 형태 역시 규칙성을 띱니다. -er로 끝나는 1군 규칙 동사는 동사원형의 어미 -er을 떼고 é를 붙입니다. -ir로 끝나는 2군 규칙 동사는 동사원형의 어미 -ir 대신 i를 씁니다.

» 1군 동사: 동사원형 어미 -er → é

동사원형	과거분사
parler 말하다	parlé
manger 먹다	mangé
étudier 공부하다	étudié
habiter 살다	habité
regarder 보다	regardé
se lever 일어나다	se levé

» 2군 동사: 동사원형 어미 -ir → i

동사원형	과거분사
finir 끝내다	fini
choisir 선택하다	choisi
réfléchir 생각하다	réfléchi
grossir 살찌다	grossi
grandir 성장하다	grandi
se nourrir 먹다	se nourri

» 3군 불규칙 동사

3군 불규칙 동사의 과거분사는 규칙성을 띠는 1군, 2군 동사들과 달리 다양한 형태의 과거분사 어미를 갖습니다. 따라서 동사마다 과거분사의 형태를 따로 외워야 합니다. 대표적인 3군 불규칙 동사의 과거분사 형태를 우선 암기하고, 불규칙한 형태 속에서도 규칙성을 찾아 학습하도록 합시다. 특히, 과거분사 어미의 발음에 유의해서 암기하도록 합시다.

동사원형	과거분사
partir 떠나다	parti
sortir 나가다	sorti

동사원형	과거분사
faire 하다	fait
être ~있다, 이다	été
avoir 가지다	eu

동사원형	과거분사
prendre 먹다, 타다	pris
comprendre 이해하다	compris
apprendre 배우다	appris
mettre 놓다	mis

동사원형	과거분사
dire 말하다	dit
écrire 쓰다	écrit
conduire 운전하다	conduit

동사원형	과거분사
lire 읽다	lu
voir 보다	vu
boire 마시다	bu

동사원형	과거분사
vouloir 원하다	voulu
pouvoir 할 수 있다	pu
savoir 알다	su
devoir 해야 한다	dû

동사원형	과거분사
entendre 들리다	entendu
attendre 기다리다	attendu
répondre 대답하다	répondu
perdre 잃다	perdu

동사원형	과거분사
venir 오다	venu
devenir 되다	devenu
revenir 돌아오다	revenu
connaître 알다	connu
recevoir 받다	reçu

동사원형	과거분사
ouvrir 열다	ouvert
découvrir 발견하다	découvert
offrir 제공하다	offert
souffrir 겪다	souffert

2.2 조동사 avoir + 과거분사

앞에서 설명한 것처럼, '왕래발착'의 의미를 갖는 동사들과 대명동사를 제외하고 대부분의 동사들은 복합과거 시제에서 조동사 avoir와 결합합니다. 과거분사를 만드는 법을 살펴보았으니 조동사 avoir를 활용하여 복합과거 시제 문장을 만들어 봅시다.

Maintenant 지금	Hier 어제
Je **mange** du pain.	J'ai **mangé** du pain.
Tu **finis** ton travail ?	Tu as **fini** ton travail ?
Il **voit** ce film.	Il a **vu** ce film.
Nous **prenons** un dessert.	Nous avons **pris** un dessert.
Vous **faites** du sport ?	Vous avez **fait** du sport ?
Elles **boivent** du café.	Elles ont **bu** du café.
Paul **est** heureux.	Paul a **été** heureux.
Vous **avez** mal à la tête ?	Vous avez **eu** mal à la tête ?
On **visite** le musée.	On a **visité** le musée.

꼭 기억하세요!

'~를 방문하다'라는 뜻의 visiter 동사는 타동사로, 복합과거 시제에서 조동사 avoir와 결합합니다.

Mini test

Q. 괄호 안의 동사원형을 참고하여, 현재 시제로 쓴 다음 문장들을 복합과거 시제로 바꾸어 보세요.
(단, 목적 보어 또는 중성 대명사의 위치, 부정문의 경우에는 ne...pas의 위치에 주의하세요.)

① Je joue au tennis. (jouer)

→ ______________________________

② Elle ne finit pas ses devoirs. (finir)

→ ______________________________

③ Tu prends ton petit-déjeuner ? (prendre)

→ ______________________________

④ Vous avez mal au ventre ? (avoir)

→ ______________________________

⑤ Ils ne leur répondent pas. (répondre)

→ ______________________________

⑥ Nous recevons des messages. (recevoir)

→ ______________________________

⑦ Elles visitent Madrid. (visiter)

→ ______________________________

⑧ Les garçons en boivent. (boire)

→ ______________________________

정답 ① J'ai joué au tennis. ② Elle n'a pas fini ses devoirs. ③ Tu as pris ton petit-déjeuner ? ④ Vous avez eu mal au ventre ? ⑤ Ils ne leur ont pas répondu. ⑥ Nous avons reçu des messages. ⑦ Elles ont visité Madrid. ⑧ Les garçons en ont bu.

2.3 조동사 être + 과거분사

'왕래발착'의 의미를 갖는 동사와 대명동사는 복합과거 시제에서 조동사 être와 결합해야 합니다. 먼저 대표적인 '왕래발착' 동사들과 과거분사 형태를 살펴보겠습니다.

동사원형	과거분사	동사원형	과거분사
aller 가다	allé	venir 오다	venu
arriver 도착하다	arrivé	partir 떠나다	parti
entrer 들어오다	entré	sortir 나가다	sorti
monter 올라가다	monté	descendre 내려오다	descendu
rester 머물다	resté	passer 지나가다	passé
naître 태어나다	né	mourir 죽다	mort
retourner 돌아오다	retourné	tomber 떨어지다	tombé

이때, 조동사 être와 결합하는 과거분사는 주어의 성·수와 일치시켜야 합니다. 주어가 여성일 경우에는 과거분사에 e를, 복수일 경우에는 s를, 여성 복수일 경우에는 es를 붙여야 합니다. '왕래발착' 동사와 대명동사의 복합과거 시제 문장을 만들어 봅시다. 대명동사의 재귀 대명사는 복합과거 시제의 문장에서 조동사 être 앞에 위치합니다.

Maintenant 지금	Hier 어제
Je **vais** au jardin.	Je suis allé(e) au jardin.
Elle **vient** à ton mariage.	Elle est venue à ton mariage.
Ils **montent** au sommet.	Ils sont montés au sommet.
Nous **restons** chez grand-mère.	Nous sommes resté(e)s chez grand-mère.
Elles **partent** pour Paris.	Elles sont parties pour Paris.
Il **tombe** par terre.	Il est tombé par terre.
Vous **passez** devant la boutique ?	Vous êtes passé(e)(s) devant la boutique ?
Je **me promène** avec mon chien.	Je **me** suis promené(e) avec mon chien.
Ils se **réveillent** à 7 heures.	Ils **se** sont réveillés à 7 heures.

꼭 기억하세요!

sortir, passer, descendre, monter 동사가 직접 목적어를 바로 받는 타동사로 쓰일 경우에는 왕래발착의 의미가 사라지고 각각 '~을 꺼내다', '~을 보내다', '~을 내리다', '~을 올리다'의 의미로 쓰입니다. 따라서 이 경우에 동사들은 복합과거에서 조동사 avoir와 결합해야 합니다.

Elle est sortie vendredi soir.	그녀는 금요일 밤에 외출했다.
Elle a sorti un livre de son sac.	그녀는 가방에서 책을 꺼냈다.
Elles sont passées chez Marianne.	그녀들은 Marianne의 집에 들렀다.
Elles ont passé une bonne soirée.	그녀들은 좋은 저녁 시간을 보냈다.

Mini test

Q. 괄호 안의 동사원형을 참고하여, 현재 시제 문장들을 복합과거 시제로 바꾸어 쓰세요.
(단, 대명동사의 경우 재귀 대명사의 위치, 부정문의 경우에는 ne...pas의 위치에 주의하세요.)

① À quelle heure est-ce qu'elle arrive à son bureau ? (arriver)

→ ____________________

② Laïla et Max, ils sortent à 19 heures. (sortir)

→ ____________________

③ Je ne m'habitue pas à ce jeu. (s'habituer)

→ ____________________

④ Marie monte les assiettes à l'étagère. (monter)

→ ____________________

⑤ Ils descendent à la station Saint-Michel. (descendre)

→ ____________________

⑥ Je m'y promène. (se promener)

→ ____________________

정답 ① À quelle heure est-ce qu'elle est arrivée à son bureau ? ② Laïla et Max, ils sont sortis à 19 heures. ③ Je ne me suis pas habitué(e) à ce jeu. ④ Marie a monté les assiettes à l'étagère. ⑤ Ils sont descendus à la station Saint-Michel. ⑥ Je m'y suis promené(e).

❸ 과거분사의 성·수 일치

복합과거 시제 학습을 마무리하기 전에, 프랑스어 중급 문법의 핵심이라고 할 수 있는 과거분사의 성·수 일치에 대해 더 살펴보겠습니다. 복합과거 시제에서 조동사 être와 결합하는 동사들의 과거분사는 모두 주어의 성과 수에 일치시킨다는 것을 학습했습니다. 하지만 예외가 있습니다. 대명동사의 복합과거 시제에서 조동사 être와 결합해도 과거분사를 성·수 일치시키지 않는 경우가 있습니다. 바로 대명동사의 재귀 대명사가 주어를 가리키는 직접 목적 보어가 아닌 '서로에게'라는 뜻을 갖는 간접 목적 보어로 쓰일 때입니다.

Ils se sont parlé. (parler à qn)	그들은 서로 이야기했습니다.
Elles se sont téléphoné. (téléphoner à qn)	그녀들은 서로 통화했습니다.

또한, 대명동사의 재귀 대명사가 주어를 가리키는 직접 목적 보어라고 하더라도 과거분사 뒤에 직접 목적어가 바로 쓰이는 경우에는 성·수 일치시키지 않습니다.

Elle s'est lavée.	그녀는 씻었습니다.
Elle s'est lavé les mains.	그녀는 손을 씻었습니다.

그런데 조동사 avoir와 결합하는 동사들의 과거분사도 성·수 일치를 해야 하는 경우가 있습니다. 바로 조동사 avoir 앞으로 직접 목적 보어 le, la, les가 위치하는 경우입니다. 직접 목적 보어가 여성 단수인 la일 경우에는 과거분사에 e를, 복수형인 les일 경우에는 그것이 가리키는 명사가 남성이면 s를, 여성이면 es를 붙여야 합니다. 또한, 인칭 대명사로 쓴 직접 목적 보어 me, te, nous, vous 경우에도 과거분사를 성·수 일치시켜야 합니다.

정리하면, 조동사 avoir를 활용한 복합과거 시제에서 과거분사 다음에 목적어가 바로 위치하면 과거분사는 목적어에 성·수 일치시키지 않습니다. 그러나 조동사 avoir 앞으로 직접 목적 보어가 위치하면 과거분사는 직접 목적 보어에 성·수 일치시킵니다.

J'ai acheté **une robe**. Je **l'**ai achetée la semaine dernière.
나는 원피스를 샀습니다. 나는 그것을 지난주에 샀습니다.

Voilà **les gâteaux** ! Il **les** a faits ce matin.
케이크입니다! 그가 오늘 아침에 그것들을 만들었습니다.

Nous avons rencontré **Marie**. Nous **l'**avons vue au café.
우리는 Marie를 만났습니다. 우리는 그녀를 카페에서 봤습니다.

J'adore **cette chemise**. Je **l'**ai mise hier.
나는 이 블라우스를 좋아합니다. 나는 그것을 어제 입었습니다.

Exercices

1 <보기>를 참고하여 복합과거 시제의 문장을 근접과거 시제의 문장으로 바꿔 쓰세요.

> 보기
>
> Mon ami est parti il y a 10 minutes. 내 친구는 10분 전에 떠났습니다.
>
> → Mon ami vient de partir.

① Nous nous sommes parlé tout à l'heure. 우리는 좀 전에 서로 이야기했습니다.

→ ______________________________

② Le film a commencé il y a un instant. 영화는 좀 전에 시작했습니다.

→ ______________________________

③ Je suis arrivé il y a quelques minutes. 나는 몇 분 전에 도착했습니다.

→ ______________________________

④ Hélène a appelé tout à l'heure. Hélène가 좀 전에 전화했습니다.

→ ______________________________

⑤ Les magasins ont fermé il y a 5 minutes. 매장들은 5분 전에 문을 닫았습니다.

→ ______________________________

⑥ Ils se sont réveillés il y a un quart d'heure. 그들은 15분 전에 잠에서 깼습니다.

→ ______________________________

2 다음 동사들의 과거분사를 쓴 뒤, 과거분사의 어미가 다른 동사의 원형을 괄호 안에 쓰세요.

① boire ________ - écrire ________ - voir ________ : (   )

② finir ________ - sortir ________ - offrir ________ : (   )

③ faire ________ - répondre ________ - attendre ________ : (   )

④ lire ________ - prendre ________ - venir ________ : (   )

⑤ souffrir ________ - perdre ________ - entendre ________ : (   )

MP3 QR

3 괄호 안의 동사를 참고하여 조동사 avoir 또는 être를 활용해 복합과거 시제로 쓰세요.
(단, 과거분사 성·수 일치에 유의하세요.)

① Nous ______________________________ le réveil. (ne pas entendre)

우리는 알람 소리를 듣지 못했습니다.

② Elle ______________________________ tard. (se lever)

그녀는 늦게 일어났습니다.

③ Hugo, il ______________________________ dans les escaliers. (tomber)

Hugo, 그는 계단에서 넘어졌습니다.

④ Ils ______________________________ le temps de déjeuner. (ne pas avoir)

그들은 점심 식사할 시간이 없었습니다.

⑤ Elles ______________________________ à l'heure. (ne pas arriver)

그녀들은 제 시간에 도착하지 않았습니다.

⑥ Ils ______________________________ à la fête. (venir)

그들은 파티에 왔습니다.

⑦ Elle ______________________________ les pieds. (se laver)

그녀는 발을 씻었습니다.

4 다음은 Julie의 일기입니다. 해석을 참고하여 과거분사를 알맞게 성·수 일치시켜 일기를 완성하세요.
(단, 성·수 일치가 필요하지 않을 경우 빈칸으로 두세요.)

Mélanie, elle m'a téléphoné____, je l'ai écouté____. Elle a eu____des problèmes. Je les ai réglé____. Je lui ai posé____quelques questions. Et puis, je l'ai invité____à dîner. Nous nous sommes parlé____. Elle m'a remercié____.

Mélanie는 나에게 전화했습니다. 나는 그녀를 (그녀의 말을) 들었습니다. 그녀는 문제가 있었습니다. 나는 그것들을 해결해 주었습니다. 나는 그녀에게 몇 가지 질문을 했습니다. 그러고 나서, 나는 그녀를 저녁 식사에 초대했습니다. 우리는 서로 이야기를 나누었습니다. 그녀는 나를 고마워했습니다.

정답 p.283

직설법 과거 2

Leçon 15

Hier, il faisait beau.

어제는 날씨가 좋았습니다.

오늘의 목표 반과거와 대과거를 학습합니다. 앞서 배운 복합과거와 반과거의 용법을 비교하고 직설법 과거 시제 학습을 마무리합니다.

14과에 이어, 15과에서도 직설법 과거 시제를 학습하도록 하겠습니다. 이번 과에서 학습할 반과거 시제는 근접과거, 복합과거와 더불어 일상생활에서 자주 쓰이며, 특히 복합과거와 함께 쓰일 때에 뉘앙스를 이해하는 것이 아주 중요한 시제이기도 합니다. 대과거는 과거 사건의 선후 관계를 나타낼 때 사용하는 상대적 시제입니다. 15과에서는 반과거와 대과거의 형태 및 용법을 살펴보고, 다양한 시간 전치사 및 표현을 활용하여 복합과거와 반과거 용법을 비교한 뒤, 직설법 과거 시제 학습을 마무리하겠습니다.

1 반과거(L'imparfait)

프랑스어로 l'imparfait 라고 하는 반과거 시제는 말 그대로 '완벽하지 않다', '완료되지 않다'라는 뜻을 갖고 있습니다. 복합과거 시제가 과거의 완료된 사건이나 행위를 가리킨다면, 반과거 시제는 주로 과거 상황에 대한 설명, 묘사를 하는 데 쓰이며 과거 진행형의 느낌을 줍니다. 반과거와 복합과거는 함께 쓰이는 경우가 빈번하기 때문에 각각 언제, 어떤 용법으로 사용하는지 헷갈릴 때가 많습니다. 우선 반과거 시제의 형태부터 살펴보겠습니다.

1.1 반과거의 형태

1인칭 복수(nous)의 직설법 현재 어간 + 반과거 어미 (-ais, -ais, -ait, -ions, -iez, -aient)

반과거 시제를 만들기 위해서는 6과와 7과에서 학습한 동사의 직설법 현재 변화를 암기하고 있어야 합니다. 그중에서도 특히 1인칭 복수 nous의 동사변화가 중요합니다. 일반적으로 1인칭 복수 nous의 동사변화에서 동사의 어미는 -ons입니다. 어미 -ons을 삭제한 형태가 바로 어간이 됩니다. 그 어간 뒤에 반과거 시제의 어미를 인칭에 따라 붙이면 반과거 시제의 동사가 됩니다.

동사원형	1인칭 복수(nous)의 직설법 현재	반과거 시제
parler	nous **parl**ons	je **parl**ais
finir	nous **finiss**ons	tu **finiss**ais
prendre	nous **pren**ons	il **pren**ait
vouloir	nous **voul**ons	nous **voul**ions
faire	nous **fais**ons	vous **fais**iez
avoir	nous **av**ons	ils **av**aient

한편, manger나 commencer처럼 -ger, -cer로 끝나는 동사들은 반과거 시제로 만들 때 철자를 주의해야 합니다. 직설법 현재 시제의 동사변화에서 발음의 편의를 위해 e 또는 ç가 추가된다는 특징을 고려했을 때, 반과거 시제에서도 nous, vous 인칭의 동사변화를 제외하고는 규칙이 그대로 적용된다는 것을 기억하기 바랍니다.

동사원형	1인칭 복수(nous)의 직설법 현재	반과거 시제
manger	nous **mange**ons	je mangeais nous mangions vous mangiez ils mangeaient
commencer	nous **commenç**ons	je commençais nous commencions vous commenciez ils commençaient

être 동사의 반과거 시제는 예외적으로 위의 규칙이 적용되지 않으므로 따로 암기하도록 합시다.

동사원형	반과거 시제
être	j'étais tu étais il était nous étions vous étiez ils étaient

1.2 반과거의 용법

» 과거 상황의 설명 및 묘사

과거 상황의 설명 및 묘사는 반과거 시제의 가장 대표적인 용법입니다. 반과거 시제는 과거 사건 또는 상황을 복합과거처럼 단편적으로 나타내는 것이 아니라 설명하고 묘사할 때 사용합니다. 마치 과거의 이야기를 머릿속에서 그림 그리듯이 표현하는 시제라고 할 수 있습니다.

Hier, il **faisait** beau. Le ciel **était** clair.
어제는 날씨가 좋았습니다. 하늘은 맑았습니다.

Elle **dormait** profondément.
그녀는 곤히 자고 있었습니다.

Marie **portait** une robe splendide et tout le monde la **regardait**.
Marie는 화려한 원피스를 입고 있었고, 모두가 그녀를 바라보고 있었다.

» 과거 반복된 습관(행위)

반과거는 과거에 반복적으로 있었던 행위나 과거의 습관을 나타낼 때도 사용합니다. 보통 반복의 의미를 갖는 시간 표현이 함께 쓰이기도 합니다. 이 경우에는 주로 '~하곤 했다'로 해석됩니다.

Autrefois, il **venait** me voir tous les jours.
예전에 그는 나를 매일 보러 오곤 했습니다.

Le samedi, nous **faisions** un repas de famille.
매주 토요일에 우리는 가족 식사를 하곤 했습니다.

Quand j'**étais** enfant, ma mère me **racontait** une histoire chaque soir.
내가 어렸을 때, 어머니는 매일 저녁 나에게 이야기를 들려주곤 했습니다.

» 과거 상황의 진행 및 동시성

반과거는 복합과거와 달리 과거의 어떤 행위나 상태가 완료되지 않고 지속되고 있음을 나타낼 때 사용합니다. 정해진 시점이나 기간이 없이 과거에 계속 이어지고 있던 상태나 행위를 강조하면서 마치 과거 진행 시제의 느낌을 줍니다. 특히 복합과거와 함께 쓰일 때는 사건의 주요 행위를 보조하는 동시성을 갖는 시제로 사용되며, 이때는 '~하던 중이었다'로 주로 해석됩니다.

Quand le téléphone a sonné, il **se douchait.**
전화벨이 울렸을 때, 그는 샤워 중이었습니다.

Hier, j'ai vu Louis, il **était** avec Julie.
어제 나는 Louis를 보았는데, 그는 Julie와 함께 있었습니다.

Elle **cuisinait** quand son fils **jouait** du piano.
그녀는 아들이 피아노를 연주하고 있었을 때, 요리를 하던 중이었습니다.

참고

과거 상황의 진행중이던 행위를 더 강조할 때는 반과거 시제 대신 현재 진행형(être en train de)을 반과거 시제로 쓸 수 있습니다.

Je **me douchais.** 나는 샤워를 하고 있었습니다.

J'**étais en train de** me doucher. 나는 샤워를 하는 중이었습니다.

Mini test

Q. 밑줄 친 부분에 다음 동사의 반과거 시제를 쓰세요.

① avoir L'année dernière, j'__________ les cheveux blonds.
Cette année, j'ai les cheveux noirs.

② vivre Il y a deux ans, il __________ en Suisse, maintenant il vit en Belgique.

③ être La semaine dernière, nous __________ en vacances.
Cette semaine, nous sommes au travail.

④ aller Au semestre dernier, on __________ à la fac en bus.
Ce semestre, on y va en tram.

⑤ conduire À 20 ans, je __________ une moto. Maintenant, je conduis une voiture.

정답 ① avais ② vivait ③ étions ④ allait ⑤ conduisais

2 복합과거 vs 반과거

복합과거와 반과거 시제의 용법을 정확히 파악하여 두 시제를 구별하고 적절히 사용하는 것은 프랑스어 중급 문법의 핵심입니다. 복합과거나 반과거 시제를 써야 하는 동사가 정해져 있는 것은 아닙니다. 중요한 것은 각각의 시제가 나타내는 뉘앙스, 화자가 말하는 의도에 따라 같은 동사를 활용한 문장이어도 시제는 달라질 수 있다는 점입니다. 복합과거와 반과거의 뉘앙스 차이를 예문을 통해 살펴보겠습니다.

Vous vous êtes rencontrés comment ?

Avant, j'**allais** au bureau en voiture. Un jour, j'**ai eu** un accident. Alors ce jour-là, j'**étais** dans le bus, il y **avait** beaucoup de monde, j'**étais** assis, je **lisais**. Emma **était** debout à côté de moi. Soudain, le chauffeur **a freiné** et elle **est tombée** sur moi. Voici notre première rencontre !

>> 반과거 시제의 동사는 과거의 상황을 상세하게 묘사 및 설명합니다.

J'**étais** dans le bus, il y **avait** beaucoup de monde, j'**étais** assis, je **lisais**. Emma **était** debout à côté de moi.
나는 버스에 있었습니다. 사람들이 많았고, 나는 앉아서 책을 읽고 있었습니다. Emma는 내 옆에 서 있었습니다.

>> 과거의 반복된 행위나 습관을 설명할 때도 반과거 시제를 씁니다.

Avant, j'**allais** au bureau en voiture.
전에 나는 차를 타고 사무실에 가곤 했습니다.

>> 과거의 반복된 행위나 습관이 중단되거나 변했을 때는 복합과거를 씁니다.

Un jour, j'**ai eu** un accident. (= Cet événement a changé mes habitudes.)
어느 날 나는 사고를 겪었습니다. (= 그 사고가 내 습관을 바꾸었습니다.)

Elle **est tombée** sur moi pendant que je lisais.
내가 책을 읽고 있는 동안에 그녀가 내 위로 넘어졌습니다.

참고

'~하는 동안'의 의미를 갖는 pendant que는 반과거 시제와 함께 씁니다. 한편, 특정 시점을 나타내는 시간 표현들(quand, tout à coup, soudain, brusquement, à ce moment-là, un jour...)은 복합과거 시제와 함께 씁니다.

>> 복합과거 시제의 동사는 정해진 기간 또는 특정 시점의 행위나 사건을 나타냅니다.

Soudain, le chauffeur **a freiné** et Emma **est tombée** sur moi.
갑자기 운전기사가 브레이크를 밟았고 Emma가 내 위로 넘어졌습니다.

Mini test

Q. 해석을 참고하여 괄호 안의 동사를 반과거 또는 복합과거 시제로 쓰세요.

① Il ___________ (traverser) l'avenue ; brusquement, une voiture _______________ (arriver) en face de lui.
그는 대로를 건너고 있었습니다. 갑자기 차 한 대가 그의 앞으로 왔습니다.

② Elle _____________ (se promener) tranquillement ; tout à coup, il ___________________ (commencer) à pleuvoir.
그녀는 고요하게 산책하고 있었습니다. 갑자기 비가 내리기 시작했습니다.

③ Je ___________ (regarder) les vitrines des magasins et, à un moment, j' _______________ (entendre) quelqu'un m'appeler par mon nom.
나는 매장의 쇼윈도를 보고 있었습니다. 그 순간 누군가 내 이름을 부르는 소리를 들었습니다.

④ Elle ___________ (être) assise à la terrasse d'un café et elle ___________ (regarder) les gens passer quand, tout à coup, elle _______________ (entendre) un énorme bruit.
그녀는 갑자기 큰 소음을 들었을 때 카페 테라스에 앉아서 지나가는 사람들을 보고 있었습니다.

⑤ Je ___________ (faire) mes courses quand, brusquement, il ___________ (y avoir) une explosion.
갑작스러운 폭발이 있었을 때 나는 장을 보고 있었습니다.

⑥ Nous _____________________________ (se rencontrer) pendant que je ___________ (sortir) du restaurant.
내가 레스토랑에서 나오던 중에 우리는 서로 만났습니다.

정답 ① traversait, est arrivée ② se promenait, a commencé ③ regardais, ai entendu ④ était, regardait, a entendu ⑤ faisais, y a eu ⑥ nous sommes rencontrés, sortais

3 대과거(Le plus-que-parfait)

대과거는 과거에 대해 이야기할 때 그보다 더 이전에 일어난 사건이나 상황을 가리킬 때 사용합니다. 즉, 과거 사건에 대한 상대성을 갖는 시제이므로 반드시 과거 상황에서만 쓰여야 합니다. 우리말에는 대과거 시제가 존재하지 않기 때문에, 문맥을 통해 과거 사건의 선후 관계를 구별할 수 있어야 합니다.

대과거 시제는 복합과거의 동사변화 형태에서 조동사 avoir / être를 반과거로 바꾸는 것입니다. 그 외에 부정문을 만드는 법, 목적 보어 또는 중성 대명사의 위치, 대과거 시제로 쓸 동사의 종류에 따라 (예를 들어, 왕래발착 동사, 대명동사 등) 과거분사를 주어에 성수일치 하는 규칙은 모두 복합과거와 동일합니다.

주어 + (ne) + 목적 보어/중성 대명사 + 조동사 avoir / être 반과거형+ (pas) + 과거분사

>> 과거 사건의 시간상 선후 관계를 나타낼 때

Le train était déjà parti quand je suis arrivé à la gare.
내가 기차역에 도착했을 때, 기차는 이미 떠난 상태였습니다.

Avant de sortir, j'avais éteint la télé mais quand je suis rentré, elle marchait.
외출하기 전에 나는 TV를 껐지만, 집에 돌아왔을 때 TV는 켜져 있었다.

>> 과거 사건의 인과 관계를 나타낼 때

Elle a voulu envoyer un colis mais elle l'avait oublié à la maison.
그녀는 소포를 보내고 싶었는데 집에 그것을 두고 왔습니다.

Je n'ai pas répondu au téléphone parce que je n'avais pas entendu la sonnerie.
나는 벨소리를 듣지 못했기 때문에 전화를 받지 못했습니다.

꼭 기억하세요!

과거의 두 사건이 시간상의 선후 관계가 명확하지 않거나 두 사건이 바로 연달아 일어났을 때, 또는 인과 관계가 뚜렷하지 않을 경우에는 과거 사건을 단순 나열하여 모두 복합과거 시제로 씁니다.

Je me suis couché quand j'étais rentré. (X)

→ Je **me suis couché** quand je **suis rentré**. 나는 집에 돌아와서 잤습니다.

참고

▪ **반과거, 복합과거, 대과거의 의미 비교**

반드시 반과거, 복합과거, 대과거로 써야만 하는 동사가 정해져 있는 것은 아닙니다. 같은 동사를 활용하더라도 화자가 말하고자 하는 의미에 따라서 과거 시제는 바뀔 수 있습니다.

Quand je suis arrivé à la gare, 내가 기차역에 도착했을 때,	le train **était parti**.	기차는 (내가 도착하기 전에) 떠나 있었다.
	le train **partait**.	기차는 출발하고 있었다.
	le train **est parti**.	(내가 도착하고 나서 곧) 기차는 떠났다.

Mini test

Q. 해석을 참고하여 괄호 안의 동사를 대과거 시제로 쓰세요.

① Je t'________________ (offrir) un canapé. Mais tu l'as vendu !
내가 너에게 소파를 선물했었잖아. 그런데 그것을 팔았다니!

② Sa sœur lui ________________ (prêter) son vélo. Mais il l'a cassé.
그의 누나가 그에게 자신의 자전거를 빌려줬었습니다. 그런데 그가 그것을 망가뜨렸습니다.

③ Sa mère lui ________________ (donner) sa bague. Mais elle l'a perdue.
그녀의 어머니가 그녀에게 자신의 반지를 줬었습니다. 그런데 그녀가 그것을 잃어버렸습니다.

④ Nous ________________ (faire) le dessin. Mais elle ne l'a pas aimé.
우리는 그림을 그렸었습니다. 그러나 그녀는 그것을 좋아하지 않았습니다.

⑤ Je lui ________________ (envoyer) une lettre. Mais il ne l'a pas encore lue.
나는 그에게 편지를 보냈었습니다. 그러나 그는 그것을 아직 읽지 않았습니다.

⑥ Le médecin vous ________________ (prescrire) le régime. Mais vous ne l'avez pas suivi.
의사가 당신에게 식단을 처방했었습니다. 그러나 당신은 그것을 따르지 않았습니다.

정답 ① avais offert ② avait prêté ③ avait donné ④ avions fait ⑤ avais envoyé ⑥ avait prescrit

Exercices

1 Rue Rataud에서 일어난 사고에 관한 글입니다. 해석을 참고하여 괄호 안의 동사를 반과거 또는 복합 과거로 바꾸어 쓰세요.

Ce matin, il y __________ (avoir) un accident sur la rue Rataud. Un gros camion __________________ (être) garé devant le feu rouge et ________________ (gêner) les conducteurs. Une voiture ______________ (rouler) rapidement.

Malheureusement, un piéton _______________ (traverser) la rue lorsque la voiture ______________________ (arriver). À ce moment-là, le conducteur ________________ (freiner) mais il ________________ (heurter) le piéton. Le piéton ___________________ (tomber) devant le magasin de fleurs. La fleuriste ___________ (nettoyer) le trottoir devant sa boutique. Après l'accident, elle ________________ (appeler) les pompiers immédiatement. Après cinq minutes, ils _____________________ (arriver). Le piéton ___________ (être) choqué. Les pompiers ______________________________ (décider) de le transporter à l'hôpital.

오늘 아침, Rataud 길에서 사고가 있었다. 대형 트럭 한 대가 적색 신호등 앞에 정차해 있어서 운전자들을 불편하게 하고 있었다. 자동차 한 대가 빠르게 달려오고 있었다.
불행하게도, 자동차가 달려 들었을 때 한 행인이 길을 건너고 있었다. 그 순간, 운전자가 브레이크를 밟았지만 행인을 쳤다. 행인은 꽃 가게 앞으로 넘어졌다. 꽃 가게의 여주인은 자신의 가게 앞 도로를 청소하고 있었다. 사고가 발생한 후에 그녀는 곧장 구조대에게 전화했다. 5분 뒤, 구조대가 도착했다. 행인은 쇼크 상태였다. 구조대는 그를 병원으로 이송하기로 결정했다.

MP3 QR

2 어제 저녁, 집 열쇠를 잃어버린 Roxane의 이야기입니다. 해석을 참고하여 괄호 안의 동사를 복합과거 또는 대과거로 바꾸어 쓰세요.

Hier soir, Roxane ____________________ (ne pas pouvoir) rentrer chez elle parce qu'elle ________________ (perdre) ses clés. Elle ____________________ (aller) sonner chez ses voisins. Heureusement, il y a longtemps, elle __________________ (laisser) un double de ses clés à leur maison. Ils ___________________ (l'inviter) à entrer et à dîner avec eux parce qu'ils _______________________________ (ne pas encore dîner). Ils ____________________ (passer) une soirée amusante.

어제 저녁, Roxane는 그녀의 열쇠를 잃어버렸기 때문에 그녀의 집에 들어갈 수 없었다. 그녀는 이웃집에 벨을 누르러 갔다. 다행히도 그녀는 오래전에 열쇠의 복사본을 이웃집에 맡겨 놓았었다. 그들은 아직 저녁 식사를 하지 않았기 때문에 그녀에게 들어와서 함께 저녁 식사를 하자고 초대했다. 그들은 즐거운 저녁을 보냈다.

3 해석을 참고하여 단어들을 순서에 맞게 다시 쓰세요.

① Paul은 아직 그의 숙제를 끝내지 못했었습니다.

encore / avait / n' / devoirs. / Paul / ses / fini / pas

→ ______________________________

② Élisa는 그녀의 방을 전혀 정리하지 않았었습니다.

tout / sa / avait / du / chambre. / Élisa / pas / rangé / n'

→ ______________________________

③ 아이들은 아직 잠옷을 입지 않았었습니다.

enfants / mis / ne / pyjama. / Les / s' / pas / en / étaient / encore

→ ______________________________

정답 p.283

직설법 미래

Leçon 16

Demain, il pleuvra.

내일은 비가 올 것입니다.

오늘의 목표 근접미래, 단순미래, 전미래의 형태와 용법에 대해 학습합니다.

프랑스어 문법에는 근접미래, 단순미래, 전미래 이렇게 3개의 미래 시제가 있습니다. 근접미래는 명칭에서도 유추할 수 있듯이 아주 가까운 시일 내에 곧 발생할 일을 나타낼 때 사용합니다. 단순미래는 사실상 프랑스어 문법에서 미래를 직접적으로 표현하는 유일한 시제입니다. 미래에 일어날 사실이나 계획, 예상을 이야기할 때 씁니다. 전미래는 과거 시제의 대과거와 마찬가지로 미래 시제 안에서 상대성을 갖는 시제입니다. 미래 사건의 선후 관계를 나타내는 시제이기 때문입니다. 16과에서는 근접미래, 단순미래, 전미래의 형태와 용법에 대해 학습하겠습니다.

❶ 근접미래(Le futur proche)

근접미래는 프랑스어로 Le futur proche라고 합니다. 이름에서도 볼 수 있듯이 '가까운 미래'를 나타낼 때 쓰는 시제입니다. 근접미래는 사실 우리가 이전 과에서 학습하는 동안 여러 예문들에 숨어 있었습니다. 그만큼 일상에서 매우 자주 쓰이는 시제이지요. 형태부터 살펴볼까요?

주어 + (ne) + aller 현재형 + (pas) + 동사원형

근접미래는 형태가 복잡하지 않고 동사변화도 쉽기 때문에 일상 회화에서 쉽게 사용할 수 있습니다. '곧 ~할 것이다', '~할 예정이다'의 뜻으로 해석되며, 곧 이루어질 행위를 가리킵니다. 부정문으로 만들 때에는 준조동사의 역할을 하는 aller 동사의 앞뒤로 ne...pas를 붙여야 합니다. 동사원형 자리에 만일 대명동사가 온다면 주어에 알맞은 재귀 대명사를 써야 합니다. 또한 10과에서 학습한 것처럼 준조동사인 aller 동사와 동사원형을 쓰는 근접미래 시제 구문에서 목적보어나 중성 대명사는 동사원형 앞에 위치합니다.

Cet été, je **vais** travailler dans un restaurant.	이번 여름에 나는 레스토랑에서 일할 계획입니다.
Dépêche-toi ! Nous **allons** rater le train !	서둘러! 우리는 기차를 놓치겠어!
Tu **vas** t'installer à Paris ?	너는 파리에 정착할 예정이니?
Vous n'**allez** pas vous reposer à la plage ?	당신은 해변에서 쉴 예정이 아닙니까?
Il **va** te contacter.	그가 너에게 연락할 것이다.

Mini test

Q. 괄호 안의 동사를 근접미래 시제로 바꿔 쓰세요.

① Attention, vous ______________________ (tomber) !

② Marc ______________________ (sortir) pour se promener.

③ Les enfants ______________________ (aller) chez des copains.

④ Pose le vase, tu ______________________ (le casser) !

⑤ Elle ______________________ (ne pas se promener).

정답 ① allez tomber ② va sortir ③ vont aller ④ vas le casser ⑤ ne va pas se promener

2 단순미래(Le futur simple)

단순미래는 프랑스어 문법에서 거의 모든 미래를 표현할 때 쓰이는 시제입니다. 근접미래가 앞으로 당장 일어날 일, 일어날 가능성이 높은 일을 가리킬 때 쓰인다면, 그 외의 미래를 표현할 때는 단순미래를 씁니다.

2.1 단순미래의 형태

단순미래 시제는 일반적으로 동사원형을 어간으로 두고 단순미래 어미를 붙이는 방식으로 동사변화합니다.

동사원형	주어	어간	단순미래 어미
travailler	je	travailler	**ai**
partir	tu	partir	**as**
choisir	il / elle / on	choisir	**a**
manger	nous	manger	**ons**
commencer	vous	commencer	**ez**
dormir	ils / elles	dormir	**ont**

단, prendre, mettre, dire, boire 처럼 동사원형이 e로 끝나는 경우에는 e를 삭제한 어간에 단순미래 어미를 붙여야 합니다. 6과에서 학습했던 1군 불규칙 동사들을 단순미래 시제로 만들 때에는 해당 동사들의 변화 규칙을 준수하여 단순미래의 어간으로 활용해야 합니다.

동사원형	주어	어간	단순미래 어미
prendre	je	prendr	**ai**
nettoyer	tu	nettoier	**as**
jeter	il / elle / on	jetter	**a**
appeler	nous	appeller	**ons**
acheter	vous	achèter	**ez**
se lever	ils / elles	se lèver	**ont**

여기서 끝이 아닙니다. 몇몇 동사들은 단순미래 어간으로 동사원형을 쓰지 않고 새로운 어간을 사용합니다. 아래 표를 참고하여 불규칙 어간을 꼭 암기하도록 합시다.

aller : j'**ir**ai	faire : je **fer**ai	voir : je **verr**ai
avoir : j'**aur**ai	pouvoir : je **pourr**ai	vouloir : Je **voudr**ai
courir : je **courr**ai	recevoir : je **recevr**ai	Il faut : Il **faudr**a
devoir : je **devr**ai	savoir : je **saur**ai	Il pleut : Il **pleuvr**a
envoyer : j'**enverr**ai	tenir : je **tiendr**ai	
être : je **ser**ai	venir : je **viendr**ai	

2.2 단순미래의 용법

단순미래는 주로 미래에 대한 예상, 추측, 계획을 나타냅니다. 또한 약속, 제안, 조언, 지침, 단호한 거절 등의 의미를 나타낼 때도 쓰입니다.

» 미래에 대한 예상, 추측, 계획

Demain, il **pleuvra** dans toutes les régions.	내일 전 지역에 비가 올 것입니다.
Son voyage **commencera** à Rome.	그의 여행은 로마에서 시작될 것이다.
Quand **viendras**-tu ?	너는 언제 돌아올 거니?
Il n'**achètera** plus de cigarettes.	그는 더 이상 담배를 사지 않을 것입니다.
Elle **mangera** moins pour la santé.	그녀는 건강을 위해서 덜 먹을 것입니다.

» 약속, 제안, 조언, 지침, 단호한 거절

Je te **téléphonerai** demain soir.	내가 내일 저녁에 너에게 전화할게.
Tu **nettoieras** ta chambre.	너는 네 방을 청소할 것이다. (네 방을 청소해라.)
Vous **payerez** en espèces ?	당신은 현금으로 결제할 것입니까?
Je ne **partirai** jamais avec toi !	나는 결코 너와 함께 떠나지 않을 거야!
Vous **prendrez** ce médicament pendant un mois.	당신은 한 달 동안 이 약을 먹을 것입니다. (먹어야 합니다.)

마지막으로, 단순미래는 가까운 미래를 단순 가정할 때 쓰입니다. '만일, 만약'의 의미를 갖는 접속사 si를 쓰는 종속절에서 현재 시제를 쓰고, 주절에서는 단순미래 시제를 사용하여 '만일 ~한다면, ~할 것이다'의 의미를 만들 수 있습니다.

si + 주어 + **현재 시제**, 주어 + **단순미래**

Si tu viens demain soir, je cuisinerai pour toi.
내일 저녁에 네가 온다면, 나는 너를 위해 요리를 할 거야.

S'il fait beau ce samedi, nous ferons une randonnée.
이번 주 토요일에 날씨가 좋으면, 우리는 하이킹을 할 것입니다.

Si vous voulez vous installer dans cette ville, vous payerez cher.
이 도시에 정착하길 원하신다면 돈을 비싸게 지불해야 할 것입니다.

Mini test

1 다음 동사원형을 주어에 맞게 단순미래 시제로 바꿔 쓰세요.

① recevoir : Tu ________________

② se promener : Il ____________________

③ jeter : On ___________________

④ s'ennuyer : Je ______________________

⑤ tenir : Vous _________________

⑥ se lever : Nous _____________________

⑦ acheter : Ils _________________

⑧ savoir : Elle ________________________

⑨ appeler : Tu ________________

⑩ pouvoir : Je ________________________

2 해석을 참고하여 괄호 안의 동사를 단순 가정의 의미에 맞게 현재 시제 또는 단순미래로 바꾸어 쓰세요.

① Si je _______________ (faire) la cuisine, je te _________________ (préparer) de bons plats.
내가 요리를 한다면 너에게 맛있는 음식을 준비해 줄 거야.

② Si vous me _________________ (féliciter), je __________________ (être) heureux.
당신이 나를 축하해 준다면 나는 행복할 것입니다.

③ Si vous ____________________ (aller) à Paris, vous ___________________ (voir) beaucoup de monuments historiques.
당신이 파리에 간다면, 많은 역사적 기념물들을 보게 될 것입니다.

④ Si un jour j' _________________ (avoir) beaucoup d'argent, je __________________ (partir) loin d'ici.
언젠가 내가 돈이 많다면, 나는 여기서 멀리 떠날 것입니다.

⑤ Si on ___________________________________ (ne pas protéger) l'environnement, la situation ___________________ (devenir) grave.
환경을 보호하지 않는다면, 상황은 심각해질 것입니다.

정답 1. ① recevras ② se promènera ③ jettera ④ m'ennuierai ⑤ tiendrez ⑥ nous lèverons ⑦ achèteront ⑧ saura ⑨ appelleras ⑩ pourrai
2. ① fais, préparerai ② félicitez, serai ③ allez, verrez ④ ai, partirai ⑤ ne protège pas, deviendra

❸ 전미래(Le futur antérieur)

전미래는 프랑스어 문법의 과거 시제 중 하나인 대과거와 마찬가지로 시간의 상대성을 갖는 시제입니다. 미래에 일어날 사건들 중에서 먼저 일어날 사건은 전미래 시제로 씁니다. 대과거가 복합과거 시제와 함께 쓰이며 사건의 선후 관계를 나타냈듯이, 전미래 또한 단순미래 시제와 함께 쓰이며 미래에 벌어질 사건들의 선후 관계를 나타냅니다.

우선 전미래 시제의 형태를 살펴보겠습니다. 복합과거 시제의 형태를 떠올리면 전미래 시제를 만드는 것 역시 어렵지 않습니다. 전미래 시제로 만드는 방법은 조동사 avoir / être를 단순미래 형태로 바꾸는 것입니다. 그 외에 부정문을 만드는 법, 목적 보어 또는 중성 대명사의 위치, 전미래 시제로 쓸 동사의 종류에 따라 (예를 들어, 왕래발착 동사, 대명동사 등) 과거분사를 주어에 성수일치 하는 규칙은 모두 복합과거, 대과거와 마찬가지로 동일합니다. 14과, 15과에서 배웠던 복합과거와 대과거 시제의 규칙들을 잘 알고 있어야 전미래 시제도 잘 활용할 수 있겠지요?

주어 + 조동사 avoir / être 단순미래 형태 + 과거분사

전미래는 일상생활에서 의외로 자주 쓰입니다. 예를 들어, '여행에서 돌아오면 연락 주세요'라는 문장을 말하려 한다면 여행에서 돌아오는 행위는 연락하는 행위 전에 일어날 미래의 일이므로 전미래 시제를 사용해야 합니다. 이때, '~할 때'의 의미를 갖는 quand, lorsque나 '~하자마자'의 의미를 갖는 dès que 등의 시간 접속사와 주로 함께 쓰입니다.

Alex, tu pourras rentrer chez toi **quand** tu auras terminé tes devoirs.
Alex, 너는 숙제를 다하면 집에 갈 수 있을 거야.

Lorsque j'aurai fait le check-out, j'appellerai un taxi pour aller à l'aéroport.
체크아웃을 하고 나면 공항으로 갈 택시를 부르겠습니다.

Il viendra **dès qu'**il aura fini son travail.
그는 일을 끝내는 대로 올 것입니다.

또한 전미래는 대과거와 달리 단독으로 쓸 수도 있습니다. 시간사와 함께 쓰이면서 미래의 해당 시점이 되었을 때 완료될 사건을 말할 때 쓰기도 합니다. 특정 시간사가 없이도 미래의 사건이 완료되는 시점을 가리킬 때도 단독으로 쓰일 수 있습니다.

Appelez-moi quand vous serez arrivé.	도착하시면 제게 전화하세요.
Réponds-moi dès que tu auras reçu le message.	메시지 받는 대로 내게 답장해.
Je n'aurai pas fini avant midi.	낮 12시 전까지 끝내지 못할 것 같습니다.
Dans deux ans, elles se seront installées en Europe.	2년 후에 그녀들은 유럽에 정착했을 것입니다.

Mini test

Q. 괄호 안의 동사를 전미래 시제로 바꿔 쓰세요. 단, 조동사의 활용과 과거분사 성·수 일치에 주의하세요.

① Je vous rejoindrai quand j'____________________ (finir) mon travail.

일이 끝나면 여러분과 합류하겠습니다.

② Viens me voir dès que tu ____________________ (se décider).

결정하는 대로 나를 보러 와.

③ Elle me contactera quand elle ____________________ (arriver).

그녀는 도착하면 내게 연락할 것입니다.

④ Nous déménagerons lorsque nous ____________________ (trouver) un nouvel appartement.

우리는 새 아파트를 찾으면 이사할 것입니다.

⑤ Prévenez-nous lorsque vous ____________________ (prendre) une décision.

결정하면 우리에게 알려 주세요.

정답 ① aurai fini ② te seras décidé ③ sera arrivée ④ aurons trouvé ⑤ aurez pris

Exercices

1 다음은 비행기 탑승 후 안내되는 기내 방송입니다. 해석을 참고하여 괄호 안의 동사를 현재 시제, 근접미래, 단순미래 중 알맞은 시제로 바꿔 쓰세요.

L'hôtesse: Mesdames et messieurs, bienvenue à bord. Installez-vous et attachez vos ceintures. Nous ______________ (partir), l'avion ______________ (décoller) dans quelques instants.

Le commandant: Mesdames et messieurs, c'est le commandant qui vous parle. Nous ______________ (voler) à une altitude de 10 000 mètres et nous ______________ (aller) à une vitesse de 900 km/h. Si les conditions météo le ______________ (permettre), le vol ______________ (durer) trois heures et nous ______________ (atterrir) à Paris à 12 h 30.

Maintenant, les hôtesses ______________ (faire) les recommandations d'usage et elles ______________ (servir) un repas dans une demi-heure environ. Je vous souhaite un agréable voyage avec Air France.

스튜어디스: 신사 숙녀 여러분, 탑승을 환영합니다. 착석하셔서 좌석 벨트를 매 주시기 바랍니다. 우리는 곧 출발할 예정이며, 잠시 후 비행기가 이륙할 것입니다.

기장: 신사 숙녀 여러분, 저는 기장입니다. 우리는 고도 1만 미터 상공에서 비행할 것이며, 시속 900km로 이동할 것입니다. 만일 기상 조건이 허락한다면, 비행 시간은 3시간이 소요될 것이며, 12시 30분에 파리에 착륙할 것입니다.
이제 승무원들이 비행 시 주의 사항을 안내할 예정이며, 약 30분 후에 기내식을 제공할 것입니다. Air France와 즐거운 여행 되시기를 바랍니다.

2 다음은 Julie와 Pierre의 대화입니다. 해석을 참고하여 괄호 안의 동사를 현재 시제, 근접미래, 단순미래 중 알맞은 시제로 바꿔 쓰세요.

Julie: Pierre, je crois qu'il ____________________ (falloir) annuler notre petite randonnée ce week-end.

Pierre: Pourquoi ?

Julie: Écoute la météo : « Demain, le temps _______________ (être) très instable, il ___________ (pleuvoir) dans le centre. Quelques éclaircies ________________ (apparaître) en fin de journée ».

Pierre: Oui, effectivement, ce n'est pas formidable mais ce n'est pas grave. S'il _______________ (faire) mauvais, nous ________________________________ (ne pas camper), nous ________________ (aller) à l'hôtel et nous _________ _______________ (s'organiser) sur place.

Julie: D'accord, je ____________________ (préparer) les sacs tout de suite.

Julie: Pierre, 이번 주말에 가볍게 하이킹 하기로 한 것 취소해야 할 것 같아.

Pierre: 왜?

Julie: 일기예보를 들어 봐. "내일 날씨는 매우 불안정할 것이고, 중부지방에는 비가 올 것입니다. 저녁에는 하늘이 잠시 갤 것입니다."

Pierre: 그렇군, 아주 좋은 날씨는 아니지만 괜찮아. 날씨가 안 좋으면 캠핑하지 말고 호텔로 가서 거기서 계획을 세우면 돼.

Julie: 좋아, 지금 바로 가방을 챙겨야겠다.

MP3 QR

3 해석을 참고하여 괄호 안의 동사를 미래 사건의 순서에 맞게 각각 단순미래 또는 전미래 시제로 바꿔 쓰세요.

① Tu ________________ (aller voir) le film quand tu ____________________ (lire) sa critique.

영화의 리뷰를 읽고 나면 너는 영화를 보러 갈 것이다.

② On ________________ (passer) à la pharmacie quand on _____________________ (aller) chez le médecin.

병원에 갔다 와서 약국에 들를 것입니다.

③ Il _________________ (préparer) le gâteau quand il ________________________ (trouver) une recette.

요리법을 찾으면 그는 케이크를 준비할 것입니다.

④ Ils _________________ (s'acheter) un appartement quand ils ________________________ (obtenir) un crédit.

그들은 대출을 받으면 아파트를 살 것입니다.

⑤ Nous _______________ (prendre) une décision quand vous __________________________ (envoyer) votre réponse.

당신이 답변을 보내면 우리는 결정을 내릴 것입니다.

정답 p.284

수동형 & 부사

Leçon 17

La tour Eiffel a été construite par Gustave Eiffel.

에펠탑은 Gustave Eiffel에 의해 지어졌습니다.

오늘의 목표 수동태와 대명동사를 활용한 수동형 문장을 만드는 방법과 부사의 형태와 특징에 대해 학습합니다.

프랑스어 문법에는 수동형 문장을 만드는 다양한 방법이 존재합니다. 'être동사 + 과거분사'를 쓰는 수동태 구문은 영어의 'be동사 + 과거분사' 형태와 유사하며, 프랑스어로 수동형 문장을 만드는 가장 기본적인 방법입니다. 이외에도 프랑스어 문법에만 있는 대명동사와 se faire 동사를 활용하여 수동형 문장을 만들 수도 있습니다. 17과에서는 'être동사 + 과거분사'를 활용한 수동태 구문과 대명동사 또는 se faire 동사를 활용한 수동형 문장을 학습하고, 그 의미에 어떤 차이가 있는지 학습하겠습니다. 또한 문장에서 부가적인 의미를 더해주는 품사인 부사를 만드는 방법에 대해서도 학습하겠습니다.

❶ 수동태

수동태는 주어가 어떤 동작 또는 행위의 대상이 되어 행위의 주체로부터 그 작용을 받았음을 나타낼 때 쓰는 구문입니다. 능동태 문장의 목적어를 강조할 때 쓰이며, 능동태 문장의 직접 목적어만 수동태의 주어로 쓸 수 있습니다. 수동태는 être를 조동사로 활용하며, 그렇기 때문에 과거분사는 주어가 여성 명사 또는 복수인 경우에 반드시 성과 수를 일치시켜야 합니다.

주어 + être + 과거분사 + (par 또는 de) + (행위의 주체)

Les pompiers conduisent le blessé à l'hôpital. 구급대원들이 부상자를 병원으로 이송한다.

Le blessé est conduit par les pompiers à l'hôpital. 부상자가 (구급대원들에 의해) 병원으로 이송된다.

수동태는 행위의 대상을 강조하는 기능을 합니다. 또한 수동태 구문의 시제는 조동사 être의 시제를 변화시켜 나타낼 수 있습니다. 수동태에서 중요한 것은 행위의 대상이므로 행위의 주체를 반드시 명시하지 않아도 됩니다. 특히 불특정 다수를 의미하는 주어인 on이 쓰인 문장의 수동태 구문에서는 행위의 주체는 생략됩니다. 능동태 문장과 수동태 문장을 비교하여 살펴보겠습니다.

시제	능동태	수동태
현재	Le concierge **ouvre** le musée à 9 heures. 관리인은 9시에 박물관을 개관한다.	Le musée est ouvert par le concierge à 9 heures. 박물관은 관리인에 의해 9시에 개관된다.
복합 과거	Qui **a construit** cette tour ? 누가 이 탑을 지었습니까?	Cette tour a été construite par qui ? (= Par qui a été construite cette tour ?) 이 탑은 누구에 의해 지어졌습니까?
근접 미래	On **va rénover** cette boutique. 이 상점을 리모델링할 계획이다.	Cette boutique va être rénovée. 이 상점은 리모델링될 계획이다.

수동태 구문에서 행위의 주체를 구체적으로 명시할 때는 대부분의 경우 전치사 par를 씁니다. 특히 수동태로 쓰이는 동사의 행위가 구체적, 일시적, 외부적 힘의 요인이라면 전치사 par를 이용해 행위의 주체를 나타냅니다. 또한, 일반적으로 par 뒤에는 인칭 대명사를 쓰지 않으므로 주의하도록 합시다.

La fenêtre est brisée par un ballon.
공에 의해 창문이 깨졌다.

L'appartement vient d'être détruit par un incendie.
화재에 의해 아파트가 방금 무너졌다.

Le feu a été éteint par les pompiers en demi-heure.
불은 소방관들에 의해 30분만에 꺼졌다.

꼭 기억하세요!

수동태 구문의 조동사 'être + 과거분사'와 복합과거, 대과거, 전미래 시제의 조동사 'être + 과거분사'를 잘 구분해야 합니다. 구문의 형태와 과거분사를 주어에 성·수 일치시켜야 한다는 규칙은 동일하지만 의미와 활용법은 전혀 다른 문법이기 때문입니다. 수동태는 능동태 문장의 목적어를 강조하기 위한 문법이고, 복합과거, 대과거, 전미래 시제의 조동사 'être + 과거분사'는 왕래발착 동사, 대명동사를 과거형 또는 미래형으로 만드는 문법임을 꼭 기억하도록 합시다.

한편, 수동태로 쓰이는 동사의 행위가 추상적, 정신적, 지속적인 상태를 나타내고 있다면 전치사 de를 이용하여 그 상태를 유지하게 하는 주체를 명시합니다. 수동태 구문에서 전치사 de를 사용하는 몇 가지 동사의 유형이 있으므로 그 의미에 집중하여 암기하도록 합시다.

>> 수동태 구문에서 전치사 de를 쓰는 동사

- 묘사의 의미를 갖는 동사: couvrir 덮다, composer 구성하다, entourer 둘러싸다, remplir 채우다 등
- 감정과 태도를 나타내는 동사: aimer, adorer, détester, apprécier 높이 평가하다, respecter 존중하다 등

Le toit est couvert **de** neige.
지붕은 눈으로 덮여 있다.

La boîte a été remplie **de** bonbons.
상자는 사탕들로 채워졌다.

Ce chanteur était aimé **de** tous.
이 가수는 모든 사람들로부터 사랑을 받았었다.

Le nouveau directeur est apprécié **de** ses employés.
새 팀장은 직원들에게 높이 평가된다.

L'Union européenne est composée **de** 27 pays membres.
유럽연합은 27개의 회원국으로 구성되어 있다.

꼭 기억하세요!

같은 동사라고 하더라도 의미에 따라서 전치사 par를 쓸 수도 있습니다. 따라서 무조건 암기하기보다는 행위의 주체를 이끄는 전치사의 의미를 파악하여 잘 활용하도록 합시다.

비교

La rue est couverte **de** feuilles mortes.
길이 낙엽으로 덮여 있다.

Les frais de réparation vont être couverts **par** l'assurance.
수리 비용은 보험으로 충당될 예정이다.

Mini test

1 다음 문장이 능동태인지 수동태인지 구분해보세요.

	능동태(A)	수동태(P)
① Il est arrivé à 19 heures.		
② Nous sommes prévenus par le journal.		
③ Les enfants ne sont pas accompagnés de leurs parents.		
④ À quelle heure êtes-vous partis de Séoul ?		
⑤ J'étais sorti.		

2 다음 수동태 구문을 보고 알맞은 시제와 연결하세요.

① Les réservations ont été faites.

② Les colis étaient commandés.

③ Des visites vont être organisées.

④ La prise des photos est interdite.

⑤ Plusieurs sorties seront annulées.

a. 현재(présent)

b. 복합과거(passé composé)

c. 반과거(imparfait)

d. 근접미래(futur proche)

e. 단순미래(futur simple)

3 기차의 도착 지연에 대한 안내 사항입니다. <보기>를 참고하여 밑줄 친 동사를 수동태 구문으로 바꾸어 보세요. 단, 시제와 과거분사의 성·수 일치에 주의하세요.

> 보기
>
> On annonce un retard d'une heure. → Un retard d'une heure est annoncé.

① On a changé les horaires. → ______________________

② On invite les passagers à patienter. → ______________________

정답 1. ① A ② P ③ P ④ A ⑤ A
2. ①-b ②-c ③-d ④-a ⑤-e
3. ① Les horaires ont été changés. ② Les passagers sont invités à patienter.

❷ 대명동사를 활용한 수동형

프랑스어 문법에서는 대명동사를 활용하여 수동형 문장을 만들 수 있습니다. 프랑스어에만 있는 특수한 구문 중 하나입니다. 그러나 대명동사를 쓴다고 하여 무조건 수동형 문장으로 만들 수 있는 것은 아닙니다. 몇 가지 조건이 충족되어야 합니다. 우선, 주어는 반드시 무생물, 즉 사물이어야 합니다. 그리고 행위의 주체가 없습니다. 예문으로 살펴보겠습니다.

On **boit** le champagne frais.

→ Le champagne se boit frais. 샴페인은 시원하게 마신다.

On **lit** l'arabe de droite à gauche.

→ L'arabe se lit de droite à gauche. 아랍어는 오른쪽에서 왼쪽으로 읽는다.

On **a** bien **vendu** ses romans.

→ Ses romans se sont bien vendus. 그의 소설은 많이 팔렸다.

On **a fermé** la porte.

→ La porte s'est fermée. 문이 닫혔다.

Mini test

Q. 다음 문장이 능동태인지 수동태인지 구분해보세요.

	능동태(A)	수동태(P)
① Ils se disent contents.		
② Cette expression ne se dit pas en public.		
③ Il a du mal à se relire.		
④ Cette langue ne se parle plus.		
⑤ Ce film doit se voir au cinéma.		
⑥ Elles s'écrivent toutes les semaines.		
⑦ Ils ne se voient plus depuis longtemps.		
⑧ Ces poèmes s'écrivent en anglais.		

정답 ① A ② P ③ A ④ P ⑤ P ⑥ A ⑦ A ⑧ P

❸ 'se faire + 동사원형'을 활용한 수동형

se faire 동사를 활용한 수동형 구문 역시 프랑스어 문법에만 있는 특수한 구문입니다. 이 구문에도 특징이 있습니다. 주어는 반드시 생물, 즉 사람이어야 합니다. 그리고 동사원형에 해당하는 행위의 결과가 주어에서 비롯될 때 se faire 동사를 활용합니다. 행위가 일어나게 된 원인이 주어에게 어느 정도 존재할 때 쓰는 구문입니다.

Il **est heurté** par une voiture.	그는 차에 치었다.
→ Il se fait heurter par une voiture.	그는 (그의 실수로) 차에 치었다.
Elle **a été volée.**	그녀는 소매치기를 당했다.
→ Elle s'est fait voler.	그녀는 (그녀의 실수로) 소매치기를 당했다

꼭 기억하세요!

'se faire + 동사원형' 구문을 활용할 때 과거분사 fait는 주어에 성·수 일치하지 않습니다.

Mini test

Q. <보기>를 보고, se faire 동사를 활용한 수동형 구문으로 바꾸어 보세요. 단 시제에 주의하세요.

보기

J'ai été renversé dans la rue. 나는 길에서 넘어졌다.

→ Je **me suis fait renverser** dans la rue.

① Marie a été conduite d'urgence à l'hôpital. Marie는 긴급하게 병원으로 이송되었다.

→ ______________________________

② Ils ont été raccompagnés chez eux. 그들은 집으로 배웅되었다(옮겨졌다).

→ ______________________________

③ Elles ont été soignées par un infirmier. 그녀들은 간호사로부터 치료를 받았다.

→ ______________________________

정답 ① Marie s'est fait conduire d'urgence à l'hôpital.
② Ils se sont fait raccompagner chez eux.
③ Elles se sont fait soigner par un infirmier.

4 부사

부사는 문장 안에서 동사, 형용사, 다른 부사 또는 문장 전체를 수식하면서 부가적인 의미를 더해주는 품사입니다. 명사를 수식하는 형용사와는 달리 부사는 성과 수를 일치시킬 필요가 없습니다. 앞선 과를 학습하면서 우리는 이미 여러 예문을 통해 다양한 부사를 보았습니다. 부사에는 시간(aujourd'hui, déjà...), 장소(ici, là-bas...), 수량(beaucoup, un peu...), 방법(bien, ensemble...), 부정(jamais, rien...), 의문(quand, où...), 연결(et, donc...) 등 정말 많은 종류가 있지만 전부 암기할 필요는 없습니다. 문장에서 마주칠 때마다 차곡차곡 표현을 쌓는 것이 더 효과적인 학습 방법입니다.

4.1 부사의 형태

부사에는 다양한 종류와 형태가 있지만 여기서는 '-ment'으로 끝나는 형태의 부사에 대해서만 학습하도록 하겠습니다. 이러한 부사들은 형용사에서 파생되었으며, 아래와 같은 규칙에 따라 형용사를 부사로 쉽게 만들어 활용할 수 있습니다.

≫ 모음으로 끝나는 남성형 형용사 + ment

남성형 형용사 중 마지막 철자가 -e 또는 모음으로 끝나는 경우에는 뒤에 '-ment'만 붙이면 부사로 만들 수 있습니다.

faible 약한	→ faible**ment** 약하게
probable 가능성이 있는	→ probable**ment** 아마도
agréable 유쾌한, 쾌적한	→ agréable**ment** 유쾌하게, 쾌적하게
difficile 어려운	→ difficile**ment** 어렵게
absolu 절대적인	→ absolu**ment** 절대적으로

발음의 편의를 위해 예외적으로 마지막 모음 e를 é로 바꾸어 부사로 만들기도 합니다.

énorme 거대한, 엄청난	→ énorm**é**ment 거대하게, 엄청나게
conforme 부합하는, 적합한	→ conform**é**ment 부합하게, 적합하게
aveugle 눈먼, 맹목적인	→ aveugl**é**ment 맹목적으로

Mini test

Q. 다음 형용사에서 파생된 부사를 적어보세요.

① autre 다른 → ______________ 다르게 ② timide 소심한 → ______________ 소심하게

정답 ① autrement ② timidement

>> 여성형 형용사 + ment

남성형 형용사의 마지막 철자가 자음으로 끝난다면, 여성형 형용사로 바꾼 다음에 뒤에 '-ment'을 붙여서 부사로 만들 수 있습니다.

délicieux - délicieuse 맛있는	→ délicieuse**ment** 맛있게
doux - douce 부드러운	→ douce**ment** 부드럽게, 서서히
fort - forte 강한	→ forte**ment** 강하게, 뚜렷하게
vif - vive 생생한	→ vive**ment** 생생하게
long - longue 긴	→ longue**ment** 길게
naïf - naïve 순진한	→ naïve**ment** 순진하게

마찬가지로, -e로 끝나는 여성형 형용사 중 발음의 편의를 위해 예외적으로 마지막 모음을 é로 바꾸어 부사로 만들기도 합니다.

précis - précise 상세한	→ précis**é****ment** 상세하게
profond - profonde 깊은	→ profond**é****ment** 깊게, (내면으로) 깊이

>> -ant/-ent로 끝나는 형용사 + mment

-ant 또는 -ent로 끝나는 형용사는 마지막 -nt를 삭제하고 뒤에 m을 한 자 더 추가하여 '-mment'를 붙여서 각각 '-amment', '-emment'로 끝나는 부사로 만들 수 있습니다. 이 규칙 또한 발음의 편의를 위한 것인데, 두 형태의 부사 모두 발음이 '-아멍[amɑ̃]'으로 끝나는 것에 주의해야 합니다.

courant 흐르는, 현재의	→ coura**mment** [kuʀamɑ̃] 일반적으로, 유창하게
apparent 명백한, 드러나는	→ appare**mment** [apaʀamɑ̃] 겉보기에, 언뜻 보아
récent 최근의, 요즘의	→ réce**mment** [ʀesamɑ̃] 최근에
différent 다른	→ différe**mment** [difeʀamɑ̃] 다르게

Mini test

Q. 다음 형용사에서 파생된 부사를 적어보세요.

① audacieux 대담한 → ________________ 대담하게

② décent 단정한 → ________________ 단정하게

정답 ① audacieusement ② décemment

4.2 부사의 위치

>> 동사를 수식할 때

부사가 동사를 수식할 때는 일반적으로 동사 뒤에 위치합니다. 복합과거, 대과거, 전미래 등의 시제의 경우에는 부사의 길이가 짧으면 조동사와 과거분사 사이에, 부사의 길이가 길고 음절이 많으면 과거분사 뒤에 써야 합니다.

Ils parlent **souvent** de leurs enfants.	그들은 그들의 자녀들에 대해 자주 이야기한다.
Elle courait **très** vite.	그녀는 매우 빠르게 달리고 있었다.
Je suis **bien** arrivé à Paris.	나는 파리에 잘 도착했다.
Elle a parlé **rapidement**.	그녀는 빠르게 말했다.
Il nous avait expliqué **clairement**.	그는 우리에게 명확하게 설명했었다.
L'entreprise aura dépensé **énormément** d'argent.	회사는 돈을 막대하게 지출했을 것이다.

>> 형용사 또는 다른 부사를 수식할 때

부사는 형용사나 다른 부사를 수식할 때 그 앞에 위치하여 형용사와 다른 부사를 수식합니다.

C'est un film **très** intéressant.	이것은 매우 재미있는 영화다.
Les desserts étaient **vraiment** délicieux.	디저트는 정말 맛있었다.
Elle court **trop** vite !	그녀는 너무 빠르게 뛴다!
Tout ira **probablement** bien.	모든 것은 아마도 잘 될 것이다.

>> 문장 전체를 수식할 때

마지막으로, 시간과 장소에 관한 부사가 문장 전체를 수식하는 경우에는 주로 문장의 맨 앞이나 맨 뒤에 위치합니다.

Hier, il neigeait beaucoup.	
= Il neigeait beaucoup **hier**.	어제는 눈이 많이 내렸다.
Ici, il est interdit de fumer.	
= Il est interdit de fumer **ici**.	이곳에서는 흡연이 금지되어 있다.

Mini test

1 다음 형용사에서 파생된 부사를 적어보세요.

형용사	부사	형용사	부사
① régulier		② long	
③ léger		④ passif	
⑤ fier		⑥ patient	
⑦ intelligent		⑧ bruyant	
⑨ fréquent		⑩ brillant	

2 <보기>를 보고, 괄호 안의 부사를 활용하여 문장을 다시 써보세요.

> 보기
>
> Tu t'intéresses à ce film ? (beaucoup) 너는 이 영화에 흥미가 많이 있니?
>
> → Tu t'intéresses beaucoup à ce film ?

① Je suis fatigué. (très) 나는 매우 피곤하다.

→ ______________________

② Tu dois marcher pour y aller. (longtemps) 너는 거기에 가기 위해서 오래 걸어야 한다.

→ ______________________

③ Il a amélioré son niveau de français. (un peu) 그는 프랑스어 실력이 조금 늘었다.

→ ______________________

④ Il pleut pendant l'automne. (rarement) 가을에는 비가 거의 오지 않는다.

→ ______________________

정답 1. ① régulièrement ② longuement ③ légèrement ④ passivement ⑤ fièrement ⑥ patiemment ⑦ intelligemment ⑧ bruyamment ⑨ fréquemment ⑩ brillamment

2. ① Je suis très fatigué. ② Tu dois marcher longtemps pour y aller. ③ Il a un peu amélioré son niveau de français. ④ Il pleut rarement pendant l'automne.

Exercices

1 <보기>를 보고, 괄호 안의 주어진 동사를 제시된 시제에 맞추어 수동태로 써보세요. 단, 과거분사의 성·수 일치에 주의하세요.

> 보기
>
> Une femme ____________________. (bousculer) – 복합과거
>
> → Une femme a **été bousculée**.

① Le conducteur ________________________________. (attaquer) – 근접과거

② Des voleurs ________________________________. (attraper) – 복합과거

③ Une femme ________________________________. (blesser) – 현재

④ L'homme ________________________________. (hospitaliser) – 근접미래

⑤ Les policiers ________________________________. (prévenir) – 반과거

2 다음은 Léo와 Agathe의 대화입니다. 괄호 안의 동사와 시제를 활용하여 수동형 문장을 완성해보세요.

Léo : Quelle journée !

Agathe : Qu'est-ce qui t'est arrivé ?

Léo : Ne m'en parle pas ! Je ______________________________ (se faire voler - 복합과거) mon portefeuille. Je l'avais laissé sur la table du café.

Agathe : Tu devrais être plus prudent ! Un portefeuille ____________________________ (ne pas se laisser - 현재) sur une table du café. Ça ________________________ (se voler - 현재) facilement !

Léo : Ce n'est pas fini ! Ce matin, je ______________________________ (se faire arrêter – 복합과거) par la police au carrefour pour excès de vitesse. C'est sûr, je ________ ____________________ (se faire enlever – 근접미래) des points sur mon permis de conduire !

Agathe : Certainement ! Mon cousin ______________________________ (se faire retirer – 근접과거) son permis pour la même raison.

Léo : Je n'avais pas de chance aujourd'hui !

MP3 QR

Léo : 어떻게 이런 하루가 있을 수 있지!

Agathe : 무슨 일이 있었어?

Léo : 말도 마. 지갑을 도둑 맞았어. 카페 테이블 위에 올려 놨었거든.

Agathe : 더 신중했어야지! 지갑은 카페 테이블 위에 두는 게 아니야. 그건 쉽게 훔쳐간다고!

Léo : 이게 끝이 아니야! 오늘 아침에는 속도 위반으로 사거리에서 경찰한테 잡혔어. 분명히 내 면허증에서 점수를 깎을 거야(벌점을 부과할 거야)!

Agathe : 그렇겠지! 내 사촌도 같은 이유로 얼마 전에 면허를 취소당했거든.

Léo : 난 오늘 운이 없었어!

3 다음은 런던 여행에 대한 Maxine의 이야기입니다. <보기>에 있는 부사를 활용하여 글을 완성해보세요.

보기

gentiment / prochainement / facilement / tranquillement / seulement

Moi et ma famille, nous avons passé deux jours à Londres. C'était superbe ! D'abord, nous avons trouvé l'hôtel ____________________, juste à côté de la gare Victoria. La réceptionniste était très sympathique, elle nous a ______________ aidés à organiser un circuit. On a visité ________________________ le centre. On est allés à Trafalgar Square et Piccadilly. Le dimanche, on a vu la relève de la garde au palais de Buckingham. Nous étions contents ! Et puis, l'après-midi, on s'est promenés ______________ à Hyde Park pour se reposer. J'adore cette ville. Je pense y retourner ____________ !

나와 내 가족은 런던에서 이틀을 보냈다. 정말 최고였다! 먼저, 우리는 빅토리아 기차역 바로 옆에 있는 호텔을 쉽게 찾았다. 호텔 프론트 직원은 매우 상냥했고, 그녀는 친절하게 우리가 관광을 계획하는 것을 도와주었다. 우리는 시내만 관광했다. 우리는 트라팔가 광장과 피카딜리에 갔다. 일요일에는 버킹엄 궁전에서 경비대의 교대식을 보았다. 우리는 만족스러웠다! 그리고 오후에는 휴식을 취하기 위해 하이드 파크에서 차분하게 산책을 했다. 난 이 도시를 좋아한다. 나는 조만간 그곳에 다시 갈 생각이다!

정답 p.284

관계 대명사 1

Leçon 18

J'ai un ami qui parle français.

나는 프랑스어를 하는 친구가 있습니다.

오늘의 목표 단순 관계 대명사 qui, que, où, dont을 학습합니다.

관계 대명사는 이름 그대로 대명사를 활용하여 두 문장을 서로 연결하는 역할을 합니다. 반복되는 단어를 관계 대명사로 바꾸어 쓸 수 있기 때문에 긴 문장을 간결하게 쓸 수 있습니다. 프랑스어 문법에는 단순 관계 대명사, 복합 관계 대명사가 있습니다. 먼저 18과에서는 프랑스어 문법에서 아주 기본적이고 중요한 네 가지 단순 관계 대명사 qui, que, où, dont에 대해 학습하고, 관계 대명사를 활용하는 강조 구문에 대해서도 배워 보겠습니다. 복합 관계 대명사는 20과에서 학습하겠습니다.

관계 대명사는 두 문장의 특정 단어가 반복되는 것을 피하면서 하나의 문장으로 연결해주는 역할을 합니다. 관계 대명사가 쓰인 문장에는 선행사가 존재합니다. 사람, 사물, 장소, 시간 등 모든 명사는 선행사가 될 수 있습니다. 관계 대명사의 형태는 관계 대명사 앞에 있는 선행사가 관계 대명사가 이끄는 문장, 즉 종속절에서 주어로 쓰이는지, 목적어로 쓰이는지에 따라 달라집니다. 관계 대명사는 선행사의 의미를 명확히 규정할 때, 선행사에 대한 설명을 덧붙이거나 구체적인 묘사를 할 때 사용됩니다.

1 qui

관계 대명사 qui의 선행사는 생물(사람, 동물) 또는 무생물(사물, 생각)의 명사나 대명사가 될 수 있습니다. 관계 대명사 qui는 선행사를 주어로 활용한 종속절을 이끄는 역할을 하므로 관계 대명사 qui가 이끄는 뒤의 문장에는 주어가 없습니다.

J'ai un ami.	나는 친구가 있습니다.
L'ami parle français.	그 친구는 프랑스어를 합니다.
→ J'ai un ami qui parle français.	나는 프랑스어를 하는 친구가 있습니다.
Max a une sœur.	Max는 누나가 있습니다.
Sa sœur a cinq ans de plus que lui.	그의 누나는 그보다 5살 더 많습니다.
→ Max a une sœur qui a cinq ans de plus que lui.	Max는 그보다 5살 더 많은 누나가 있습니다.

종속절에 쓰인 동사가 전치사 à, avec 등을 동반하고 전치사 뒤 목적어 위치에 사람 명사가 올 때, 관계 대명사 qui는 종속절 문장에 있었던 전치사를 앞으로 가져와 함께 씁니다.

Le professeur était gentil.	그 교수님은 친절했습니다.
J'ai parlé à ce professeur hier.	나는 어제 그 교수님에게 이야기를 했습니다.
→ Le professeur à qui j'ai parlé hier était gentil.	내가 어제 이야기를 나눈 교수님은 친절했습니다.
Eric est gourmand.	Eric은 미식가입니다.
Elle a déjeuné cet après-midi avec lui.	그녀는 오늘 오후에 그와 함께 점심 식사를 했습니다.

→ Eric avec qui elle a déjeuné cet après-midi est gourmand.
그녀가 오늘 오후에 함께 점심 식사를 한 Eric은 미식가입니다.

꼭 기억하세요!

관계 대명사 qui는 절대로 축약하지 않습니다.

Un homme **qui** explore la jungle 정글을 탐험하는 남자 → Un homme qu'explore la jungle (x)

2 que

관계 대명사 que는 직접 목적 보어를 대신합니다. 따라서 관계 대명사 que의 선행사는 종속절의 목적어가 됩니다. 관계 대명사 que의 선행사도 생물 또는 무생물의 명사나 대명사가 될 수 있습니다.

Nous avons des cousins italiens.
우리는 이탈리아인 사촌들이 있습니다.

Nous voyons ces cousins très rarement.
우리는 이 사촌들을 거의 보지 못합니다. (= 매우 드물게 만납니다.)

→ Nous avons des cousins italiens que nous voyons très rarement.
우리는 거의 보지 못하는 이탈리아인 사촌들이 있습니다.

L'article présente un point de vue intéressant sur le droit des animaux.
기사는 동물권에 관한 흥미로운 견해를 제시합니다.

Je viens de lire cet article.
나는 방금 그 기사를 읽었습니다.

→ L'article que je viens de lire présente un point de vue intéressant sur le droit des animaux.
내가 방금 읽은 기사는 동물권에 관한 흥미로운 견해를 제시합니다.

종속절의 시제가 복합과거처럼 '조동사(avoir, être) + 과거분사' 형태의 복합시제로 쓰였을 때, 관계 대명사 que의 선행사는 종속절의 직접목적어가 되므로, 과거분사는 선행사의 성과 수에 일치시켜야 합니다. 14과에서 학습했던 과거분사의 성·수 일치 부분을 복습한다면 더 쉽게 이해할 수 있습니다.

C'est de la confiture de pomme. 이것은 사과잼이다.

Je l'ai faite avec les fruits du jardin. 나는 정원의 과일들로 그것을 만들었다.

→ C'est de la confiture de pomme que j'ai **faite** avec les fruits du jardin.
이것은 내가 정원의 과일들로 만든 사과잼이다.

Cette robe est belle. 이 원피스는 예쁘다.

Il me l'a offerte pour mon anniversaire. 그는 나의 생일에 그것을 나에게 선물했다.

→ Cette robe qu'il m'a **offerte** pour mon anniversaire est belle.
그가 나의 생일에 나에게 선물한 이 원피스는 예쁘다.

꼭 기억하세요!

관계 대명사 que는 뒤에 오는 단어가 모음 또는 무음 h로 시작할 때 qu' 형태로 축약됩니다. 단, 3인칭 단수 주어 on과 함께 쓰일 때는 발음의 편의를 위해 qu'on이 아닌 que l'on의 형태로 주로 쓰입니다.

La femme **qu'**il aime est blonde. 그가 사랑하는 여자는 금발입니다.
C'est un chanteur **que l'**on sait. 우리가 알고 있는 가수입니다.

또, 관계 대명사 que가 이끄는 종속절의 주어와 동사는 도치가 가능합니다. 'que + 동사 + 주어' 형태로 쓰이며 주어가 il, elle 등 인칭 대명사일 경우에는 도치할 수 없습니다. 종속절의 주어가 길거나 주어를 더 강조할 때 쓰입니다. 신문 기사 등 독해에 종종 등장하므로 기억해두면 도움이 될 것입니다.

Voilà le portable qu'a acheté **ma fille.**	이것은 내 딸이 구매한 휴대폰입니다.
Des comportements qu'évitent **les gens qui réussissent**	성공한 사람들은 피하는 행동들

③ C'est...qui/que 강조 구문

C'est...qui 또는 C'est...que 형태는 문장에서 특정 요소를 강조하기 위해 강조 구문으로 쓰이기도 합니다. 주로 '~한 것은 바로 ...이다'로 해석됩니다.

C'est Marie **qui** est la directrice.	담당자는 바로 Marie입니다.
C'est Nicolas **que** je vois ce soir.	내가 오늘 저녁 만나는 사람은 바로 Nicolas입니다.

단, C'est...qui 강조 구문에서 강세형 인칭 대명사를 사용할 때는 동사변화에 주의해야 합니다. 강조하는 인칭 대명사가 복수일 경우 C'est는 Ce sont으로 바뀝니다.

C'est moi **qui** suis responsable.	책임은 바로 제게 있습니다.
C'est moi **qui** est responsable. (x)	
Ce sont eux **qui** ont les clés.	열쇠를 가지고 있는 사람은 바로 그들입니다.
Ce sont eux **qui** a les clés. (x)	

Mini test

Q. <보기>를 참고하여 각 문장의 주어를 강조하는 문장으로 바꾸어 보세요.

보기

Je suis votre guide. → C'est moi qui suis votre guide.

① J'ai vos billets. → ____________________

② Tu habites à Genève ? → ____________________

③ Nous prenons les sacs. → ____________________

정답 ① C'est moi qui ai vos billets. ② C'est toi qui habites à Genève ? ③ C'est nous qui prenons les sacs.

4 où

관계 대명사 où는 선행사가 장소 또는 시간을 나타낼 때 사용합니다. 따라서 관계 대명사 où가 이끄는 종속절에는 장소나 시간을 쓰지 않습니다.

J'ai beaucoup aimé ce village.
나는 이 마을이 매우 좋았습니다.

J'ai passé mes vacances dans ce village.
나는 이 마을에서 휴가를 보냈습니다.

→ J'ai beaucoup aimé ce village où j'ai passé mes vacances.
나는 휴가를 보낸 이 마을이 매우 좋았습니다.

Je suis arrivé samedi dernier.
나는 지난 토요일에 도착했습니다.

Ce jour-là, il y avait une grève des transports.
그날은 대중교통 파업이 있었습니다.

→ Je suis arrivé samedi dernier où il y avait une grève des transports.
나는 대중교통 파업이 있었던 지난 토요일에 도착했습니다.

꼭 기억하세요!

선행사가 장소 명사라고 해서 무조건 관계 대명사 où를 쓰는 것은 아닙니다. 관계 대명사 où는 '장소 전치사+명사'를 대신하기 때문에 종속절의 동사가 장소 전치사를 함께 쓰는 동사인지 잘 확인해야 합니다. 한편, 관계 대명사 où와 3인칭 단수 주어 on이 함께 쓰일 때는 발음의 편의를 위해 où on이 아닌 où l'on의 형태로 쓰이기도 합니다.

Je suis retourné au petit café que nous avons découvert. (découvrir qch)
나는 우리가 발견했던 작은 카페에 다시 갔습니다.

C'est le parc où l'on se promenait le dimanche.
우리가 일요일마다 산책했었던 공원입니다.

Mini test

Q. 관계 대명사 qui, que, où를 활용하여 하나의 문장으로 만들어보세요.

① Le tour de France est une course cycliste. Elle a lieu tous les ans.

투르 드 프랑스는 사이클 경기입니다. 그것은 매년 열립니다.

→ ______________________________

② Paris est une métropole. Des millions de touristes la visitent chaque année.

파리는 중심지입니다. 매년 수백만 명의 관광객이 그곳을 방문합니다.

→ ______________________________

③ Août est un mois d'été. Beaucoup de Français partent en vacances en août.

8월은 여름의 달입니다. 많은 프랑스인들은 8월에 바캉스를 떠납니다.

→ ______________________________

④ Il loge dans un studio. Ses parents l'ont acheté il y a dix ans.

그는 원룸에 거주합니다. 그의 부모님은 그것을 10년 전에 매입했습니다.

→ ______________________________

⑤ Paris a des places célèbres. On y danse le 14 juillet.

파리에는 유명한 광장들이 있습니다. 사람들은 그곳에서 7월 14일에 춤을 춥니다.

→ ______________________________

정답 ① Le tour de France est une course cycliste qui a lieu tous les ans.
② Paris est une métropole que des millions de touristes visitent chaque année.
③ Août est un mois d'été où beaucoup de Français partent en vacances.
④ Il loge dans un studio que ses parents ont acheté il y a dix ans.
⑤ Paris a des places célèbres où l'on danse le 14 juillet.

5 dont

관계 대명사 dont은 'de + 명사'의 형태로 이루어진 종속절의 보어를 대신하는 역할을 합니다. 따라서 관계 대명사 dont에는 전치사 de가 숨어 있습니다. 전치사 de는 종속절의 '동사 + de', '형용사 + de', '명사 + de'의 구조에서 나타납니다. 즉, 관계 대명사 dont은 종속절의 동사, 형용사, 명사의 보어(de + 명사)를 대신하므로 전치사 de가 함께 쓰이는 동사와 형용사 표현들을 잘 암기해 둡시다.

>> 종속절 동사의 보어일 때

C'est la voiture électrique.
이것은 전기차입니다.

Je rêve d'une voiture électrique. (rêver de)
나는 전기차를 꿈꿉니다.

→ C'est la voiture électrique dont je rêve.
이것은 내가 꿈꾸던 전기차입니다.

Je ne connais pas le film.
나는 그 영화를 모릅니다.

Vous parlez du film. (parler de)
당신은 그 영화에 대해 말합니다.

→ Je ne connais pas le film dont vous parlez.
나는 당신이 말하는 영화를 모릅니다.

>> 종속절 형용사의 보어일 때

Il a présenté un projet.
그는 한 프로젝트를 소개했습니다.

Je suis content de ce projet. (être content de)
나는 이 프로젝트가 마음에 듭니다.

→ Il a présenté un projet dont je suis content.
그는 내 마음에 드는 프로젝트를 소개했습니다.

Ils ont hérité d'un château.
그들은 성을 상속받았습니다.

Ils sont très fiers de ce château. (être fier de)
그들은 이 성을 매우 자랑스러워합니다.

→ Ils ont hérité d'un château dont ils sont très fiers.
그들은 자신들이 매우 자랑스러워하는 성을 상속받았습니다.

>> 종속절 명사의 보어일 때

종속절 명사의 보어를 대신하는 관계 대명사 dont은 소유의 의미를 내포하고 있기 때문에, dont이 이끄는 종속절에서는 절대 소유 형용사를 쓰지 않고 정관사를 써야 합니다. 아래 예문을 잘 살펴봅시다.

J'adore mon téléphone portable.
나는 내 휴대폰이 좋습니다.

Son écran (= L'écran de ce téléphone portable) est très lisible.
그것의 화면은 읽기가 매우 좋습니다.

→ J'adore mon téléphone portable dont **l'**écran est très lisible.
나는 화면이 매우 읽기가 좋은 내 휴대폰이 좋습니다.

Nous avons un ami américain.
우리는 미국인 친구가 한 명 있습니다.

Son nom de famille (= Le nom de famille de cet ami) est d'origine française.
그의 성은 프랑스계입니다.

→ Nous avons un ami américain dont **le** nom de famille est d'origine française.
우리는 프랑스계 성을 가진 미국인 친구가 한 명 있습니다.

꼭 기억하세요!

관계 대명사 dont이 이끄는 종속절에는 중성 대명사 en이 쓰일 수 없습니다. 관계 대명사 dont이 중성 대명사 en이 대신할 수 있는 '전치사 de + 명사'를 대체하기 때문입니다.

C'est le nouveau programme. Je m'en occupe. (s'occuper de)
이것은 새로운 프로그램입니다. 나는 그것을 담당합니다.

→ C'est le nouveau programme dont je m'occupe.
이것은 내가 담당하는 새로운 프로그램입니다.

Mini test

Q. 관계 대명사 dont을 활용하여 하나의 문장으로 만들어 보세요.

① Je vais commander l'appareil photo. Tu m'as parlé de cet appareil photo.

나는 카메라를 주문할 예정이다. 너는 나에게 그 카메라에 대해 말했었다.

→ ______________________________

② Étudie bien le projet. Tu t'occupes de ce projet.

그 프로젝트를 잘 연구해라. 너는 그 프로젝트를 맡고 있다.

→ ______________________________

③ C'est une explication. Il n'est pas satisfait de cette explication.

그것은 설명입니다. 그는 그 설명이 만족스럽지 않습니다.

→ ______________________________

④ Je connais une entreprise. Ses employés sont tous actionnaires.

나는 한 회사를 알고 있다. 그 회사의 직원들은 모두 주주이다.

→ ______________________________

⑤ Je te présente Claire. Sa fille travaille avec nous.

내가 너에게 Claire를 소개할게. 그녀의 딸은 우리와 함께 일해.

→ ______________________________

정답 ① Je vais commander l'appareil photo dont tu m'as parlé.
② Étudie bien le projet dont tu t'occupes.
③ C'est une explication dont il n'est pas satisfait.
④ Je connais une entreprise dont les employés sont tous actionnaires.
⑤ Je te présente Claire dont la fille travaille avec nous.

Exercises

MP3 QR

1 해석을 참고하여 빈 칸에 들어갈 알맞은 관계 대명사(qui, que, dont, où)를 적어 글을 완성해보세요.

① Paris est une ville _____ me plaît beaucoup et __________ il y a de nombreuses petites rues. Sur les murs des maisons, on voit souvent des plaques avec le nom d'une personne célèbre __________ y a habité mais _______ on ne connaît pas bien.

파리는 나에게 아주 마음에 들고, 작은 거리들이 많이 있는 도시이다. 집들의 담벼락에는 그곳에 살았었지만 우리는 잘 알지 못하는 유명한 사람의 이름이 적힌 표지판을 종종 볼 수 있다.

② Londres est une ville _______ je suis tombé amoureux le jour _______ j'y suis allé pour la première fois. C'est une ville __________ on trouve toutes les choses __________ on a besoin : magasins, banques, restaurants, etc.

런던은 내가 처음 그곳에 간 날 사랑에 빠진 도시이다. 이곳은 상점, 은행, 식당 등 필요한 모든 것을 찾을 수 있는 도시이다.

2 해석을 참고하여 관계 대명사 qui, que, dont을 활용해 빈 칸에 알맞은 답을 적어보세요.

Dans le livre, j'ai trouvé des mots __________ font rire, des mots __________ me semblent étranges, des mots __________ on utilise rarement, des mots _________ on se sert souvent, des mots _________ parlent d'amour et d'amitié, des mots _________ décrivent le passé et le futur, des mots _________ le son est beau, des mots ________ j'adore, des mots ________ je déteste et des mots ________ je ne connais pas le sens.

그 책에서 나는 웃기는 단어, 내가 이상하다고 생각하는 단어, 자주 사용하지 않는 단어, 자주 사용하는 단어, 사랑과 우정에 대해 말하는 단어, 과거와 미래를 묘사하는 단어, 소리가 아름다운 단어, 내가 좋아하는 단어, 내가 싫어하는 단어, 내가 뜻을 알 수 없는 단어들을 발견했다.

참고

se servir de : ~을 사용하다

정답 p.284

대명사 3

Leçon 19

Ce sac est à toi ?
– Non, c'est celui de Stéphanie.

이 가방 네 거야? - 아니, Stéphanie의 것이야.

오늘의 목표 지시 대명사, 중성 지시 대명사, 소유 대명사를 학습합니다.

지시 대명사는 이름에서 알 수 있듯이, 앞에서 이미 언급한 명사를 대신하면서 사람 또는 사물 등의 대상을 가리킬 때 활용하는 대명사입니다. 중성 지시 대명사는 명사의 성에 관계없이 사용할 수 있는 대명사입니다. 소유 대명사는 소유의 의미가 포함되어 '내 것', '너의 것' 등 '~의 것'이라 해석되는 대명사입니다. 19과에서는 지시 대명사, 중성 지시 대명사, 소유 대명사의 개념과 용법을 학습하겠습니다.

❶ 지시 대명사

지시 대명사는 이미 언급했던 명사를 반복하지 않고 가리킬 때 사용하는 대명사입니다. 지시하려는 대상이 명확히 정해져 있기 때문에 그 대상, 즉 언급되었던 명사의 성과 수에 따라 지시 대명사의 형태도 달라집니다. 지시 대명사를 활용하는 가장 큰 이유는 명사의 반복을 피하기 위해서입니다. 단수일 때는 '그것', '그 사람'의 의미를 가지며, 복수일 때는 '그것들', '그 사람들'의 의미를 갖습니다. 지시 대명사의 형태를 살펴보겠습니다.

	남성	여성
단수	celui	celle
복수	ceux	celles

지시 대명사 뒤에는 전치사 de나 관계 대명사를 활용하여 의미를 더 확장할 수 있습니다. 또, 말하는 사람과 가까운 대상을 가리킬 때는 뒤에 -ci를, 다소 멀리 있는 대상을 가리킬 때는 -là를 붙여 사용할 수 있습니다.

Cette **montre** est à toi ?
이 손목시계는 너의 것이니?

- Non, c'est **celle de** Stéphanie.
아니, 그것은 Stéphanie의 것이야.

Il y a beaucoup de **robes** dans cette boutique.
Vous pouvez me montrer **celle qui** est en vitrine ?
이 매장에는 원피스가 많이 있군요.
제게 쇼윈도에 있는 것을 보여주실 수 있나요?

Quel **sac** vous me conseillez ?
당신은 어떤 가방을 제게 추천하시나요?

- **Celui que** vous avez est très bien.
Mais il y a aussi **celui-ci**. Et **celui-là**, il se vend très bien !
당신이 들고 있는 것도 아주 좋습니다.
그러나 이것도 있습니다. 그리고 저것은 아주 잘 팔립니다!

Regarde **les petits gâteaux** !
작은 케이크들 좀 봐!

- **Ceux qui** sont devant ou **ceux** à droite ?
앞에 있는 거 아니면 오른쪽에 있는 거?

❷ 중성 지시 대명사

중성 지시 대명사는 주로 구어체에서 흔하게 활용되는 대명사입니다. 우리가 그동안 학습하면서 많이 보았던 c'est 또는 ce sont으로 시작하는 문장 속 주어 ce나 ça 역시 중성 지시 대명사에 속합니다. 중성 지시 대명사는 이름에서 볼 수 있듯이 명사의 성에 관계없이 사용할 수 있는 대명사이므로 가리키는 대상의 성을 정확하게 알지 못하는 경우, 또는 알고 있는 경우에도 편의상 자주 활용됩니다. 구어체에서는 주로 ça를 많이 사용하고, 문어체 또는 격식이 있는 표현에서는 ceci 또는 cela를 사용합니다. 형태가 다를 뿐 의미가 다르지는 않습니다.

Le chocolat, j'aime **ça**.	초콜릿, 나는 그것을 좋아합니다.
C'est mon ami.	(이 사람은) 나의 친구입니다.
Ce sont mes amis.	(이 사람들은) 나의 친구들입니다.
C'est intéressant. = **Cela** est intéressant.	이것은 재미있습니다.
Je vais prendre une salade lyonnaise.	저는 리옹식 샐러드를 주문할게요.
- Et avec **ceci** ?	- 이것과 또 주문하실 것 있나요?

한편 중성 지시 대명사는 관계 대명사 qui, que, dont의 선행사가 되어 ce qui, ce que, ce dont으로 활용되기도 합니다. 여기서 ce는 일반적인 것을 지칭하며 문맥에 따라 의미가 달라지지만 주로 '~하는 것'으로 해석됩니다. 중성 지시 대명사 ce가 선행사 역할을 한다는 것만 제외하면 단순 관계 대명사와 그 용법은 동일합니다.

Voici le menu. Choisissez **ce qui** vous plaît.	여기 메뉴가 있습니다. 마음에 드는 것을 고르세요.
Je ne comprends pas **ce que** vous dites.	나는 당신이 하는 말을 이해하지 못합니다.
J'ai acheté **ce dont** j'avais besoin.	나는 필요했던 것을 구매했습니다.

또한 c'est 와 함께 쓰여 강조 구문으로도 활용할 수 있습니다.

Ce qui est important, **c'est** la santé.	중요한 것은 바로 건강입니다.
Ce que je déteste, **c'est** le cafard.	내가 싫어하는 것은 바로 바퀴벌레입니다.

Mini test

1 다음 밑줄 친 단어에 대응하는 알맞은 지시 대명사를 고르세요.

① Ce livre est de Voltaire, [celui-ci / celle-ci] est de Flammarion.

② Cet oiseau est une alouette, [celui-là / ceux-là] est un pigeon.

③ Ces copies sont délivrées, [ceux-là / celles-là] ne le sont pas.

④ Cette médaille est en or, [celle-ci / celui-ci] est en argent.

⑤ Ce vin est français, [celle-là / celui-là] est italien.

⑥ Ces fleurs sont fanées, mais pas [celles-là / ceux-là].

2 해석을 참고하여 지시 대명사 celui, ceux, celle, celles, ce 중 빈칸에 알맞은 것을 적으세요.

① J'ai vu les devoirs que Camille a faits, mais je n'ai pas vu ______________ qu'il a faits.
Camille가 한 과제를 보았어, 그런데 그가 한 것은 보지 못했어.

② Ces fleurs sont vraiment belles. ______________ que je préfère sont les roses.
이 꽃들은 정말 아름답다. 내가 좋아하는 것은 장미다.

③ ____________ que je déteste, c'est de travailler avec des gens irresponsables.
내가 싫어하는 것은 무책임한 사람들과 일하는 것이다.

④ Regarde ces chiens. As-tu vu ______________ ? Comme il est mignon !
저 개들을 봐. 이 개 봤어? 귀엽다!

⑤ ____________ qui t'intéresse n'est pas vraiment important pour moi.
너에게 관심있는 것은 나에게 그리 중요하지 않아.

⑥ De tous les genres de musique, ______________ que je préfère sont le rap et le jazz.
모든 음악 장르 중에서 내가 좋아하는 것은 랩과 재즈다.

정답 1. ① celui-ci ② celui-là ③ celles-là ④ celle-ci ⑤ celui-là ⑥ celles-là
2. ① ceux ② Celles ③ Ce ④ celui-ci / celui-là ⑤ Ce ⑥ ceux

3 소유 대명사

소유 대명사는 말 그대로 '내 것', '네 것', '당신의 것'을 의미하는 대명사입니다. 5과에서 학습했던 '소유 형용사 + 명사'의 형태를 대체하는 것이 바로 소유 대명사입니다. 소유 대명사는 소유자의 인칭과 대명사로 지칭할 명사의 성과 수에 따라 형태가 달라지며, 앞에 정관사가 붙습니다. 1인칭과 2인칭 복수(Nous, Vous)의 소유 대명사의 경우 소유 형용사와 발음은 동일하지만 철자가 다르니 주의하도록 합시다.

	단수		복수	
소유자	남성	여성	남성	여성
Je	le mien	la mienne	les miens	les miennes
Tu	le tien	la tienne	les tiens	les tiennes
Il / elle	le sien	la sienne	les siens	les siennes
Nous	le nôtre	la nôtre	les nôtres	
Vous	le vôtre	la vôtre	les vôtres	
Ils / Elles	le leur	la leur	les leurs	

C'est mon portable. Où est **le tien (ton portable)** ?
이것은 내 휴대전화야. 네 휴대전화는 어디 있니?

Ce n'est pas ma faute, mais **la sienne (sa faute)** !
그것은 내 잘못이 아니라 그/그녀의 잘못입니다!

Sa voiture est rouge, **la vôtre (votre voiture)** est blanche.
그(그녀)의 자동차는 빨간색이고, 당신의 자동차는 흰색입니다.

Le vétérinaire examine votre chat puis examinera **le nôtre (notre chat)**.
수의사가 당신의 고양이를 진료한 다음 우리 고양이를 진료할 것입니다.

Tes enfants sont timides mais pas **les leurs (leurs enfants)**.
네 아이들은 내성적이지만 그들의 아이들은 그렇지 않다.

Mini test

1 <보기>와 같이 괄호 안의 인칭 대명사에 맞추어 각 단어를 소유 대명사로 바꾸어 보세요.

> 보기
> Le numéro de téléphone (vous) → le vôtre

① La date de naissance (elle) → ____________________

② les codes postaux (tu) → ____________________

③ La carte d'identité (je) → ____________________

④ L'adresse (il) → ____________________

⑤ La nationalité (elles) → ____________________

⑥ Les coordonnées (nous) → ____________________

2 <보기>와 같이 밑줄 친 단어에 해당하는 알맞은 소유 대명사를 빈칸에 적으세요.

> 보기
> Ton visage est long, **le sien** est plus rond. 네 얼굴은 길고 그(그녀)의 얼굴은 동그랗다.
> Ses yeux sont bruns, **les tiens** sont verts. 그(그녀)의 눈은 갈색이고 네 눈은 초록색이다.

① Sa bouche est petite, ____________ est assez grande.
그(그녀)의 입은 작고 네 입은 크다.

② Son menton est plutôt pointu, ____________ est carré.
그(그녀)의 턱은 뾰족하고 네 턱은 각졌다.

③ Ses joues sont blanches, ____________ sont rouges.
그(그녀)의 뺨은 하얗고 네 뺨은 붉다.

④ Ta robe est claire, ____________ est foncée.
네 원피스는 색이 옅고, 그녀의 원피스는 색이 짙다.

정답 1. ① la sienne ② les tiens ③ la mienne ④ la sienne ⑤ la leur ⑥ les nôtres
2. ① la tienne ② le tien ③ les tiennes ④ la sienne

Exercices

1 선물 가게에서 점원과 손님이 나누는 대화입니다. 해석을 참고하여 <보기> 중 알맞은 것을 적어 대화를 완성하세요.

보기

celui celle celles-là ça ceux celle-ci celui-ci

A : Pardon, je peux voir le foulard en vitrine ?

B : Bien sûr, ________________ ?

A : Oui merci, il est vraiment magnifique. Et les lunettes de soleil aussi. Oui, j'aime beaucoup ________________.

B : Vous désirez autre chose ?

A : Oui, une bague ou un collier. Les bijoux, ______________ fait toujours plaisir !

B : Oui, et ________________ qui sont ici sont à -30% !

A : Ah, parfait ! Alors, je vais prendre ce collier, ______________ que vous tenez. Et puis cette bague en argent ou ________________ en or, j'hésite ! Non, ____________________ ! Je préfère.

A : 실례합니다, 쇼윈도에 있는 머플러를 볼 수 있을까요?

B : 물론이죠, 이거 말씀인가요?

A : 네 감사합니다, 정말 예쁘네요. 그리고 선글라스도요. 네, 저는 저쪽에 있는 것이 아주 마음에 듭니다.

B : 다른 것도 원하시는 것이 있나요?

A : 네, 반지나 목걸이요. 보석, 그것은 항상 기쁨을 주죠!

B : 맞아요, 그리고 여기에 있는 것들은 30% 할인합니다!

A : 아주 좋네요! 그렇다면 저는 그 목걸이, 당신이 들고 있는 그것을 살게요. 그리고 은으로 된 반지와 금으로 된 것 중에 고민이 되네요! 아뇨, 이쪽에 있는 거요! 그게 좋겠네요.

2 해석을 참고하여 알맞은 소유 대명사와 지시 대명사를 골라 대화를 완성하세요.

A : Allez, on range ! Elle est à qui, cette écharpe ?

B : Ce n'est pas [*la sienne / la mienne*].

A : Elle est à Louise ?

B : Non, ce n'est pas [*la leur / la sienne*], je crois que c'est [*celui / celle*] d'Olivia.

A : Et ces livres, là, ils sont à elle aussi ?

B : Non, ce ne sont pas [*les siens / les nôtres*], ce sont [*celui / ceux*] d'Amélie.

A : Tiens, des lunettes de soleil ! Ce sont [*les tiennes / le leur*] ?

B : Il y a ton portable qui sonne, tu réponds ?

A : Ce n'est pas [*le mien / la mienne*], c'est [*celle / celui*] de Georges !

A : 자, 정리하자! 이 스카프는 누구의 것이니?

B : 내 것이 아니야.

A : Louise 것이니?

B : 아니, 그녀의 것이 아니야, 내 생각에는 Olivia의 스카프야.

A : 거기 저 책들도 그녀의 것이니?

B : 아니, 그녀의 것이 아니야, Amélie의 책들이야.

A : 자, 선글라스! 이건 네 것이니?

B : 네 휴대전화가 울린다, 받을 거지?

A : 그것은 내 것이 아니야, Georges의 휴대전화야!

정답 p.284

관계 대명사 2

Leçon 20

L'université dans laquelle tu étudies est très célèbre.

네가 공부하고 있는 대학교는 매우 유명하다.

오늘의 목표 복합 관계 대명사의 형태와 활용에 대해 학습합니다.

복합 관계 대명사는 단순 관계 대명사와 마찬가지로 단어의 반복을 피해 사물 또는 사람 명사를 대체하고 두 문장을 하나로 연결해주는 역할을 합니다. 다만 단순 관계 대명사와 달리 선행사의 성과 수에 따라 형태가 달라지고 전치사와 함께 쓰입니다. 20과에서는 복합 관계 대명사의 형태와 활용에 대해 학습하겠습니다.

❶ 복합 관계 대명사의 형태

복합 관계 대명사도 사물 또는 사람 명사를 대체하며 두 문장을 하나로 연결하는 역할을 하기 때문에 반드시 관계 대명사 앞에 선행사가 존재합니다. 단, 복합 관계 대명사는 선행사인 명사의 성과 수에 따라 형태가 달라지며 관계 대명사가 이끄는 종속절의 전치사와 함께 쓰입니다. 따라서 항상 '선행사 + 전치사 + 복합 관계 대명사'의 구조를 갖습니다. 우선 복합 관계 대명사의 형태부터 살펴보겠습니다. 복합 관계 대명사는 정관사 le, la, les와 의문형용사 quel(le)(s)이 결합된 형태로, 선행사인 명사가 남성인지, 여성인지, 또 단수인지, 복수인지에 따라서 형태가 달라집니다.

	남성	여성
단수	lequel	laquelle
복수	lesquels	lesquelles

복합 관계 대명사는 전치사의 종류에 따라 다음과 같이 분류할 수 있습니다. 단, 전치사 à와 de는 복합 관계 대명사에 쓰인 정관사와 축약된 형태로 쓰이므로 주의해야 합니다.

>> 전치사 à + 복합 관계 대명사

à + lequel = auquel

à + laquelle = à laquelle

à + lesquels = auxquels

à + lesquelles = auxquelles

>> 전치사 de + 복합 관계 대명사

de + lequel = duquel

de + laquelle = de laquelle

de + lesquels = desquels

de + lesquelles = desquelles

>> 그 외의 전치사 + 복합 관계 대명사

dans, pour, avec, sur 등 + lequel/laquelle/lesquels/lesquelles

❷ 복합 관계 대명사의 용법

복합 관계 대명사의 형태를 살펴보았으니 이번에는 예문을 통해 복합 관계 대명사의 용법에 대해 학습하겠습니다. 같은 단어의 반복을 피하고 두 문장을 하나의 문장으로 연결한다는 점에서 18과에서 학습했던 단순 관계 대명사의 용법과도 동일합니다. 단순 관계 대명사와 가장 큰 차이점이 있다면 바로 종속절에 있던 전치사가 함께 쓰인다는 것입니다.

Les écrivains ont des idées géniales.
작가들은 훌륭한 아이디어를 가지고 있습니다.

Personne n'a encore pensé **à** ces idées géniales.
아무도 그런 훌륭한 아이디어를 아직 생각하지 못했습니다.

→ Les écrivains ont des idées géniales **auxquelles** personne n'a encore pensé.
작가들은 아무도 아직 생각하지 못한 훌륭한 아이디어를 가지고 있습니다.

Au zoo, il y a des animaux.
동물원에는 동물들이 있습니다.

Il est interdit de donner des aliments **à** ces animaux.
그 동물들에게 먹이를 주는 것은 금지되어 있습니다.

→ Au zoo, il y a des animaux **auxquels** il est interdit de donner des aliments.
동물원에는 먹이를 주는 것이 금지되어 있는 동물들이 있습니다.

Dans le salon, il y a un canapé.
거실에는 소파가 있습니다.

Marie a placé un lampadaire **près de** ce canapé.
Marie는 그 소파 가까이에 스탠드 조명을 놓았습니다.

→ Dans le salon, il y a un canapé **près duquel** Marie a placé un lampadaire.
거실에는 Marie가 가까이에 스탠드 조명을 놓은 소파가 있습니다.

Il y a souvent des conférences à l'université.
대학에서는 종종 강연이 열립니다.

J'habite **en face de** cette université.
나는 이 대학 맞은편에 삽니다.

→ Il y a souvent des conférences à l'université **en face de laquelle** j'habite.
내가 맞은편에 사는 대학에서는 종종 강연이 열립니다.

Ce château date du 17e siècle.
이 성은 17세기에 만들어진 것입니다.

Le comte de Bastard s'est marié **dans** ce château.
Bastard 백작은 이 성에서 결혼했습니다.

→ Le château **dans lequel** le comte de Bastard s'est marié date du 17e siècle.
Bastard 백작이 결혼한 성은 17세기에 만들어진 것입니다.

Cette place est très moderne.
이 광장은 매우 현대적입니다.

Ils ont fêté leur mariage **sur** cette place.
그들은 이 광장에서 결혼식을 올렸습니다.

→ La place **sur laquelle** ils ont fêté leur mariage est très moderne.
그들이 결혼식을 올린 광장은 매우 현대적입니다.

단, 선행사가 사람일 경우에는 일반적으로 복합 관계 대명사를 qui로 바꾸어 씁니다.

Cette femme est très riche.
그 여자는 엄청난 부자입니다.

Il se marie **avec** cette femme.
그는 그 여자와 결혼합니다.

→ La femme **avec laquelle (=avec qui)** il se marie est très riche.
그가 결혼하는 그 여자는 엄청난 부자입니다.

Les enfants n'ont pas cessé de rire et de parler.
아이들은 웃고 떠들기를 멈추지 않았습니다.

J'étais assis **à côté de** ces enfants dans le train.
나는 기차에서 그 아이들 옆에 앉아 있었습니다.

→ Les enfants **à côté desquels (=à côté de qui)** j'étais assis dans le train n'ont pas cessé de rire et de parler.
내가 기차에서 옆자리에 앉아있던 아이들은 웃고 떠들기를 멈추지 않았습니다.

꼭 기억하세요!

단순 관계 대명사 dont과 복합 관계 대명사 duquel의 용법은 서로 다릅니다. '전치사 + 명사 + de'의 구조에서는 복합 관계 대명사 duquel 을 써야 합니다. 반면, 다른 전치사와의 결합 없이 전치사 de 만 단독으로 쓰이는 경우에는 dont 을 써야 합니다.

C'est un mariage **dont** la presse a beaucoup parlé. (parler de)
그것은 언론에서 많이 이야기했던 결혼식입니다.

C'est un mariage **au sujet duquel** la presse a beaucoup écrit. (au sujet de)
그것은 언론이 많은 기사를 쓴 결혼식입니다.

Mini test

1 <보기>를 참고하여 빈칸에 들어갈 알맞은 복합 관계 대명사를 적으세요.

보기

La chanson **à laquelle** je pense.

① Les musiciens ______________ je pense.

② Le film ______________ je pense.

③ Les deux actrices ______________ je pense.

④ Le journaliste ______________ je pense.

⑤ L'émission ______________ je pense.

⑥ Les tableaux ______________ je pense.

2 괄호 안의 전치사를 활용하여 빈칸에 들어갈 알맞은 복합 관계 대명사를 적으세요.

① Mangez le chocolat noir ____________________ on reste en forme. (grâce à)

② Voici le stylo ____________________ vous ne ferez plus de fautes. (avec)

③ Conduisez la voiture __________________ vous vous sentirez aussi confortable que dans un fauteuil. (dans)

④ Voici la valise __________________ on ne peut plus voyager. (sans)

⑤ Écoutez la radio _____________________ vous apprendrez beaucoup de nouvelles. (grâce à)

3 해석을 참고하여 다음 단어들을 올바른 순서대로 적어 문장을 만들어 보세요.

① le projet / lequel / C'est / on / pour / fait / des recherches

이것이 우리가 조사하고 있는 프로젝트입니다.

→ ______________________________

② lequel / C'est / je / le réalisateur / avec / travaille

이 사람이 제가 같이 작업하는 감독입니다.

→ ______________________________

③ un sujet / C'est / les écrivains / s'intéressent / auquel

이것은 작가들이 관심을 갖는 주제입니다.

→ ______________________________

④ C'est / le spectacle / a lieu / laquelle / à / la / date

이 날이 공연이 열리는 날입니다.

→ ______________________________

⑤ jouer / lequel / le théâtre / dans / va / on / C'est

이곳이 우리가 공연할 극장입니다.

→ ______________________________

정답 1. ① auxquels (à qui) ② auquel ③ auxquelles (à qui) ④ auquel (à qui) ⑤ à laquelle ⑥ auxquels

2. ① grâce auquel ② avec lequel ③ dans laquelle ④ sans laquelle ⑤ grâce à laquelle

3. ① C'est le projet pour lequel on fait des recherches.
② C'est le réalisateur avec lequel je travaille.
③ C'est un sujet auquel les écrivains s'intéressent.
④ C'est la date à laquelle le spectacle a lieu.
⑤ C'est le théâtre dans lequel on va jouer.

Exercices

1 단순 또는 복합 관계 대명사를 활용하여 두 문장을 하나의 문장으로 만들어 보세요.

① C'est un livre. Ce livre est passionnant.

→ ______________________________

② C'est quelqu'un. Il s'entend très bien avec cette personne.

→ ______________________________

③ J'ai un journal. J'écris tout ce que je fais dans ce journal.

→ ______________________________

④ L'île est déserte. Il a découvert le trésor au nord de cette île.

→ ______________________________

⑤ La professeur est excellente. J'ai réussi mes examens grâce à elle.

→ ______________________________

⑥ Nous lui avons posé des questions. Il a répondu immédiatement à ces questions.

→ ______________________________

⑦ C'est une bonne idée. Personne n'avait pensé à cette idée.

→ ______________________________

⑧ C'est la solution. Tous les gens parlent de cette solution.

→ ______________________________

⑨ J'ai besoin de la tasse. Elle est là.

→ ______________________________

⑩ Je connais le café. Il y a une librairie à côté de ce café.

→ ______________________________

2 해석을 참고하여 빈칸에 알맞은 관계 대명사를 <보기>에서 골라 적으세요.

보기

auxquels　à qui　auquel　sur laquelle　avec qui　dans lesquels　qui

Voici, si vous êtes d'accord, le programme ______________ nous avons pensé, regardez les photos : voici la rivière ______________ vous ferez une promenade en bateau, les parcs ____________________ nous nous promènerons, l'artisan ____________________ vous expliquera comment on fait le verre. Vous verrez aussi deux châteaux ________________ plusieurs écrivains se sont intéressés. Et là, voici la photo de Lucie, notre guide ____________ vous allez passer cette belle journée et _____________ vous pourrez poser plein de questions !

자, 괜찮으시다면 이것이 우리가 생각했던 프로그램이고, 사진들을 보세요. 여기 당신이 배를 타고 산책할 강, 우리가 산책할 공원, 그리고 당신에게 유리를 어떻게 만드는지 설명해 줄 장인이 있습니다. 당신은 또한 여러 작가들이 관심을 가졌던 두 개의 성을 볼 것입니다. 그리고 여기, 당신과 이 아름다운 날을 함께 보낼, 그리고 당신이 많은 질문을 할 수 있는 우리의 가이드 Lucie의 사진입니다!

정답 p.284

현재분사 & 제롱디프

Leçon

21

Elle maigrit en faisant du sport.

그녀는 운동을 하면서 살을 뺍니다.

오늘의 목표 현재분사와 제롱디프 구문을 학습합니다.

제롱디프는 하나의 주어가 동시에 두 가지 이상의 행위를 할 때 동사의 형태 변화를 활용해 동시 동작을 나타내는 문법입니다. 제롱디프를 만들기 위해 반드시 알아야 하는 것은 바로 현재분사입니다. 21과에서는 현재분사와 제롱디프의 형태 및 용법에 대해 학습하겠습니다.

❶ 현재분사

우선 현재분사를 만들기 위해서는 1인칭 복수 주어인 nous에 해당하는 동사변화를 잘 암기하고 있어야 합니다. 1인칭 복수 주어의 동사변화에서 일반적으로 공통적으로 쓰이는 어미 -ons를 삭제하고 그 대신 -ant를 붙이면 현재분사를 만들 수 있습니다. 즉, nous의 동사변화 어간에 -ant를 붙이는 것입니다.

동사원형	nous의 동사변화	현재분사
regarder	regardons	regard**ant**
manger	mangeons	mange**ant**
choisir	choisissons	choisiss**ant**
faire	faisons	fais**ant**
sortir	sortons	sort**ant**

이와 같은 규칙이 적용되지 않는 동사의 현재분사는 따로 암기해야 합니다.

동사원형	현재분사
être	étant
avoir	ayant
savoir	sachant

현재분사는 주로 관계대명사 'qui + 동사'를 대신하여 쓰이는데, 문어체에서만 활용하는 문법입니다. 의미가 달라지는 것은 아니며, 명사의 상태나 특징을 더 강조하는 특징이 있습니다. 관계 대명사를 대신해 쓰는 현재분사는 동사적 성질을 갖기 때문에, 명사의 상태나 특징을 설명하는 역할을 하더라도 형태가 변하지 않습니다.

Le PDG cherche un ingénieur **qui habite** ce quartier.

→ Le PDG cherche un ingénieur habitant ce quartier.
사장은 이 동네에 거주하는 엔지니어를 찾고 있습니다.

Un interprète, **qui possède** une bonne connaissance de la France, a une expérience dans le secteur cosmétique.

→ Un interprète possédant une bonne connaissance de la France, a une expérience dans le secteur cosmétique.
프랑스에 대해 정통한 통역사는 코스메틱 분야에서 경험이 있습니다.

또한 현재분사는 이유나 원인을 설명할 때 쓰이기도 하며, 마찬가지로 문어체에서만 활용하는 문법입니다. 현재분사가 문장의 본동사와 비교해서 먼저 일어난 동작일 경우에는 복합과거의 형태처럼 'avoir + p.p' 또는 'être + p.p'의 구조를 활용합니다. 이때, 조동사 avoir와 être가 현재분사의 형태로 바뀌며, 조동사 être와 결합한 p.p는 주어의 성과 수에 일치시켜야 합니다. 현재분사를 부정문의 형태로 쓸 때는 동사의 부정문과 마찬가지로 현재분사 앞뒤로 ne...pas를 붙입니다.

Les produits **sont** en mauvais état, je les retourne au magasin.

→ Les produits étant en mauvais état, je les retourne au magasin.
제품들의 상태가 좋지 않기 때문에 나는 그것들을 가게에 반품합니다.

Comme le voyage **avait été annulé**, je suis resté chez moi.

→ Le voyage ayant été annulé, je suis resté chez moi.
여행이 취소됐기 때문에 나는 집에 있었습니다.

J'**avais acheté** mes billets mais je ne **pouvais** pas partir, j'ai laissé ma place à Luc.

→ Ayant acheté mes billets mais ne pouvant pas partir, j'ai laissé ma place à Luc.
나는 표를 샀었지만 떠날 수 없었기 때문에 Luc에게 자리를 내주었습니다.

Mini test

1 동사원형을 보고 알맞은 현재분사의 형태를 적으세요. (예: écouter → écoutant)

동사원형	현재분사	동사원형	현재분사
① voir		⑥ être	
② faire		⑦ avoir	
③ savoir		⑧ comprendre	
④ placer		⑨ réfléchir	
⑤ voyager		⑩ connaître	

2 현재분사를 보고 동사원형과 알맞은 형태의 현재분사 복합형(avoir+p.p 또는 être+p.p)을 적으세요. (예: partant → partir / étant parti(e)(s))

현재분사	동사원형	현재분사 복합형
① prenant		
② venant		
③ disant		
④ recevant		
⑤ pouvant		
⑥ étant		
⑦ ayant		
⑧ voulant		
⑨ se promenant		
⑩ s'intéressant		

정답 1. ① voyant ② faisant ③ sachant ④ plaçant ⑤ voyageant
⑥ étant ⑦ ayant ⑧ comprenant ⑨ réfléchissant ⑩ connaissant
2. ① prendre / ayant pris ② venir / étant venu(e)(s) ③ dire / ayant dit
④ recevoir / ayant reçu ⑤ pouvoir / ayant pu ⑥ être / ayant été ⑦ avoir / ayant eu
⑧ vouloir / ayant voulu ⑨ se promener / s'étant promené(e)(s)
⑩ s'intéresser / s'étant intéressé(e)(s)

2 제롱디프

제롱디프의 형태는 '전치사 en + 현재분사'입니다. 현재분사를 만드는 방법을 잘 익혔다면 제롱디프는 더 수월하게 만들 수 있습니다.

동사원형	현재분사	제롱디프
manger	mange**ant**	**en** mange**ant**
lire	lis**ant**	**en** lis**ant**
faire	fais**ant**	**en** fais**ant**
avoir	ay**ant**	**en** ay**ant**
être	ét**ant**	**en** ét**ant**
savoir	sach**ant**	**en** sach**ant**

제롱디프는 주로 동작 또는 사건의 '동시성'을 나타내며, 때때로 '방법', '조건'을 나타냅니다. 따라서 문장에서 '동시성', '방법', '조건'을 강조하고 싶은 동사를 제롱디프 구문으로 쓸 수 있습니다. 제롱디프의 가장 큰 특징이자 주의할 점은 동작의 주어가 동일하다는 것입니다. 즉, 문장의 본동사의 주어와 제롱디프에 활용된 동사의 주어가 서로 다르다면 제롱디프는 절대 쓸 수 없습니다. 또한 제롱디프는 시제의 영향을 받지 않으므로 형태 역시 변하지 않습니다.

>> 동시성

Il **écoute** de la musique et il **court**.

→ Il écoute de la musique en courant. 그는 달리면서 음악을 듣습니다.

→ Il court en écoutant de la musique. 그는 음악을 들으면서 달립니다.

Il **chantait** et il **se rasait**.

→ Il chantait en se rasant. 그는 면도를 하면서 노래를 불렀습니다.

→ Il se rasait en chantant. 그는 노래를 하면서 면도를 했습니다.

>> 방법

Eric a maigri. Il **a fait** un régime et du sport.

→ Eric a maigri en faisant un régime et du sport. Eric은 식이요법과 운동으로 살을 뺐습니다.

» 조건

Si on **conduit** moins vite, on a moins d'accidents.

→ En conduisant moins vite, on a moins d'accidents. 속도를 줄이면 사고도 줄어듭니다.

꼭 기억하세요!

제롱디프를 부정문으로 쓸 때 ne...pas 의 위치에 주의하세요.

On a moins d'accidents **en** ne **conduisant** pas vite.

Mini test

Q. <보기>와 같이 밑줄 친 부분을 제롱디프로 바꿔 문장을 만들어보세요.

보기

Il rêve et il dort. → Il rêve en dormant.

① Je chante et je me douche.

→ ______________________

② Ils discutent et ils boivent un café.

→ ______________________

③ Il dit au revoir et il sourit.

→ ______________________

④ Je vais réviser et je vais écrire les corrections.

→ ______________________

⑤ Elle écoute de la radio et elle fait ses courses.

→ ______________________

정답 ① Je chante en me douchant. ② Ils discutent en buvant un café. ③ Il dit au revoir en souriant. ④ Je vais réviser en écrivant les corrections. ⑤ Elle écoute de la radio en faisant ses courses.

Exercices

1 환경 오염 예방에 관한 글입니다. <보기>를 참고하여 괄호 안의 동사를 제롱디프를 활용해 문장을 완성해보세요.

> 보기
>
> Nous éviterons de polluer. (ne pas prendre la voiture)
>
> → Nous éviterons de polluer en ne prenant pas la voiture.

① Tu baisseras ta facture de chauffage. (chauffer moins)

→ ____________________

② Nous respectons l'environnement. (ne pas jeter les déchets par terre)

→ ____________________

③ On économise de l'eau. (prendre des douches)

→ ____________________

④ On préserve la planète. (faire attention)

→ ____________________

⑤ Tu sauves les océans. (trier les déchets)

→ ____________________

⑥ Vous produisez moins de gaz carbonique. (se déplacer à vélo)

→ ____________________

MP3 QR

2 해석을 참고하여 알맞은 현재분사 또는 제롱디프를 적어 대화를 완성하세요.

__________________ (rentrer) chez moi hier soir, j'ai vu un homme __________________ (pénétrer) chez mes voisins par la fenêtre. _________________ (s'approcher) de près, je l'ai vu ______________________ (photographier) des documents et ______________ (fouiller) dans le bureau où il a trouvé une clé.

À un moment, il s'est retourné ______________________ (crier). J'ai pris peur et j'ai appelé la police. L'homme ____________________ (mesurer) au moins 1 mètre 80, brun, d'âge jeune, ____________________ (porter) de grosses lunettes.

나는 어젯밤 집에 들어가다가 창문을 통해 이웃집으로 침입하는 남자를 봤습니다. 가까이 다가가서 나는 그가 서류들을 촬영하고 사무실을 뒤지고 거기서 열쇠를 발견한 것을 보았습니다.

그러다 갑자기 그가 고함을 지르며 돌아섰습니다. 나는 겁이 나서 경찰을 불렀습니다. 그 남자는 키가 적어도 180cm에, 갈색 머리였고, 나이는 젊고 커다란 안경을 썼습니다.

정답 p.285

조건법

Leçon 22

Je voudrais de l'eau, s'il vous plaît ?

물을 좀 주시겠어요?

오늘의 목표 조건법 현재와 조건법 과거를 학습합니다.

'~을 주세요'의 의미로 사용되는 'Je voudrais...'라는 표현을 본 적이 있나요? 사실 'Je voudrais'에는 vouloir 동사의 조건법이 숨어 있습니다. 조건법은 프랑스어로 le conditionnel이라고 하는데, 이름 그대로 어떤 '조건'에 따라서 발생할 수 있는 일을 나타내는 어법(mode)입니다. 그래서 조건법을 활용해 정중한 요구, 현재 사실 또는 과거 사실에 대한 가정, 확실하지 않은 사실에 대한 언급 등을 표현할 수 있습니다. 한편, 조건법은 시제(temps)의 관점에서 쓰일 때도 있습니다. 간접 화법에서 과거 시점에서 미래에 있던 일을 말할 때 조건법이 사용됩니다. 22과에서는 공손함, 가정, 불확실성의 의미로 사용되는 조건법의 어법으로서의 특징을 중점적으로 학습하겠습니다. 시제로 쓰이는 조건법은 24과 간접 화법에서 다루도록 하겠습니다.

1 조건법 현재

1.1 형태

조건법 현재는 동사의 형태 변화로 쉽게 나타낼 수 있습니다. 동사의 단순미래(futur simple) 어간 뒤에 각 인칭에 해당하는 반과거 어미(−ais, −ais, −ait, −ions, −iez, −aient)를 결합하면 됩니다. 16과에서 단순미래 형태를 학습할 때 적용되었던 단순미래 어간의 규칙이 조건법에서도 그대로 적용되기 때문에, 조건법을 만들기 위해서는 각 동사의 단순미래 형태를 잘 암기하고 있어야 합니다.

인칭	동사원형	조건법 (단순미래 어간 + 반과거 어미)
Je	aimer	J'aimer**ais**
Tu	acheter	Tu achèter**ais**
Il / Elle / On	jeter	Il / Elle / On jetter**ais**
Nous	prendre	Nous prendr**ions**
Vous	dire	Vous dir**iez**
Ils / Elles	se lever	Ils / Elles se lèver**aient**

단순미래에서 동사원형을 어간으로 쓰지 않고 새로운 어간을 사용했던 동사들은 조건법에서도 그 규칙이 동일하게 적용됩니다.

aller : j'**ir**ais	faire : je **fer**ais	voir : je **verr**ais
avoir : j'**aur**ais	pouvoir : je **pourr**ais	vouloir : Je **voudr**ais
courir : je **courr**ais	recevoir : je **recevr**ais	Il faut : Il **faudr**ait
devoir : je **devr**ais	savoir : je **saur**ais	Il pleut : Il **pleuvr**ait
envoyer : j'**enverr**ais	tenir : je **tiendr**ais	
être : je **ser**ais	venir : je **viendr**ais	

Je ne **ferais** pas comme toi. 나는 너처럼 하지 않을 것이다.

Tu **pourrais** le faire. 너는 그것을 할 수 있을 것이다.

On **arriverait** tard. 우리는 늦게 도착할 것입니다.

Nous ne **voudrions** pas tout. 우리는 모든 것을 원하지는 않습니다.

Auriez-vous l'heure ? 지금 몇 시인가요?

Ils **enverraient** des nouvelles. 그들은 소식을 전할 것입니다.

1.2 용법

어법으로서의 조건법이 갖는 기본적인 의미적 특징은 '어떤 조건에 따라서 이루어질 수는 있지만 불확실한 행위'를 나타낸다는 것입니다. '~하면 ~할 것이다', '~했다면 ~했을 것이다', '확실하지는 않지만 ~일 것이다' 등의 뉘앙스를 표현하는 것이 바로 어법으로서의 조건법입니다. 어법으로서의 조건법이 공손함이나 정중함의 표현으로 쓰이는 것도 같은 관점에서 이해할 수 있습니다. 'Je veux de l'eau (나는 물을 마시고 싶다)'라고 직설적으로 말하기보다는 'Je voudrais de l'eau (내가 물을 마실 수 있다면 마시고 싶습니다)'라고 표현함으로써 상대방이 나의 요구를 들어주지 않을 수도 있다는 것을 화자 스스로 전제하여 상대방에게 일종의 제안, 부탁을 하는 것이기 때문에 정중하고 공손한 표현인 것입니다.

조건법 현재의 용법은 크게 정중한 요청, 희망 또는 바람, 제안, 조언, 네 가지로 나눌 수 있습니다. 현재 상황을 조건으로 두고 확실하지 않은 미래 상황을 말할 때 사용하며, 한국어 해석에서는 잘 드러나지 않지만, 기본적으로 '만일 그것이 가능하다면 그렇게 하고 싶다'는 뉘앙스가 담겨 있습니다. 조건법 현재 동사의 뉘앙스를 생각하며 예문을 읽어 보세요.

>> 정중한 요청

Je **voudrais** deux baguettes, s'il vous plaît.	바게트 두 개 주세요.
Vous **pourriez** m'apporter de l'eau, s'il vous plaît ?	제게 물을 가져다 주시겠어요?

>> 희망 또는 바람

Nous **souhaiterions** vivre à la campagne.	우리는 시골에서 살기를 원합니다.
Tu **aimerais** aller où ?	너는 어디로 가고 싶니?

>> 제안

Si tu veux, on **pourrait** aller à la mer ce soir.	네가 원한다면 오늘 저녁 바다에 갈 수 있어.
Vous **pourriez** faire un peu moins de bruit ?	소리를 좀 줄여 주시겠어요?

>> 조언

Tu **devrais** te renseigner avant de décider.	결정하기 전에 알아봐야 해.
À ta place, je **me renseignerais**.	너의 상황에서라면 나는 알아볼 거야.

Mini test

1 알맞은 조건법 현재 어미를 적으세요.

① Je commencer_______

② Il continuer_______

③ Nous arrêter_______

④ Vous finir_______

⑤ Tu sortir_______

⑥ On passer_______

⑦ Nous monter_______

⑧ Ils viendr_______

⑨ Vous achèter_______

⑩ Elle habiter_______

2 괄호 안의 동사를 조건법 현재로 바꾸어 문장을 완성하세요.

① À ta place, je ________________ une alarme. (poser)

② À votre place, nous __________________ toute la maison. (repeindre)

③ À sa place, tu ________________ une colocation. (prendre)

④ À ma place, elles ______________________________________ là toute la journée. (ne pas rester)

⑤ À leur place, je ______________________ le bureau. (refaire)

정답 1. ① ais ② ait ③ ions ④ iez ⑤ ais ⑥ ait ⑦ ions ⑧ aient ⑨ iez ⑩ ait
2. ① poserais ② repeindrions ③ prendrais ④ ne resteraient pas ⑤ referais

2 조건법 과거

2.1 형태

조건법 과거는 복합과거를 만드는 것과 동일한 형태(avoir + p.p / être + p.p)를 갖습니다. 단, 조건법 과거이기 때문에 조동사 avoir와 être를 조건법 현재 형태로 쓰고 뒤에 과거분사를 붙이면 됩니다. 대부분의 동사는 조동사 avoir를, 왕래발착이나 대명동사는 être를 조동사로 쓰는 규칙은 동일하며, 과거분사의 성·수 일치도 14과에서 학습한 규칙과 동일합니다.

주어 + 조동사 avoir / être 조건법 현재 + 과거분사

J'aurais couru.	나는 뛰었을 것입니다.
Tu aurais menti.	너는 거짓말했을 것이다.
Il ne serait pas tombé.	그는 넘어지지 않았을 것이다.
Elle serait arrivée hier.	그녀는 어제 도착했을 것이다.
Nous nous serions disputés.	우리는 다퉜을 것이다.
Cette fille, vous l'auriez reconnue.	당신은 그 소녀를 알아볼 수 있었을 것이다.
Ils ne se seraient pas réveillés.	그들은 일어나지 않았을 것입니다.

2.2 용법

조건법 과거는 조건법 현재와 기본적인 의미적 특징은 동일하지만, 사건이 벌어진 시점이 과거라는 점에 차이가 있습니다. 앞서 학습했다시피 조건법 현재는 현재 상황을 조건으로 두고 미래에 대해 말할 때 사용하는 반면, 조건법 과거는 과거에 이미 벌어진 상황을 조건으로 두고 현재 나타난 결과와 반대되는 상황에 대해 말할 때 사용합니다. 따라서 조건법 과거는 '과거에 만일 그렇게 했었더라면 지금의 결과는 달라졌을 것이다'라는 (과거 사실에 대한) 후회, 비난 또는 비판의 뉘앙스를 갖습니다. 예문으로 더 자세히 살펴보겠습니다.

»후회

J'aurais voulu t'appeler mais je n'avais pas de téléphone.
네게 전화하고 싶었지만 전화기가 없었어. (→ 전화기가 있었다면 네게 전화했을 거야.)

J'aurais dû faire autrement.
나는 다른 방식으로 했어야 했어. (→ 하지만 그렇게 하지 못했어.)

>> 비난

Pourquoi tu ne m'as pas téléphoné ? Tu aurais dû me prévenir !
왜 전화 안 했어? 나에게 미리 알려줬어야지! (→ 나에게 미리 알려주지 않았잖아.)

À votre place, je lui aurais parlé.
당신의 상황에서라면 나는 그에게 말했을 것입니다. (→ 하지만 당신은 그에게 말하지 않았습니다.)

Mini test

Q. 괄호 안의 동사를 조건법 과거로 바꾸어 문장을 완성하세요.

① J'________________ agir plus rapidement. (devoir)

② Tu ________________ me prévenir du changement d'heure ! (pouvoir)

③ Vous __________________________ discuter avec lui mais il n'a pas accepté. (souhaiter)

④ Elle __________________________ te répondre si sèchement ! (ne pas devoir)

⑤ Nous __________________________ rester plus longtemps nous avons dû partir. (aimer)

정답 ① aurais dû ② aurais pu ③ auriez souhaité ④ n'aurait pas dû ⑤ aurions aimé

3 Si를 활용한 가정법

조건법 현재와 과거는 '만약'의 의미를 갖는 접속사 Si와 함께 쓰이며 현재에 대한 미래, 현재나 과거 사실에 대한 또 다른 결과를 상상하는 가정법 구문에서도 활용됩니다. 접속사 Si가 이끄는 종속절 문장에는 절대 미래 시제나 조건법을 쓸 수 없으므로 헷갈리지 않도록 합시다. 또한 Si가 이끄는 종속절의 동사와 주절의 동사는 일반적으로 규칙에 따라 짝을 이뤄 쓰이므로 구문의 구조를 잘 암기해 둡시다.

>> Si + 반과거 → 조건법 현재

현재 상황을 가정하여 또 다른 가능한 현실에 대한 상상을 표현합니다. 조건법 현재가 갖는 바람, 희망, 제안 등의 뉘앙스가 담겨 있습니다.

Si j'**avais** le temps, je ferais plus de choses.
내게 시간이 있다면, 나는 더 많은 것을 할 것입니다.

S'il **faisait** beau, nous pourrions pique-niquer.
날씨가 좋으면, 우리는 소풍을 갈 수도 있습니다.

>> Si + 대과거 → 조건법 과거

과거 상황을 가정하여 현재와는 다른 결과에 대한 상상을 표현합니다. 조건법 과거가 갖는 후회, 비난의 뉘앙스가 담겨 있습니다.

Si tu **étais parti** plus tôt, tu serais arrivé à l'heure.
네가 더 일찍 출발했더라면 제 시간에 도착했을 것이다.
(→ 하지만 일찍 출발하지 않아서 제 시간에 도착하지 못했다.)

S'il **avait trouvé** un travail, il serait resté dans ce quartier.
그가 직장을 구했더라면 그는 이 동네에 머물렀을 것입니다.
(→ 하지만 직장을 구하지 못했고 동네를 떠났습니다.)

Mini test

1 <보기>를 참고하여 반과거와 조건법 현재를 활용해 문장을 하나로 만들어보세요. 단, 각 문제의 주절과 종속절을 잘 확인하세요.

보기
Il ne fait pas beau. Nous ne pouvons pas aller à la montagne.
→ **S'**il **faisait** beau, nous **pourrions** aller à la montagne.

① Je n'ai pas le temps. Je ne fais pas les courses.

→ ____________________

② Elles ne viennent pas à la fête. Elles ne sont pas libres.

→ ____________________

③ Il n'a pas envie de sortir. Il ne vient pas avec nous.

→ ____________________

④ Vous n'avez pas sommeil. Vous n'allez pas vous coucher.

→ ____________________

⑤ Je ne vais pas à la conférence. Mes collègues n'y vont pas avec moi.

→ ____________________

2 괄호 안의 동사원형을 종속절과 주절의 의미에 따라 각각 대과거와 조건법 과거로 바꾸어 써보세요.

① Si j'________________ (être) invité, je ________________ (venir) avec plaisir.

② Si elle ____________________ (prendre) des vacances, elle ___________________ (visiter) le Mexique.

③ Si vous ____________________ (venir), on ____________________ (faire) la fête.

④ Si j'________________ (pouvoir), je __________________ (sortir) plus souvent.

⑤ Si vous ____________________________ (s'inscrire), vous ______________________ (suivre) ce cours de civilisation.

정답 1. ① Si j'avais le temps, je ferais les courses.
② Elles viendraient à la fête si elles étaient libres.
③ S'il avait envie de sortir, il viendrait avec nous.
④ Si vous aviez sommeil, vous iriez vous coucher.
⑤ J'irais à la conférence si mes collègues y allaient avec moi.
2. ① avais été / serais venu
② avait pris / aurait visité
③ étiez venu / aurait fait
④ avais pu / serais sorti
⑤ vous étiez inscrit / auriez suivi

Exercices

1 괄호 안의 동사를 조건법 현재로 바꾸어 보세요.

① Nous ____________________ commander maintenant ? (pouvoir)

② Je ____________________ le plat du jour. (vouloir)

③ Vous ____________________ un menu pour enfants ? (avoir)

④ Tu ____________________ faire une crème caramel ? (pouvoir)

⑤ Il ____________________ réserver une table pour samedi. (falloir)

⑥ Ils ____________________ proposer des repas végétariens. (devoir)

2 <보기>를 참고하여 조건법 과거를 활용해 문장을 완성하세요.

보기

Vous n'avez pas réagi. → À votre place, moi, **j'aurais réagi.**

Vous avez parlé. → À votre place, moi, **je n'aurais pas parlé.**

① Tu as ri. → À ta place, moi, ____________________

② Elle n'a pas protesté. → À sa place, toi, ____________________

③ Il est parti. → À sa place, moi, ____________________

④ Vous avez claqué la porte. → À votre place, moi, ____________________

⑤ Ils ne se sont pas excusés. → À leur place, nous, ____________________

⑥ Il a été vexé. → À sa place, vous, ____________________

MP3 QR

3 해석을 참고하여 괄호 안의 동사를 알맞은 조건법 현재 또는 조건법 과거로 바꾸어 대화를 완성하세요.

Emma : Bonjour, je ________________ (vouloir) un aller-retour Paris-Lisbonne, s'il vous plaît.

Employé : Oui, ce ________________ (être) pour quand ?

Emma : J'________________ (aimer) partir demain. Est-il possible ?

Employé : Ah, excusez-moi madame, il ________________ (falloir) acheter le billet beaucoup plus tôt. Pour un départ demain, vous ____________ (devoir) réserver il y a au moins deux semaines.

Emma : Vous ne ____________ (pouvoir) pas me trouver une place ?

Employé : J' ________________________ (aimer bien), mais c'est complet. Attendez, j'ai une idée. Il y __________ (avoir) de la place sur un autre vol. Mais, vous ____________(devoir) passer par Barcelone. Ça vous ____________ (dire) ?

Emma : J' ____________________ (préférer) un vol direct, mais ça va.

Employé : Alors, je vous fais le billet.

Emma : 안녕하세요, 파리-리스본 왕복표 부탁합니다.

직원: 네, 날짜가 언제죠?

Emma : 내일 출발하고 싶은데요, 가능한가요?

직원: 아, 죄송합니다만, 좀 더 일찍 표를 샀어야 했어요. 내일 출발하려면 적어도 2주 전에 예약했어야 합니다.

Emma : 좌석을 찾아 주실 수 없을까요?

직원: 정말 그러고 싶지만 예약이 꽉 찼어요. 잠깐만요, 제게 생각이 있어요. 다른 비행기에 자리가 있을 거예요. 하지만 당신은 바르셀로나를 경유해야 합니다. 어떤가요?

Emma : 직항이라면 더 좋았겠지만, 알겠습니다.

직원: 그럼 티켓팅 할게요.

정답 p.285

접속법 & 부정법

Leçon 23

J'aimerais que tu viennes ce soir.

나는 오늘 저녁 네가 오면 좋겠어.

오늘의 목표 접속법 현재 및 과거의 형태와 용법을 학습하고, 부정법을 학습합니다.

접속법(le subjonctif)이란 프랑스어 문법에만 있는 특수한 용법의 어법(mode)입니다. 접속법은 한 문장에서 단독으로 쓰이지 않고, 항상 어떤 특정 동사나 표현이 쓰인 주절에 접속사 que로 연결된 종속절에서 동사의 형태 변화로 나타납니다. 23과에서는 먼저 접속법의 동사변화 형태를 익히고, 접속법이 자주 사용되는 주절의 동사와 표현을 살펴봄으로써 접속법이 언제 쓰이는지 알아보고, 접속법의 뉘앙스에 대해 학습하도록 하겠습니다. 또한 동사원형의 형태를 그대로 사용하는 부정법(l'infinitif)에 대해서도 학습하겠습니다.

1 접속법의 형태

1.1 접속법 현재

접속법 현재는 3인칭 복수 주어 Ils / Elles의 동사변화에서 어미 -ent를 제거하고 접속법 어미(-e, -es, -e, -ions, -iez, ent)를 붙여 만들 수 있습니다.

동사원형	직설법 현재		접속법 현재
parler	Ils **parl**ent	Il faut	que je parl**e** que tu parl**es** qu'il/elle/on parl**e** que nous parl**ions** que vous parl**iez** qu'ils/elles parl**ent**
finir	Ils **finiss**ent		que je finiss**e** que tu finiss**es** qu'il/elle/on finiss**e** que nous finiss**ions** que vous finiss**iez** qu'ils/elles finiss**ent**

단, 직설법 현재 동사변화에서 1인칭 복수 주어 Nous와 2인칭 복수 주어 Vous의 동사 어간이 Ils의 동사 어간과 다를 경우에는 발음의 편의를 위해 Nous와 Vous의 동사 어간을 그대로 적용해야 합니다.

동사원형	직설법 현재		접속법 현재
prendre	Ils **prenn**ent	Il faut	que je prenn**e** que tu prenn**es** qu'il/elle/on prenn**e** qu'ils/elles prenn**ent**
	Nous **pren**ons		que nous pren**ions** que vous pren**iez**

접속법 현재로 만드는 규칙이 적용되지 않고 새로운 접속법 동사 어간을 갖는 불규칙 동사들은 따로 암기하도록 합니다.

		être	avoir	aller	faire	pouvoir	vouloir	savoir
Il faut	que je/j'	sois	aie	aille	fasse	puisse	veuille	sache
	que tu	sois	aies	ailles	fasses	puisses	veuilles	saches
	qu'il/elle/on	soit	aie	aille	fasse	puisse	veuille	sache
	que nous	soyons	ayons	allions	fassions	puissions	voulions	sachions
	que vous	soyez	ayez	alliez	fassiez	puissiez	vouliez	sachiez
	qu'ils/elles	soient	aient	aillent	fassent	puissent	veuillent	sachent

Je veux que tu **viennes** ce soir.
나는 네가 오늘 저녁에 오기를 원해.

Je préfère qu'on **prenne** le train.
나는 우리가 기차를 탔으면 좋겠습니다.

Il veut que nous **sortions** samedi.
그는 우리가 토요일에 나가기를 원합니다.

J'attends que vous me **répondiez**.
나는 당신이 내게 답변하기를 기대합니다.

1.2 접속법 과거

접속법 과거는 복합과거를 만드는 것과 동일한 형태(avoir + p.p / être + p.p)를 갖습니다. 단, 접속법 과거이기 때문에 조동사 avoir와 être를 접속법 현재 형태로 쓰고 뒤에 과거분사를 붙이면 됩니다. 대부분의 동사는 조동사 avoir를, 왕래발착이나 대명동사는 être를 조동사로 쓰는 규칙은 동일하며, 과거분사의 성·수 일치도 14과에서 학습한 규칙과 동일합니다.

주어 + 조동사 avoir / être 접속법 현재 + 과거분사

J'attends que tu aies fini ce travail.
나는 네가 이 일을 끝냈기를 기대한다.

Il regrette qu'elle ne soit pas venue.
그는 그녀가 오지 않았던 것을 아쉬워합니다.

Il est possible qu'ils se soient rencontrés chez Éric.
그들은 Éric의 집에서 만났을 수도 있습니다.

C'est dommage qu'il ne vous les ait pas présentés.
그가 당신에게 그들을 소개하지 않았다니 유감입니다.

Mini test

1 각 동사의 3인칭 복수 직설법 현재 동사변화를 적고, 해당 주어에 알맞은 접속법 현재를 적으세요.

동사원형	직설법 현재	접속법 현재
① revenir	Ils ______	que tu ______
② comprendre	Ils ______	qu'ils ______
③ lire	Ils ______	que je ______
④ suivre	Ils ______	qu'on ______
⑤ dormir	Ils ______	qu'elles ______
⑥ partir	Ils ______	que vous ______
⑦ recevoir	Ils ______	qu'il ______
⑧ grandir	Ils ______	que je ______

2 각 동사에 알맞은 조동사 avoir 또는 être를 활용하여 접속법 과거를 적고, 접속법 과거의 부정형도 적으세요.

동사원형	접속법 과거	접속법 과거의 부정형
① entrer	qu'il ______	qu'il ______
② sortir	qu'elles ______	qu'elles ______
③ prendre	que nous ______	que nous ______
④ faire	que tu ______	que tu ______
⑤ peindre	que j' ______	que je ______
⑥ se souvenir	qu'ils ______	qu'ils ______
⑦ finir	que vous ______	que vous ______
⑧ se rencontrer	qu'elles ______	qu'elles ______

정답 1. ① reviennent / reviennes ② comprennent / comprennent ③ lisent / lise
④ suivent / suive ⑤ dorment / dorment ⑥ partent / partiez ⑦ reçoivent / reçoive
⑧ grandissent / grandisse
2. ① soit entré / ne soit pas entré ② soient sorties / ne soient pas sorties
③ ayons pris / n'ayons pas pris ④ aies fait / n'aies pas fait ⑤ aie peint / n'aie pas peint
⑥ se soient souvenus / ne se soient pas souvenus ⑦ ayez fini / n'ayez pas fini
⑧ se soient rencontrées / ne se soient pas rencontrées

❷ 접속법의 용법

접속법은 프랑스어로 le subjonctif라고 하며, 여기에는 '멍에를 씌우다, 강제하다'의 뜻을 가진 동사 subjuguer가 숨어 있습니다. 다시 말하면, 접속법은 단독으로 쓰일 수 없고 반드시 주절의 동사에 따라 그 쓰임이 결정됩니다. 접속법도 조건법처럼 어법(mode)의 특징이 중요한 문법입니다. 따라서 주절의 동사나 표현이 불확실성 또는 화자의 주관적인 감정이나 상태를 의미할 경우에 접속사 que로 연결된 종속절의 동사는 접속법을 써야 합니다. 접속법을 활용하는 데 있어서 가장 주의해야 할 것은 주절과 종속절의 주어가 반드시 달라야 한다는 것입니다. 접속법을 써야 하는 주절의 동사나 표현에는 어떤 뉘앙스가 있는지 살펴보겠습니다.

≫ 필요, 의무

Il faut que vous preniez contact avec le secrétaire.
당신은 비서와 연락을 취해야 합니다.

Il est nécessaire que les produits fragiles soient bien enveloppés.
부서지기 쉬운 제품은 잘 포장해야 합니다.

≫ 감정 표현

Je suis **heureux que** vous déménagiez.
당신이 이사하신다니 기쁩니다.

C'est **dommage que** tu ne puisses pas venir avec moi.
네가 나와 함께 갈 수 없다니 유감이야.

Il est **surpris qu'**elle veuille s'installer au centre-ville.
그는 그녀가 도심에 정착하길 원하는 것에 놀랐습니다.

J'ai **peur qu'**il se sente un peu seul.
그가 조금 혼자라 느낄까 봐 걱정입니다.

Elle est **désolée que** tu partes à l'étranger.
그녀는 네가 외국으로 떠나는 것에 유감이야.

≫ 평가, 판단

C'est **bien que** tu aies une promotion.
승진한다니 잘됐습니다.

Je trouve **incroyable qu'**elle prenne sa décision si rapidement.
그녀가 그렇게 빨리 결정을 내리다니 믿을 수 없습니다.

Cela me **choque que** tu ne consultes pas tes collègues.
네가 동료들의 의견을 묻지 않다니 나는 충격적이다.

» 의지, 바람

Je **veux que** tout soit prêt quand tu arriveras.
네가 도착했을 때 모든 것이 준비되어 있기를 바란다.

Il **exige que** cette promotion soit prise après la consultation du personnel.
그는 이번 승진이 직원 협의 후에 결정되기를 요구합니다.

J'**aimerais qu**'elle soit présente à la fête.
나는 그녀가 파티에 참석하면 좋겠습니다.

» 가능성

Il est possible que nous ayons une bonne note.
우리는 좋은 점수를 받을 수도 있습니다.

Il se peut que tu ne veuilles pas.
네가 원하지 않을 수도 있다.

접속법 과거도 접속법 현재의 용법과 동일합니다. 다만, 접속법이 쓰이는 종속절의 사건이 주절의 사건보다 더 먼저 일어난 과거의 일일 때 접속법 과거를 씁니다.

Je suis **content que** vous ayez gagné les deux courses.
당신이 두 경기를 모두 이겨서 기쁩니다.

Nous sommes tous **fiers qu**'elle soit montée trois fois sur le podium.
그녀가 시상대에 세 번 올랐다는 것이 우리 모두는 자랑스럽습니다.

Il est **triste que** je ne sois pas arrivé à l'heure.
내가 제 시간에 도착하지 못해서 그는 슬픕니다.

C'est **regrettable que** vous vous soyez inscrit trop tard.
당신이 너무 늦게 등록한 것이 유감입니다.

꼭 기억하세요!

동사 espérer는 '기대하다, 바라다, 희망하다'의 뜻을 갖지만 접속법을 쓰지 않고 직설법을 쓰는 예외 동사이므로 주의합시다.

J'**espère que** vous aimez votre nouvel appartement.
당신의 새 아파트가 마음에 들기를 바랍니다.

3 부정법

부정법(l'infinitif)이란 동사원형의 형태를 그대로 사용하는 문법입니다. 명칭은 낯설 수 있지만 복잡하고 어려운 개념은 아니며, 이미 여러 예문에서 자주 등장하기도 했습니다. 부정법은 주어로 쓰이기도 하고, 특정 동사(aimer, savoir, vouloir, pouvoir, devoir, aller, venir)나 전치사 뒤에 쓰입니다. 대명동사의 경우 동사원형의 형태로 쓰이더라도 재귀 대명사 se는 주어에 맞는 인칭 대명사를 씁니다.

Je vais me coucher.
저는 자러 가야겠습니다.

Vous devez vous lever tôt.
당신은 일찍 일어나야 합니다.

Manger et boire sont essentiels pour vivre.
먹고 마시는 것은 살아가기 위해서는 필수적입니다.

부정법도 과거형이 있습니다. 부정법 과거도 복합과거를 만드는 것과 동일한 형태(avoir + p.p / être + p.p)를 갖습니다. 단, 부정법 과거이기 때문에 조동사 avoir와 être를 부정법으로, 즉 동사원형으로 쓰고 뒤에 과거분사를 붙입니다. 대부분의 동사는 조동사 avoir를, 왕래발착이나 대명동사는 être를 조동사로 쓰는 규칙은 동일하며, 과거분사의 성·수 일치도 14과에서 학습한 규칙과 동일합니다.

Elle prendra ce médicament après être allée chez le docteur.
그녀는 의사에게 다녀온 뒤에 이 약을 먹을 것입니다.

Vos enfants, je suis vraiment content de les avoir vus.
당신의 아이들, 나는 그들을 봤기에 정말 기쁩니다.

부정법을 부정문(la négation)으로 쓸 때는 ne...pas를 사용하지만 동사원형을 부정문으로 쓰는 것이기 때문에 동사를 ne 와 pas 사이에 위치시키는 다른 부정문들과 달리 'ne pas / ne plus / ne jamais + 동사원형'의 형태로 써야 합니다.

Quel est votre secret pour **ne pas** vieillir ?
늙지 않기 위한 당신의 비결은 무엇입니까?

Vous devez faire attention à **ne pas** vous tromper.
당신은 실수하지 않도록 주의해야 합니다.

Il craint de **ne pas** avoir bien répondu.
그는 대답을 잘 하지 못한 것을 걱정합니다.

Mini test

1 <보기>를 참고하여 접속법을 활용해 하나의 문장으로 만드세요.

보기

Il ne me parle plus. Je suis triste qu'**il ne me parle plus.**

① Nous sommes invités à son mariage. Tu es content que ______________________

② On réunit les étudiants. Ça me fait plaisir qu'______________________

③ Il n'est pas heureux. Elle a peur ______________________

④ Vous ne nous téléphonez pas souvent.
Nous sommes étonnés que ______________________

⑤ On vit ensemble. Elle préfère qu'______________________

2 <보기>를 참고하여 접속법 또는 부정법을 활용해 문장을 완성하세요.

보기

(tu – venir) Je veux **que tu viennes** tout de suite.
(je – avoir oublié) J'ai peur **d'avoir oublié** le code.

① (vous – prendre) Nous préférons ______________________ le temps.

② (il – réfléchir) Il veut ______________________ plus longtemps.

③ (je – ne pas être) Ils souhaitent ______________________ impatient.

④ (ils – avoir raté) Ils sont tristes ______________________ la soirée.

⑤ (tu – ne pas être venu) Elle est déçue ______________________ à son concert.

정답 1. ① nous soyons invités à son mariage. ② on (que l'on) réunisse les étudiants.
③ il ne soit pas heureux. ④ vous ne nous téléphoniez pas souvent.
⑤ on (que l'on) vive ensemble.
2. ① que vous preniez ② réfléchir ③ que je ne sois pas
④ d'avoir raté ⑤ que tu ne sois pas venu

❹ 접속법을 쓰지 않는 경우

접속법은 앞에서 학습한 것처럼 주절과 종속절의 주어가 다를 때만 쓸 수 있습니다. 만일 두 개의 동사가 동일한 하나의 주어를 가진다면 부정법을 써야 합니다.

Je veux que j'aille à la piscine dimanche. (x)

→ Je veux aller à la piscine dimanche. 나는 일요일에 수영장에 가고 싶습니다.

Nous sommes heureux que nous soyons invités chez vous. (x)

→ Nous sommes heureux d'être invités chez vous. 우리는 당신의 집에 초대받아서 기쁩니다.

Il a peur qu'il ne réussisse pas. (x)

→ Il a peur de **ne pas** réussir. 그는 성공하지 못할까 봐 두렵습니다.

Elle est triste qu'elle n'ait pas remporté la course. (x)

→ Elle est triste de **ne pas** avoir remporté la course. 그녀는 경주에서 우승하지 못해 슬픕니다.

주절과 종속절의 주어가 다르지만 주절의 동사가 객관적인 사실에 대한 확인, 확신, 진술 등의 뉘앙스를 가진다면 종속절의 동사는 접속법이 아닌 직설법을 써야 합니다. 접속법은 주관적인 감정, 평가, 판단 등의 뉘앙스가 있을 때 사용하기 때문입니다. 특히 penser, trouver, croire 등 '~라고 생각하다, 여기다'의 뜻의 동사가 주절에 쓰였을 경우에 주의해야 합니다. 일반적으로 주절이 긍정문일 때는 '확신'의 뉘앙스 때문에 종속절에서 직설법을, 주절이 부정문일 때는 '~라고 생각하지 않는다'는 말 안에 '불확실, 의심'의 뉘앙스가 들어가기 때문에 종속절에서 접속법을 주로 씁니다.

Je suis **certain qu'**il fera beau. 날씨가 좋을 거라고 확신합니다. (직설법)
Je **ne suis pas certain qu'**il fasse chaud. 날씨가 더운지 확실하지는 않습니다. (접속법)

Je **crois qu'**il va pleuvoir. 비가 올 거라 생각합니다. (직설법)
Je **ne crois pas qu'**il ait plu. 비가 온 것 같지는 않습니다. (접속법)

Mini test

Q. 다음 중 알맞은 답을 고르세요.

① Il est possible qu'il y [*a eu / ait eu*] un orage.

② Vous n'êtes pas sûr qu'ils [*peuvent / puissent*] téléphoner.

③ Je pense qu'il [*a pris / ait pris*] des risques.

정답 ① ait eu ② puissent ③ a pris

Exercices

1 괄호 안의 동사를 알맞은 접속법 현재로 바꾸고, 각 문장의 뉘앙스를 찾아 연결하세요.

① C'est normal que vous __________ (inviter) vos parents. · 필요

부모님을 초대하는 것은 당연한 일입니다.

② C'est incroyable qu'elle ne ____________ (vouloir) pas venir. · 가능성

그녀가 오고 싶어하지 않는다니 믿을 수 없습니다.

③ C'est possible que je ___________ (venir) avec lui ? · 판단

제가 그와 함께 가도 될까요?

④ J'aimerais bien qu'on ___________ (être) tous réunis. · 감정

나는 우리 모두가 모였으면 좋겠습니다.

⑤ Il faut que tu ___________ (écrire) la lettre de motivation. · 바람

너는 자기소개서를 써야 한다.

2 주절의 뉘앙스를 고려하여 접속법과 직설법 중 알맞은 답을 고르세요.

① Je pense qu'elle [*n'ait pas fini / n'a pas fini*] assez tôt.

그녀는 그렇게 일찍 끝내지 못한 것 같습니다.

② Je suis sûr qu'il [*va guérir / guérisse*] très vite.

나는 그가 빨리 나을 거라고 확신합니다.

③ Je ne crois pas qu'elle [*soit / est*] gravement malade.

나는 그녀가 위독하다고 생각하지 않습니다.

④ Je doute qu'ils [*ont été / aient été*] bien soignés.

나는 그들이 잘 치료받았는지 의심스럽습니다.

⑤ Je suis certain que cette maladie [*n'est / ne soit*] pas grave.

나는 그 병이 심각하지 않다고 확신합니다.

3 해석을 참고하여 괄호 안의 동사를 알맞은 접속법 또는 직설법 형태로 바꾸어 편지를 완성하세요.

Ma chère Mathilde,

J'espère que tu ______________ (aller) bien.

Moi, j'ai un problème et je serais contente que tu me _________ (dire) ce que tu en penses. Il faut que je te ___________ (parler) de mon copain Théo. Je suis triste qu'il ___________ (être) si loin. Il est possible que nous _________________ (être devenu) un « vieux couple ». Il trouve inutile que nous _____________ (avoir) des gestes tendres l'un pour l'autre. Mais, je voudrais qu'il ___________________ (se comporter) de manière différente. Je ne sais pas ce que je dois faire. Il faudrait peut-être que nous _________________ (se séparer) quelque temps. J'aimerais que la décision ______________ (venir) de lui. Qu'en penses-tu ? Que faut-il que je _______________ (faire) ? Je souhaite vraiment que tout _____________________ (redevenir) comme avant.

J'attends de tes nouvelles. J'aimerais que tout ______________ (s'arranger) très vite.

Julie.

친애하는 Mathilde,

나는 네가 잘 지내고 있기를 바라.

나에게 문제가 있는데, 네 생각을 말해주면 기쁠 것 같아. 내 남자친구 Théo에 대해 할 말이 있어. 나는 그가 너무 멀어져서 슬퍼. 우리가 '오래된 커플'이 되어버린 것일 수도 있어. 우리가 서로에게 다정한 제스처를 취하는 것이 그는 불필요하다 생각해. 하지만 나는 그가 다르게 행동하기를 바라고 있어. 내가 무엇을 해야 할지 모르겠어. 아마도 우리는 당분간 헤어져야 할 것 같아. 나는 그가 결정을 내렸으면 해. 넌 어떻게 생각해? 내가 무엇을 해야 할까? 나는 모든 것이 예전처럼 돌아오기를 정말 바라고 있어.

네 소식을 기다릴게. 모든 일이 빨리 해결되면 좋겠다.

Julie.

4 <보기>를 참고하여, 'que + 접속법 과거' 또는 'de + 부정법 과거'를 활용해 하나의 문장으로 만드세요.

> 보기
>
> Le concert a été annulé. Je regrette.
> → Je regrette que le concert ait été annulé.
>
> Je n'ai pas réservé les places. Je suis stupide.
> → Je suis stupide de ne pas avoir réservé les places.

① On a vu ce film. On est ravis.

→ ______________________________

② Cet opéra vous a plu. Je suis surprise.

→ ______________________________

③ Ils ont manqué cette émission. Ils sont déçus.

→ ______________________________

④ Cette exposition n'a pas eu de succès. C'est étonnant.

→ ______________________________

⑤ Nous sommes arrivés à l'heure. Nous sommes soulagés.

→ ______________________________

정답 p.285

간접 화법

Leçon

24 Il dit que son vol a du retard.

그가 말하길 비행기가 연착한답니다.

오늘의 목표 간접 화법 구문과 시제를 학습합니다.

다른 사람이 한 말을 따옴표(les guillemets)를 사용하여 그대로 전달하는 것을 '직접 화법(le discours direct)'이라고 한다면, '간접 화법(le discours indirect)'은 이름 그대로 누군가의 말을 직접 인용하지 않고 간접적으로 인용하여 전달하는 문법입니다. 24과에서는 프랑스어 문법에서 누군가의 말을 인용할 때 쓰는 구문인 간접 화법에 대해 살펴보고, 간접 화법에서의 시제 변화와 시간 표현에 대해서도 학습하겠습니다.

❶ 직접 화법과 간접 화법

직접 화법은 따옴표를 이용해 누군가의 말을 직접 인용하는 구문입니다. 구어보다는 주로 문어에서 자주 볼 수 있으며, 프랑스어 따옴표 les guillemets (≪ ≫)와 les deux points (:)을 함께 사용합니다. 인용된 말이 시제나 표현의 변화 없이 그대로 쓰인다는 것이 특징입니다. 반대로, 간접 화법은 누군가의 말을 전달하는 사람의 입장에서 바꾸어 인용하는 구문입니다. 따라서 간접 화법을 이끄는 dire (말하다), demander (묻다)의 의미를 갖는 동사 뒤에, 전달할 문장을 이끄는 접속사나 전치사가 필요합니다. 전달하는 인용문의 주어, 목적어, 소유 형용사, 소유 대명사도 전달자의 시점으로 바뀝니다.

>> 간접 화법을 이끄는 동사의 예

'말하다'의 의미를 갖는 동사들: dire, répondre, expliquer, ajouter, affirmer, annoncer, déclarer 등
'묻다'의 의미를 갖는 동사들: demander, vouloir, savoir, chercher 등

간접 화법 구문에서 평서문으로 쓰인 인용문 앞에는 que가 쓰이며, 인용문이 명령문일 때는 전치사 'de + 부정법(동사원형)'이 쓰입니다. 내용에 유의하며 예문을 읽어 봅시다.

직접 화법	간접 화법
Nicolas **dit** : « J'ai sommeil. » Nicolas가 말합니다. "나는 잠이 와."	→ Nicolas dit **qu'il a** sommeil. Nicolas가 말하길 잠이 온답니다.
Émilie **explique** : « J'arriverai avant midi. » Émilie가 설명합니다. "나는 정오 전에 도착할 거야."	→ Émilie explique **qu'elle arrivera** avant midi. Émilie가 설명하길 정오 전에 도착한답니다.
Sylvie me **demande** : « Attends-moi ! » Sylvie가 내게 부탁합니다. "나를 기다려 줘!"	→ Sylvie me **demande de** l'attendre. Sylvie가 내게 부탁하길 그녀를 기다리랍니다.
Il nous **répond** : « Ne venez pas exprès ! » 그가 우리에게 대답합니다. "일부러 오지 마!"	→ Il nous **répond de** ne pas venir exprès. 그가 우리에게 대답하길 일부러 오지 말랍니다.

만일 인용문이 oui 또는 non으로 대답할 수 있는 폐쇄형의 질문이라면 (Est-ce que... ?) 간접 화법 구문으로 만들 때 접속사 si (~인지 아닌지)가 인용문을 이끕니다. '무엇'을 묻는 질문(Qu'est-ce que... ? / Qu'est-ce qui... ?)이라면 ce que, ce qui를 사용합니다. 마지막으로 의문사(où, quand, pourquoi, comment 등)가 있을 경우에는 해당 의문사를 그대로 쓰고 '의문사 + 주어 + 동사'의 순서로 씁니다. 내용에 유의하며 예문을 읽어 봅시다.

직접 화법	간접 화법
Elle demande : « **Est-ce que** le train a du retard ? » 그녀가 묻습니다. "기차가 지연되나요?"	→ Elle demande **si** le train a du retard. 그녀는 기차가 지연되는 건지 묻습니다.
Il me demande : « **Qu'est-ce que** tu apprends ? » 그가 내게 묻습니다. "너는 무엇을 배우니?"	→ Il me demande **ce que** j'apprends. 그는 내가 배우고 있는 것을 묻습니다.
« **Où / Quand / Combien de jours / Pourquoi / Avec qui** pars-tu en voyage ? » "어디로/언제/며칠 동안/왜/누구와 여행을 떠나니?"	→ Elle veut savoir **où / quand / combien de jours /pourquoi / avec qui** je pars en voyage. 그녀는 어디로/언제/며칠 동안/왜/누구와 내가 여행을 떠나는지 알고 싶어합니다.

즉, 구문에 따라 간접 화법에서 인용문을 이끄는 접속사 또는 전치사가 달라집니다. 표로 정리하면 다음과 같습니다.

인용문의 구문	사용하는 접속사 또는 전치사
평서문	que
est-ce que로 시작하는 폐쇄형 질문 (oui 또는 non으로 대답 가능한 질문)	si
의문사가 포함된 질문 (où, quand, pourquoi, comment 등)	의문사 그대로 사용
'무엇'을 묻는 질문 qu'est-ce qui / qu'est-ce que	ce qui / ce que
명령문	전치사 de + 부정법

꼭 기억하세요!

누군가의 말을 인용하여 간접 화법으로 쓸 때는 인용문에 쓰이는 인칭 대명사, 소유 형용사, 소유 대명사의 변화에 주의해야 합니다. 전달자의 시점에 맞추어 적절히 바꾸어야 하며, 3인칭의 경우에는 변화가 없습니다.

Il me demande : « **Vous** pouvez **me** donner **vos** coordonnées ? »
그가 내게 묻습니다. "내게 당신의 연락처를 줄 수 있나요?"

→ Il me demande si **je** peux **lui** donner **mes** coordonnées.
그는 내가 그에게 나의 연락처를 줄 수 있는지 나에게 묻습니다.

Mini test

1 해석을 참고하여 다음 간접 화법 문장에 알맞은 말을 고르세요.

① Mes collègues veulent savoir [*si / ce que*] je souhaite faire une mutation.
내 동료들은 내가 인사 이동을 원하는지 알고 싶어합니다.

② Ses parents lui demandent [*ce qui / avec qui*] il s'entend bien à l'école.
그의 부모님은 그에게 학교에서 누구와 잘 지내는지 묻습니다.

③ Je vous dis [*que / de*] vous concentrer au projet.
나는 당신에게 프로젝트에 집중하라고 말합니다.

④ Il m'explique [*comment / ce que*] sa journée se passe.
그는 내게 그의 하루가 어떻게 흘러가는지 설명합니다.

⑤ Je voudrais savoir [*si / où*] il va après la réunion.
나는 그가 회의 후에 어디로 가는지 알고 싶습니다.

2 다음 직접 화법 문장을 간접 화법으로 바꾸어 보세요.

① « Vous allez partir seul ? »
→ Elle me demande ______________________

② « Je prends des cours avec mes amis. »
→ Il dit ______________________

③ « Qu'est-ce qu'elle veut acheter ? »
→ Je voudrais savoir ______________________

④ « Fais tes devoirs ! »
→ Elle me répète ______________________

⑤ « Combien de temps il voyage ? »
→ Dis-moi ______________________

정답 1. ① si ② avec qui ③ de ④ comment ⑤ où
2. ① si je vais partir seul. ② qu'il prend des cours avec ses amis. ③ ce qu'elle veut acheter.
④ de faire mes devoirs. ⑤ combien de temps il voyage.

❷ 간접 화법 과거의 시제 변화

간접 화법에서 가장 까다롭고 어려운 부분은 바로 시제 변화입니다. 앞서 학습한 내용에서 확인할 수 있는 것처럼, 간접 화법에서 주절이 현재 시제로 쓰일 경우에는 인용문의 시제가 변하지 않습니다. 그러나 만일 주절이 과거 시제로 쓰였을 경우에는 인용문의 시제를 반드시 변화시켜야 합니다. 인용문의 사건이 원래 언제 일어난 것인지를 구분해주어야 하기 때문입니다. 주절에는 모든 과거 시제가 올 수 있지만, 인용문의 시제는 규칙에 따라 바뀝니다. 아래 표로 규칙을 확인해 보겠습니다.

인용문의 본래 시제	간접 화법 구문에서 인용문의 시제 변화
현재	→ 반과거
복합과거 (avoir/être 현재형 + p.p)	→ 대과거 (avoir/être 반과거형 + p.p)
근접과거 (venir 현재형 + de + 동사원형)	→ venir 반과거형 + de + 동사원형
근접미래 (aller 현재형 + 동사원형)	→ aller 반과거형 + 동사원형
단순미래	→ 조건법 현재
전미래	→ 조건법 과거

확인한 규칙을 바탕으로 예문을 살펴보겠습니다. 이에 앞서, 표에서 볼 수 있는 것처럼 과거 시제로 쓰인 간접 화법 구문을 잘 활용하려면 지금까지 우리가 학습한 동사의 시제 변화 전체를 잘 숙지하고 있어야 합니다. 각 시제의 형태나 동사변화가 헷갈리는 경우에는 해당 과로 돌아가 내용을 다시 한 번 숙지하도록 합시다.

직접 화법	간접 화법
« Il ne **veut** pas venir à la fête. » "그는 파티에 오고 싶어 하지 않습니다."	→ Éric m'a dit qu'il ne **voulait** pas venir à la fête. Éric은 내게 파티에 가고 싶지 않다고 말했습니다.
« J'**ai rencontré** Marie dans le métro. » "나는 지하철에서 Marie를 만났습니다."	→ Il m'a raconté qu'il **avait rencontré** Marie dans le métro. 그는 내게 지하철에서 Marie를 만났다고 이야기했습니다.
« Je **viens de** lui **téléphoner**. » "나는 방금 그녀와 통화했습니다."	→ Il a répondu qu'il **venait de** lui **téléphoner**. 그는 그녀와 방금 통화했다고 대답했습니다.
« Est-ce que nous **allons voir** le concert ? » "우리 콘서트를 보러 갈까?"	→ Il m'a demandé si nous **allions voir** le concert. 그는 내게 우리가 콘서트를 보러 갈 것인지 물었습니다.
« Quand est-ce que vous lui **direz** la vérité ? » "그에게 언제 진실을 말할 건가요?"	→ Elle a voulu savoir quand je lui **dirais** la vérité. 그녀는 내가 언제 그에게 진실을 말할 건지 알고 싶어 했습니다.
« Je ne **serai** pas **arrivée** tôt. » "더 일찍 도착하지 않을 겁니다."	→ Elle m'a prévenu qu'elle ne **serait** pas **arrivée** tôt. 그녀는 일찍 도착하지 않을 거라고 내게 알려주었습니다.

꼭 기억하세요!

인용문의 본래 시제가 반과거, 대과거, 조건법인 경우에는 간접 화법 구문에서 인용문의 시제는 변하지 않으므로 주의하도록 합시다.

3 간접 화법 과거의 시간 표현

간접 화법 과거에서 인용문에 쓰인 시간 표현은 직접 화법에서의 발화 시점을 기준으로 하기 때문에, 그것을 전달하는 시점으로 기준을 바꾸어 표현해야 합니다. 몇 가지 암기하고 있으면 유용한 간접 화법 과거의 대표적인 시간 표현을 함께 살펴보겠습니다.

인용문의 본래 시간 표현	간접 화법 과거에서의 시간 표현
maintenant 지금	→ à ce moment-là 그때
aujourd'hui 오늘	→ ce jour-là 그날
ce matin 오늘 아침 ce soir 오늘 저녁 cette année 올해	→ ce matin-là 그날 아침 → ce soir-là 그날 저녁 → cette année-là 그해
hier 어제 demain 내일 après-demain 내일 모레	→ la veille 그 전날 → le lendemain 그 다음날 → le surlendemain 그 다음 다음날
la semaine dernière 지난주 le mois dernier 지난달	→ la semaine précédente/d'avant 그 전주 → le mois précédent/d'avant 그 전달
la semaine prochaine 다음 주 le mois prochain 다음 달	→ la semaine suivante/d'après 그 다음 주 → le mois suivant/d'après 그 다음 달
Il y a 3 ans (현재 기준) 3년 전	→ 3 ans plus tôt (전달 기준) 3년 전
dans 3 ans (현재 기준) 3년 후	→ 3 ans plus tard (전달 기준) 3년 후

Mes parents ont demandé : « Qu'est-ce qui s'est passé **hier** ? »
나의 부모님이 물었습니다. "어제 무슨 일이 있었니?"

→ Mes parents ont demandé ce qui s'était passé **la veille**.
나의 부모님이 그 전날 무슨 일이 있었냐고 물었습니다.

Ce matin, mon père m'a dit : « La boulangerie est fermée pour travaux jusqu'à **après-demain** ».
오늘 아침, 아빠가 나에게 말했습니다. "빵집이 내일 모레까지 공사 때문에 문을 닫는다."

→ **Ce matin-là**, mon père m'a dit que la boulangerie était fermée pour travaux jusqu'**au surlendemain.**
그날 아침, 아빠는 나에게 빵집이 그 다음 다음날까지 공사 때문에 문을 닫는다고 말했습니다.

Mini test

1 직접 화법으로 쓰인 질문을 모두 간접 화법으로 바꾸어 보세요.

Le PDG m'a posé des questions :

① « D'où vous venez ? »

→ Il m'a demandé ______________________________

② « Qu'est-ce que vous allez faire après le projet ? »

→ Il m'a demandé ______________________________

③ « Pourquoi vous avez voulu une mutation ? »

→ Il m'a demandé ______________________________

Ma collègue m'a dit :

④ « Qu'est-ce qui t'est arrivé la semaine dernière ? »

→ Elle m'a demandé ______________________________

⑤ « Avec qui est-ce que tu étais hier ? »

→ Elle m'a demandé ______________________________

⑥ « Quand feras-tu ton travail ? »

→ Elle m'a demandé ______________________________

2 직접 화법으로 쓰인 질문을 모두 간접 화법으로 바꾸어 보세요.

① Ma fille a affirmé : « J'aurai eu de bonnes notes en anglais le semestre prochain ! »

→ Ma fille a affirmé ______________________________

② J'ai répondu : « Ça m'est égal ! »

→ J'ai répondu ______________________________

③ Les élèves ont dit : « Nous allons jouer au football. »

→ Les élèves ont dit ______________________________

④ L'homme m'a demandé : « à quelle station descendrez-vous ? »

→ L'homme m'a demandé ______________________________

⑤ Ma mère m'a ordonné : « Finis tes devoirs dans une heure ! »

→ Ma mère m'a ordonné ______________________________

정답 1. ① d'où je venais. ② ce que j'allais faire après le projet.
③ pourquoi j'avais voulu une mutation.
④ ce qui m'est arrivé la semaine précédente(d'avant).
⑤ avec qui j'étais la veille. ⑥ quand je ferais mon travail.
2. ① qu'elle aurait eu de bonnes notes en anglais le semestre suivant (d'après).
② que ça m'était égal. ③ qu'ils allaient jouer au football.
④ à quelle station je descendrais. ⑤ de finir mes devoirs une heure plus tard.

Exercices

1 다음 글을 읽고, 각 번호에 해당하는 내용을 간접 화법 현재로 전달해보세요.

Bonjour !

Je suis Adrien.

① La date de la fête approche mais ② je n'ai pas encore reçu la lettre d'invitation.

③ Pouvez-vous me l'envoyer le plus vite possible ?

④ Ce sera nécessaire pour l'entrée.

⑤ Qu'est-ce qui n'est pas encore préparé ? ⑥ Dites-moi vos besoins.

Cordialement,

Adrien

→ Marie, vous avez lu le mail de M. Adrien ?

Il écrit ① ______________________________

mais ② ______________________________

Il nous demande ③ ______________________________

Il ajoute ④ ______________________________

Il voudrait savoir ⑤ ______________________________

Il demande aussi ⑥ ______________________________

MP3 QR

2 해석을 참고하여 다음 글을 읽은 후, 해당하는 내용을 간접 화법으로 바꾸어 보세요.

Au guichet d'un théâtre.

Alice : Bonsoir. Les personnes qui viennent avec moi ne peuvent pas arriver à l'heure. ① Pouvez-vous leur donner leurs billets, s'il vous plaît ?

L'employé : Bien sûr. Mais, ② elles doivent les montrer directement à l'ouvreur car le guichet sera fermé. En plus, il ne faut pas qu'elles soient en retard parce que ③ les portes vont aussi fermer dès le commencement du spectacle.

Alice : D'accord. Merci beaucoup. Je vais leur téléphoner tout de suite.

극장 매표소에서.

Alice : 안녕하세요. 일행들이 제 시간에 도착할 수 없습니다. 그들에게 표를 전달해 주실 수 있나요?

L'employé : 물론이죠. 그러나, 그들은 표를 좌석 안내원에게 직접 보여주어야 합니다. 매표소가 문을 닫을 거라서요. 게다가 늦으면 안 됩니다. 공연이 시작하면 문도 닫힐 것이니까요.

Alice : 알겠어요. 감사합니다. 제가 그들에게 바로 전화할게요.

Au téléphone,

Alice : Allô Paul, tu es avec Marc ? Vous arriverez bientôt ?

Paul : Oui, où es-tu ?

Alice : Au théâtre. En fait, j'ai demandé à l'employé au guichet

① ______________________________

Il m'a dit ② ______________________________

Et attention, ne sois pas en retard ! Il m'a expliqué ③ ______________________________

____

Paul : D'accord, ne t'inquiète pas. On se dépêche !

정답 p.286

연결사

Leçon

25

Je ne vais pas rentrer maintenant parce que je veux le finir ce soir !

나는 그것을 오늘 저녁에 끝내고 싶기 때문에 지금 집에 안 갈 겁니다!

오늘의 목표 이유, 대립/양보, 목적, 결과, 조건을 나타내는 표현을 학습합니다.

드디어 본 교재의 마지막 챕터입니다. 25과에서는 프랑스어 문장을 구사할 때 유용한 여러 가지 표현을 학습하도록 하겠습니다. 연결사는 이유, 대립/양보, 목적, 결과, 조건을 설명하기 위해 사용되고, 두 문장 간의 논리적인 연결 고리 역할을 합니다. 연결사에는 문장을 이끄는 접속사와, 명사 또는 동사원형을 이끄는 전치사가 있습니다. 각 연결사를 단독으로 암기하기보다는 연결사가 활용된 문장 전체를 살펴봄으로써 각 표현의 미세한 뉘앙스나 활용법의 차이를 이해하는 것이 학습에 도움이 됩니다.

❶ 이유를 나타내는 연결사

이유를 나타내는 연결사는 어떤 사실에 대해 추가적인 부연 설명을 하기 위해 사용됩니다. 먼저 문장을 수반하는 접속사를 살펴보겠습니다.

parce que	일반적으로 주절 다음에 쓰입니다. Pourquoi로 쓰인 질문에 대한 대답으로 쓰이기도 하며, 그 경우에만 문장 앞에서 쓰입니다. Je ne vais pas rentrer maintenant **parce que** je veux le finir ce soir ! 나는 그것을 오늘 저녁에 끝내고 싶기 때문에 지금 집에 안 갈 겁니다! Il n'est pas venu hier **parce qu'**il était malade. 그는 아팠기 때문에 어제 오지 않았습니다. - Pourquoi tu es en retard ? — 너 왜 늦었어? - **Parce qu'**il y avait beaucoup d'embouteillages. — 교통체증이 많았어.
puisque	원인과 결과 사이의 명백한 관계를 부각할 때 사용합니다. 일반적으로 상대방이 이미 알고 있는 명백한 이유를 설명합니다. 문장 앞에서 쓰일 수도 있고, 주절 뒤에서 쓰일 수도 있습니다. **Puisque** vous êtes malade, allez vous reposer ! 아프니까 가서 쉬세요! **Puisqu'**il est français, il a un passeport européen. 그는 프랑스인이기 때문에 유럽 여권을 갖고 있습니다. Nous allons au parc, **puisqu'**il fait beau. 날씨가 좋으니 우리는 공원에 갑니다.
car	parce que, puisque와 유사하나 문장 앞에서는 쓰지 않으며, 문어체나 더 형식적인 어체에서 활용됩니다. Il a été licencié **car** la société a fait faillite. 회사가 부도가 났기 때문에 그는 해고되었습니다.
comme	항상 문장 앞에서 쓰이며, 원인과 결과 사이의 관계를 나타낼 때 사용합니다. 또한 일반적으로 모든 사람이 알고 있는 이유를 말할 때도 사용합니다. **Comme** ma voiture était en panne, je ne suis pas venu. 차가 고장 났기 때문에 나는 오지 않았습니다. **Comme** c'est le 14 juillet, il y a un feu d'artifice au Trocadéro. 7월 14일이기 때문에 트로카데로에서 불꽃놀이가 있습니다.

étant donné que	일반적으로 모든 사람들이 알 만한 이유에 대해 설명할 때 사용합니다. 문어체에서 쓰이며 문장 앞에서 또는 주절 뒤에서 쓰일 수도 있습니다. **Étant donné qu**'il est majeur, il peut passer le permis de conduire. 그는 성인이기 때문에 운전 면허증을 딸 수 있습니다. Elle a quitté Paris pour la banlieue **étant donné que** le loyer a augmenté. 그녀는 집세가 올라서 교외로 가기 위해 파리를 떠났습니다.
sous prétexte que	이유를 설명하지만 그것이 핑계 또는 구실에 해당할 때 활용합니다. 뉘앙스가 있는 표현이므로 사용에 주의해야 합니다. Il est resté chez lui **sous prétexte qu**'il négeait beaucoup. 그는 눈이 많이 온다는 핑계로 집에 있었습니다. **Sous prétexte qu**'elle est occupée, elle ne vient pas à la réunion. 그녀는 바쁘다는 핑계로 모임에 오지 않습니다.

이번에는 명사 또는 동사원형을 수반하는 전치사를 살펴보겠습니다. 전치사와 관사의 축약과, 무관사 명사의 사용에 주의하세요.

à cause de + 명사/ 강세형 인칭 대명사	원인을 나타낼 때 언제든 쓸 수 있지만, 부정적인 뉘앙스로 쓰일 수도 있습니다. Elle dort mal **à cause de** son bébé. 그녀는 아기 때문에 잠을 못 잡니다. Nous avons raté le train **à cause de** toi. 우리는 너 때문에 기차를 놓쳤다.
grâce à + 명사/ 강세형 인칭 대명사	à cause de와 반대로, '~덕분에'라는 뜻으로 긍정적인 이유를 말할 때 씁니다. **Grâce à** vos soutiens, nous avons pu réaliser cette belle initiative. 여러분의 성원 덕분에 우리는 이 멋진 계획을 실현할 수 있었습니다. Il a trouvé un travail **grâce à** ses relations. 그는 그의 인맥 덕에 일자리를 구했습니다.
étant donné + 명사	Étant donné que와 동일한 의미이지만 명사를 수반합니다. **Étant donné** le changement climatique, l'Arctique se réchauffe. 기후 변화로 인해 북극은 더워지고 있습니다.

en raison de **+ 명사**	부정적, 긍정적 뉘앙스가 없는 중립적인 이유를 설명할 때 사용하며, 문어체나 형식적인 어체에서 활용합니다. La boutique sera fermée **en raison des** travaux. 공사 때문에 매장은 문을 닫을 것입니다. La circulation est interdite **en raison de** la forte pluie. 폭우 때문에 통행이 금지되었습니다.
faute de **+ 무관사 명사/** **동사원형** **par manque de** **+ 무관사 명사**	'~이 없어서, 모자라서, 하지 않아서' 등 결핍의 뉘앙스가 담긴 이유를 설명할 때 쓸 수 있습니다. 명사를 수반할 때는 관사를 쓰지 않습니다. faute de는 동사원형을 수반할 수도 있습니다. Il a sauté le repas **faute de** temps. 그는 시간이 없어서 식사를 걸렀습니다. Il a attrapé le virus **faute d'**être vacciné. 그는 백신을 맞지 않아서 바이러스에 걸렸습니다. Elle a les yeux cernés **par manque de** sommeil. 그녀는 잠이 부족해서 눈이 떼꾼하다.
sous prétexte de **+ 무관사 명사/** **동사원형**	sous prétexte que와 동일한 의미이지만 명사 또는 동사원형을 수반합니다. 일반적으로 관사 없이 명사를 씁니다. Ils capturent des baleines **sous prétexte de** recherche scientifiques. 그들은 과학 연구를 구실로 고래를 잡습니다. Il sort le dimanche **sous prétexte de** faire du sport. 그는 운동하는 것을 핑계로 일요일마다 외출합니다.
à force de **+ 무관사 명사/** **동사원형**	맥락에 따라 '~의 힘으로, ~한 나머지, ~덕분에'의 뜻으로 쓸 수 있습니다. **À force de** persévérance, il finira par réussir. 끈기의 힘으로 그는 성공하고 말 것입니다. Tu vas être gros **à force de** manger. 너는 너무 많이 먹어서 뚱뚱해질 거야.

Mini test

Q. 이유를 나타내는 연결사 중 알맞은 것을 고르세요.

① Le voyage est remis [*grâce à / en raison de*] la pluie.

비 때문에 여행이 연기되었습니다.

② Il a appelé les pompiers [*parce qu' / comme*] il y a eu un incendie.

화재가 났기 때문에 그는 소방관을 불렀습니다.

③ [*Faute de / sous prétexte de*] moyens financiers, la course a été reportée.

재정적인 수단의 부족으로 경기는 연기되었습니다.

④ Le chanteur a perdu des spectateurs [*à cause des / à force des*] scandales sexuels.

그 가수는 성 추문 때문에 관객을 잃었습니다.

⑤ [*Étant donné / Puisque*] l'heure de l'émission, personne ne la regardera.

방송 간으로 인해 아무도 방송을 시청하지 않을 것입니다.

정답 ① en raison de ② parce qu' ③ Faute de ④ à cause des ⑤ Étant donné

❷ 대립 또는 양보를 나타내는 연결사

대립을 나타내는 연결사는 말하고자 하는 두 사실의 차이점을 부각하기 위해 사용합니다.

mais **au contraire**	두 개의 단어 또는 문장을 서로 대립시킬 때 사용하는 가장 일반적인 표현입니다. J'aime mes amis **mais** je n'aime pas mon école. 나는 내 친구들을 좋아하지만 내 학교를 좋아하지는 않습니다. Elle aime aller au cinéma. Son mari, **au contraire**, aime rester chez lui. 그녀는 영화 보러 가는 것을 좋아합니다. 반대로 그녀의 남편은 집에 있는 것을 좋아합니다.
par contre **(구어체)** **en revanche** **(문어체)**	강한 대립을 나타낼 때 강조의 의미로 쓰입니다. Il n'aime pas la carotte, **par contre** il adore le concombre. 그는 당근을 좋아하지 않습니다. 반대로 오이는 아주 좋아합니다. Elle est très gentille, **en revanche**, son frère est odieux. 그녀는 아주 친절한 반면 그녀의 남동생은 밉살스럽습니다.
alors que / **tandis que** **+ 직설법**	일상적으로 사용하는 접속사로, 서로 비교하면서 대립을 나타낼 때 사용하는 일반적인 접속사입니다. Je travaille 9 heures par jour **alors que** vous ne travaillez que 5 heures. 나는 하루에 9시간 일하는 데 비해 당신은 5시간만 일합니다. Je boirai du vin, **tandis que** lui, il n'en prendra jamais. 나는 와인을 마시겠지만 그는 절대 마시지 않을 겁니다.
au lieu de **+ 명사/동사원형**	'~대신에'의 의미가 내포된 대립의 전치사구입니다. 전치사와 관사의 축약에 주의합시다. Nous apprenons le français **au lieu du** russe. 우리는 러시아어 대신 프랑스어를 배웁니다. Avant de s'endormir, elle lit un livre **au lieu d'**écouter de la musique. 그녀는 잠들기 전에 음악을 듣는 대신 책을 읽습니다.
contrairement à **+ 명사/** **강세형 인칭 대명사**	'~와 달리, ~와 반대로'의 의미를 가지며 두 대상의 대립을 강조합니다. 전치사와 관사의 축약에 주의합시다. **Contrairement au** chien, le chat est plus indépendant. 개와는 달리 고양이는 더 독립적입니다. **Contrairement à** lui, je n'aime pas la cuisine japonaise. 그와는 반대로 나는 일본 음식을 좋아하지 않습니다.

loin de + 동사원형	'~하기는커녕'의 의미를 갖는 대립의 전치사구입니다. **Loin de** se fâcher, elle avait un sourire aux lèvres. 화를 내기는커녕 그녀의 입가에 미소가 감돌고 있었습니다.

양보를 나타내는 연결사는 어떤 사실이 기대한 결과를 가져오지 못했음을 설명할 때 사용합니다.

mais **pourtant** **or**	가장 일반적으로 쓰이는 양보의 표현입니다. pourtant과 or는 양보 상태를 강조할 때 쓰입니다. J'ai beaucoup étudié **mais** je n'ai pas réussi. 열심히 공부했지만 통과하지 못했습니다. Notre professeur est strict, **pourtant** il est gentil. 우리 선생님은 엄하지만 친절합니다. La météo annonçait le beau temps. **Or**, il pleut. 일기예보에서 날씨가 좋다고 했었습니다. 그런데도 비가 옵니다.
cependant **néanmoins** **toutefois**	양보의 표현으로 쓰이는 대표적인 표현들입니다. Mes enfants se disputent tous les jours, **cependant** ils s'adorent. 내 아이들은 매일 말다툼하지만 서로를 사랑합니다. Cette entreprise fait des bénéfices, **néanmoins** les salaires baissent. 이 기업은 이윤을 창출하고 있음에도 임금은 떨어지고 있습니다. Ce travail n'est pas intéressant. **Toutefois**, la rémunération est bonne. 이 일은 재미가 없습니다. 그렇지만 보수는 좋습니다.
même si + 직설법 **bien que + 접속법**	même si와 bien que 모두 '비록 ~일지라도, ~에도 불구하고'의 의미지만, 문법적으로 수반하는 문장의 동사 형태가 다르므로 활용에 주의해야 합니다. **Même s'**il pleut, elle fait du jogging comme d'habitude. 비가 내리는데도 그녀는 평소처럼 조깅을 합니다. **Bien que** la situation soit difficile, on reste optimistes. 비록 상황은 어려울지라도 우리는 여전히 낙관적입니다.

malgré / en dépit de + 명사	'~에도 불구하고'의 의미를 가지며 항상 명사를 수반합니다. **Malgré** sa richesse, il n'est pas généreux. 그는 가진 재산에 반해 인심이 후하지 않습니다. Nous sommes sortis **en dépit de** la tempête. 우리는 폭풍우에도 외출했습니다.
avoir beau + 동사원형	'아무리 ~해도 소용없다'는 의미를 가지며, 항상 선행하는 문장에서 쓰입니다. J'**ai beau** essayer, je n'arrive pas à ce niveau. 나는 아무리 노력해도 그 수준에는 도달하지 못합니다. J'ai **eu beau** chercher, je n'ai pas trouvé la solution. 아무리 찾아봐도 나는 해결책을 찾지 못했습니다.

Mini test

Q. 빈칸에 대립/양보를 나타내는 연결사 중 알맞은 것을 <보기>에서 찾아 적으세요.

보기

bien que　malgré　pourtant　au lieu de　alors que

① Il y a 4 saisons en Corée ____________ il y a 2 saisons en Bolivie.
한국에는 4계절이 있는 데 반해 볼리비아에는 2계절이 있습니다.

② ____________ je ne sois pas du quartier, je le connais bien.
나는 이 동네 사람이 아님에도 불구하고 이곳을 잘 압니다.

③ Le PDG explique la situation aux salariés ____________ ils ne comprennent pas.
사장은 직원들에게 상황을 설명하지만 그들은 이해하지 못합니다.

④ ____________ son succès, elle n'est pas heureuse.
그녀는 성공했음에도 불구하고 행복하지 않습니다.

⑤ Il est allé nager ____________ jouer au tennis.
그는 테니스를 치러 가는 대신 수영하러 갔습니다.

정답 ① alors qu' ② Bien que ③ pourtant ④ Malgré ⑤ au lieu de

❸ 목적을 나타내는 연결사

목적을 나타내는 연결사는 의도, 목표, 바라는 결과를 설명할 때 사용합니다. 화자의 주관적인 생각이 내포되기 때문에 목적을 나타내는 연결사는 접속법 동사를 쓴 문장을 수반합니다. 따라서 주절과 종속절의 주어는 달라야 하며, 만일 주어가 같을 경우에는 동사원형을 활용하는 부정법을 써야 합니다.

pour que / afin que + 접속법 **pour / afin de + 동사원형**	'~하기 위해서'의 뜻으로, 가장 일반적으로 쓰이는 표현입니다. Il fera tout son possible **pour que** notre rêve devienne réalité. 그는 우리의 꿈이 실현되도록 최선을 다할 것입니다. Elle cache son portable **afin que** personne ne puisse le voir. 그녀는 아무도 볼 수 없도록 휴대폰을 숨겼습니다. Il a beaucoup étudié **pour** pouvoir entrer à l'université. 그는 대학에 들어가기 위해 열심히 공부했습니다. J'économise de l'argent **afin de** m'acheter un nouvel ordinateur. 나는 새 컴퓨터를 사기 위해 돈을 모으고 있습니다.
de sorte que + 접속법	'~하기 위해서'의 뜻으로, 접속법 문장을 수반합니다. Veuillez lire haut **de sorte que** tout le monde puisse entendre. 모두가 들을 수 있도록 크게 읽어 주세요.
de peur que + 접속법 **de peur de + 동사원형**	'~하지 않도록, ~할까 봐'의 뜻으로, 목적을 나타내나 예방과 방지의 뉘앙스가 담겨 있습니다. 접속법 문장을 수반할 때 일반적으로 동사 앞에는 허사의 ne*가 쓰입니다. Il a caché ses notes dans le tiroir **de peur que** sa maman ne les trouve. 그는 엄마가 성적표를 발견할까 봐 서랍 속에 숨겼습니다. Elle marchait sans bruit **de peur de** réveiller son bébé. 그녀는 아기를 깨울까 봐 소리를 내지 않고 걸었습니다.
en vue de + 명사/동사원형	'~을 목적으로, ~하기 위하여'의 의미로 쓰입니다. Je dois étudier **en vue du** DELF. 나는 델프를 위해 공부해야 합니다. L'inspecteur a enquêté **en vue de** savoir ce qui s'est passé. 형사는 무슨 일이 일어났는지 조사했습니다.

참고

▪ **허사의 ne**

허사의 ne (ne explétif)는 순수하게 문법적 기능만을 지닌 단어로, 필수적으로 사용해야 하는 문법은 아니지만 문학, 뉴스, 학술 등 문어체에서 주로 등장합니다. ne의 유무는 문장의 의미에 아무런 영향을 끼치지 않습니다. 즉, ne가 쓰였지만 부정문(la négation)은 아니므로 해석에 주의하도록 합시다.

Mini test

Q. 빈칸에 목적을 나타내는 연결사 중 알맞은 것을 <보기>에서 찾아 적으세요. (중복 정답 가능)

보기

pour que　afin de　de peur que　de peur de

① On ne fait pas de bruit ____________ les voisins ne soient pas dérangés.
이웃들이 방해 받지 않도록 하기 위해 우리는 소음을 내지 않습니다.

② Je vérifie mon billet ____________ manquer mon avion.
나는 비행기를 놓치지 않도록 표를 확인합니다.

③ Il prendra un taxi ____________ arriver à l'heure.
그는 정시에 도착하기 위해 택시를 탈 것입니다.

④ Évitez de laisser un chien dans une voiture en plein soleil, ____________ il se déshydrate.
개가 탈수될 수 있으니 햇볕이 강한 차 안에 개를 두지 마세요.

⑤ Je t'attendrai ____________ tu ne sois pas tout seul.
나는 네가 외롭지 않도록 너를 기다리고 있을게.

정답 ① pour que ② de peur de ③ afin d' ④ de peur qu' ⑤ pour que

4 결과를 나타내는 연결사

결과를 나타내는 연결사는 어떤 사실이나 행동에 의한 결과를 강조하기 위해 사용합니다. 발생한 결과에 대해 설명하는 것이므로 문장을 수반하는 경우 직설법 동사를 씁니다.

alors / donc **par conséquent** **en conséquence**	'그러므로, 따라서'의 의미로, 원인과 결과의 논리적인 관계를 보여줍니다. alors는 구어체에서 주로 쓰이고, donc, par conséquent은 구어체와 문어체에서 모두 쓰이고, en conséquence는 주로 문어체에서 쓰입니다. Il a réussi le baccalauréat, **alors/donc** il partira pour la France. 그는 프랑스 바칼로레아에 합격했으니 프랑스로 떠날 것입니다. Je me suis levé très tard ce matin. **Par conséquent**, j'ai râté une conférence importante. 나는 오늘 아침에 아주 늦게 일어났습니다. 그래서 저는 중요한 강연을 놓쳤습니다. Il a plu toute la journée. **En conséquence**, la route est inondée. 하루 종일 비가 왔습니다. 그 결과, 도로가 침수되었습니다.
c'est pourquoi **c'est pour ça que** **c'est la raison pour laquelle**	결과에 대한 부연 설명이 필요할 때 사용합니다. C'est pourquoi, c'est la raison pour laquelle은 주로 문어체에서, c'est pour ça que는 주로 구어체에서 사용합니다. Elle s'est séparée de son petit ami, **c'est pourquoi** elle reste enfermée chez elle. 그녀는 남자친구와 헤어져서 집에 틀어박혀 두문불출합니다. Ton argument n'est pas raisonnable. **C'est pour ça que** je ne suis pas d'accord avec toi. 너의 주장은 합리적이지 않아. 그래서 내가 너에게 동의하지 않는 거야. Sa femme a un problème de santé. **C'est la raison pour laquelle** il a décliné un nouveau poste. 그의 아내는 건강에 문제가 있습니다. 이것이 그가 새로운 일자리를 거절한 이유입니다.
si bien que / de sorte que + 직설법	'너무 ~해서 ~ 하다'의 뜻으로, 명백히 예측할 수 있는 결과를 나타낼 때 사용합니다. de sorte que 뒤에 직설법 문장이 수반되면 결과를 나타내고, 접속법 문장이 수반되면 목적을 나타내므로 활용에 주의합시다. Ce gamin ment beaucoup **si bien que** personne ne croit plus ce qu'il dit. 그 아이는 거짓말을 너무 많이 해서 아무도 더 이상 그가 말하는 것을 믿지 않습니다. Ce pot est très lourd **de sorte que** je ne peux pas le déplacer. 이 화분은 너무 무거워서 옮길 수가 없습니다.

강도 또는 양을 나타내는 부사(tellement, si, trop, assez)와 접속사 que 또는 pour que, 전치사 pour가 함께 쓰여 이유를 강조하면서 그에 따른 결과를 나타내는 표현도 있습니다. '너무 ~해서 ~하다'의 뜻을 가지며, 각 부사가 수식하는 것과 부사의 위치에 유의하며 예문을 살펴봅시다.

tellement / si + 형용사(부사) que	Il parlait **tellement** / **si** vite **que** je n'ai rien compris. 그가 너무 빨리 말해서 나는 아무것도 이해하지 못했습니다. Il a fait **tellement** / **si** chaud **que** nous avons nagé toute la journée. 너무 더워서 우리는 하루 종일 수영을 했습니다.
동사 + tellement + que **조동사 + tellement + p.p + que**	Il m'aime **tellement qu**'il pourrait mourir pour moi. 그는 나를 너무도 사랑해서 날 위해 죽을 수도 있습니다. On a **tellement** bavardé **qu**'on n'a pas vu que le jour est tombé. 우리는 너무 수다를 떨어서 날이 저물었다는 것도 알지 못했다.
tellement de + 명사 + que	Il y a **tellement de** touristes **que** je dois faire la queue pour une heure. 관광객이 너무 많아서 나는 한 시간 동안 줄을 서야 합니다.
trop / assez ... + pour + 동사원형 /pour que + 접속법	Ma grand-mère est **trop** vieille **pour** vivre sans aide. 내 할머니는 너무 연로해서 도움 없이 사실 수 없습니다. Cet appareil est **trop** cher **pour que** je l'achète. 이 기계는 너무 비싸서 나는 그것을 살 수 없습니다. Il y a **trop de** bruit **pour que** je puisse m'endormir. 너무 시끄러워서 나는 잠을 잘 수가 없습니다. Tu n'es pas **assez** grand **pour** partir seul en voyage. 너는 혼자 여행을 떠날 만큼 어른이 아니다. Nous n'avons pas **assez de** temps **pour** visiter ce musée. 우리는 이 박물관을 둘러볼 충분한 시간이 없습니다. La glace est **assez** solide **pour qu**'on puisse y marcher. 얼음이 충분히 단단해서 그 위로 걸을 수 있습니다.

5 조건을 나타내는 연결사

조건을 나타내는 연결사는 어떤 조건을 바탕으로 이루어질 수 있는 사건에 대해 가정하여 설명할 때 사용합니다. 22과에서 학습했던 조건법과 si를 활용한 구문 외에 사용할 수 있는 또 다른 표현들을 살펴보겠습니다.

à condition que + 접속법 **à condition de + 동사원형**	'~하는 조건으로'의 뜻으로, 두 동사의 주어가 다를 경우에는 que + 접속법 문장을, 같은 경우에는 de + 동사원형 구문을 씁니다. J'arriverai à l'heure **à condition qu**'il n'y ait pas d'embouteillage. 나는 차가 막히지 않으면 제 시간에 도착할 겁니다. J'arriverai à l'heure **à condition de** me dépêcher. 나는 서두르면 제 시간에 도착할 겁니다.
à moins que + 접속법 **à moins de + 명사/동사원형**	'~하지 않는 한, ~가 아니라면'의 뜻으로, 두 동사의 주어가 다를 경우에는 que + 접속법 문장을, 같은 경우에는 de + 동사원형 구문을 씁니다. 접속법 문장을 수반할 때 일반적으로 동사 앞에는 허사의 ne가 쓰입니다. Elle n'utilise pas le service de taxis **à moins que** ce ne soit forcément nécessaire. 그녀는 꼭 필요한 경우가 아니면 택시 서비스를 이용하지 않습니다. **A moins d**'un imprévu, nous partirons demain matin. 뜻밖의 일이 없다면, 우리는 내일 아침 출발할 겁니다. **À moins d**'étudier plus intensivement, tu vas râter ton examen. 더 열심히 공부하지 않으면 넌 시험을 망치게 될 거야.
en supposant que + 접속법	'~라고 가정하면'의 뜻으로, 접속법 문장이 수반됩니다. **En supposant que** vous ayez un million d'euros, que feriez-vous avec ? 당신이 백만 유로를 가지고 있다고 가정한다면, 그것으로 무엇을 할 것인가요?
pourvu que + 접속법	'~하기만 한다면'의 뜻으로, 다소 제한된 조건의 뉘앙스가 담겨 있습니다. Je te prêterai ma voiture, **pourvu que** tu la gardes propre. 네가 깨끗하게 유지하기만 한다면 내 차를 빌려줄게.
en cas de + 무관사 명사 **au cas où + 조건법**	'~할 경우에'의 뜻으로, en cas de는 무관사 명사를, au cas où는 조건법 문장을 수반하니 활용에 주의합시다. **En cas de** pluie, la fête sera annulée. 비가 오면 그 파티는 취소될 거예요. **Au cas où** il pleuvrait, je n'y vais pas. 비가 오면 나는 거기에 안 갑니다.

Mini test

1 결과를 나타내는 연결사를 잘 보고 알맞은 문장을 서로 연결하세요.

① J'avais tellement soif
② La mer était dangereuse si bien que
③ Il y a eu une grève,
④ J'ai mis trop de sel
⑤ Ce poulet est si bon que

A. c'est pourquoi il n'y a pas eu de transports.
B. que ce n'est pas mangeable.
C. les baignades ont été interdites.
D. que j'ai bu toute l'eau de la bouteille.
E. je vais en reprendre.

2 조건을 나타내는 연결사 중 알맞은 것을 고르세요.

① Je serai libre samedi soir [*à moins d'* / *à condition d'*] un imprévu.
특별한 사정이 없는 한 토요일 저녁에 한가할 것입니다.

② [*Au cas où* / *Pourvu que*] j'aurais du retard, demandez à Louise de m'attendre.
내가 늦을 경우에는 Louise에게 나를 기다리라고 해주세요.

③ La visite du château sera annulée [*en cas d'* / *à condition d'*] intempéries.
악천후일 경우에 성 방문은 취소될 것입니다.

④ Il ne sera pas à la conférence [*à moins que* / *à condition que*] je réussisse à le prévenir.
내가 그에게 미리 알리지 않는 한 그는 강연에 참석하지 않을 것입니다.

⑤ Je veux bien sortir [*au cas où* / *pourvu que*] nous rentrions tôt.
우리가 집에 일찍 돌아오기만 한다면 나도 외출하고 싶습니다.

정답 1. ① D ② C ③ A ④ B ⑤ E
2. ① à moins d' ② Au cas où ③ en cas d' ④ à moins que ⑤ pourvu que

Exercices

1 해석을 참고하여 <보기> 중 알맞은 연결사를 골라 글을 완성하세요.

보기

de peur que / parce que / à force de / pour que / trop...pour / alors / à cause de / comme / donc / pour / sous prétexte que / tellement de...que / au lieu de / ce n'est pas pour ça que / grâce à / alors que

Henri - Mon amour, ① ______________ c'est notre cinquième anniversaire de mariage, ça te dirait qu'on parte ce week-end ?

Lisa - Oh, tu sais, j'ai ② ______________ choses à faire ________ je ne pense pas que ce soit une bonne idée... Et puis, il fait ③ ________________ chaud en ce moment ____________ sortir. Tu ne te souviens pas ? L'an dernier, ④ ______________ la forte pluie, on n'a pas pu sortir de l'hôtel.

Henri - La pluie ? Non, ⑤ ________________________________ nous ne sommes pas sortis. On n'a jamais mis le nez dehors ⑥ __________________________ tes chaussures neuves te fassent des ampoules au talon ! Je t'ai ⑦ _________________ proposé de t'offrir une paire de baskets mais ⑧ _______________________ aucun modèle ne t'allait bien, tu n'as pas voulu en acheter. ⑨ ___________, sans chaussures appropriées, nous sommes restés enfermés dans une chambre d'hôtel. Ma chérie, je ne sais vraiment plus quoi faire ⑩ ________________________ tu sortes de la maison.

Lisa - Et pourquoi ne pas voyager lors de l'anniversaire ? Juste une petite soirée en ville ou à la maison !

Henri - ⑪ __________________on dîne presque tous les soirs à la maison ! En plus, ⑫ ______________aller au restaurant du quartier, j'en ai assez !

Lisa - Et moi, je dois me reposer ⑬ __________________ sortir ! Tu ne t'occupes jamais des tâches du ménage, quel égoïste ! Quand on rentre de voyage, je dois faire la lessive ⑭ _________________ tu te remets des fatigues en prenant un bain ! C'est toujours moi qui fais la lessive ! C'en est trop. Tu oublies que c'est ⑮ __________________ moi que tous les matins tu as une chemise propre ⑯ _________________ aller au bureau ?

Henri - Ça y est, ça recommence...

Henri – 여보, 우리 결혼 5주년이니까 이번 주말에 여행 떠나는 거 어때?

Lisa – 오, 있잖아, 내가 할 일이 너무 많아서 그건 좋은 생각이 아닌 것 같아. 그리고, 요즘은 외출하기에 너무 더워. 기억 안 나? 작년에 비가 많이 와서 우리 호텔 밖으로 나가지 못했잖아.

Henri – 비 때문이라고? 아니, 우리가 외출하지 않은 게 그것 때문이 아니잖아. 당신이 새 구두에 발뒤꿈치 물집 잡힐까 봐 코에 바람 한번도 못 넣었지! 그래서 내가 운동화 한 켤레 사 준다니까 어떤 스타일도 당신이랑 안 어울린다는 핑계로 당신이 안 산다고 했잖아. 결국 마땅한 신발이 없으니 우린 그냥 호텔방에 틀어박혀 있었지. 여보, 당신을 집에서 나가게 하려면 뭘 해야 할지 정말 모르겠어.

Lisa – 기념일에 여행 안 가면 안 돼? 그냥 동네나 집에서 가볍게 파티하면 되지!

Henri – 왜냐하면 우리는 거의 매일 집에서 저녁 먹잖아! 게다가, 동네 레스토랑에 하도 갔더니 질린다고!

Lisa – 나는 외출하는 대신 좀 쉬어야 한다고! 당신은 절대 집안일 안 하잖아, 이기적이야! 여행에서 돌아오면 당신은 목욕하면서 피로를 회복하는데 나는 빨래를 해야 하잖아! 항상 빨래는 내 몫이지! 이제 못 참겠어! 매일 아침 당신이 출근할 때 깨끗한 와이셔츠 입는 건 다 내 덕분이라는 거 잊었어?

Henri – 거봐, 또 시작이네...

MP3 QR

2 해석을 참고하여 <보기> 중 알맞은 연결사를 골라 글을 완성하세요.

보기

en cas de / au cas où / à moins de / à condition que / à moins que / à condition de

Voilà le nouveau règlement de notre lycée.

- Il est interdit de monter dans les classes ① ________________ être accompagné par un professeur.
- ② ________________________ absence, un mot des parents est nécessaire au préalable.
- ③ ________________________ les absences seraient répétées ou non justifiées, les parents pourraient être convoqués.
- Tous les élèves peuvent être dispensé de cours de sport ④ __________________ un certificat médical soit présenté au professeur chargé.
- Les élèves ne pourront pas sortir de classe avant de finir le cours ⑤ _____________ le professeur soit absent.
- Il sera possible de porter une casquette dans la cour ⑥ ______________________ la retirer en entrant dans les bâtiments de l'école.

이것이 우리 고등학교의 새로운 규칙입니다.

- 선생님의 인솔이 없는 한 교실에 올라가는 것은 금지됩니다.
- 결석할 경우 사전에 부모님의 말씀이 필수적으로 있어야 합니다.
- 결석이 반복되거나 사유가 없을 경우에는 부모님이 소환될 수 있습니다.
- 모든 학생은 담당 선생님께 진단서를 제출하는 조건으로 체육 수업을 면제받을 수 있습니다.
- 학생들은 선생님이 자리를 비우지 않는 한 수업이 끝나기 전에는 교실을 나갈 수 없습니다.
- 학교 건물 안으로 들어갈 때 벗는 조건으로 운동장에서는 모자를 쓸 수 있습니다.

정답 p.286

Exercices 정답

정답

Leçon 01 인칭 대명사 & être 동사

01 ① Toi
② elle
③ nous
④ Lui
⑤ eux
⑥ vous

02 ① est
② sommes
③ sont
④ êtes
⑤ sont

Leçon 02 명사 & avoir 동사

01 ① m / chapeaux
② m / ordinateurs
③ mf / élèves
④ f / voitures
⑤ f / télévisions
⑥ mf / secrétaires
⑦ m / bureaux
⑧ f / connaissances
⑨ m / journaux
⑩ f / situations

02 ① J'ai mal à la gorge.
② Nicolas a 15 ans.
③ On a sommeil.
④ Tu as faim ?
⑤ Vous avez des amis français ?
⑥ Hugo et moi, nous avons chaud.
⑦ Sylvie et Lucas, ils ont 20 ans.
⑧ Marie a mal à la tête.

Leçon 03 관사

01 ① le, la, les
② un
③ un, un
④ une
⑤ des
⑥ Le

02 ① la, de la
② du
③ la, le, le
④ les, des, du

Leçon 04 형용사1

01

01-1
① C'est vrai, ils sont gentils.
② C'est vrai, elles sont mignonnes.
③ C'est vrai, ils sont gros.
④ C'est vrai, ils sont ronds.
⑤ C'est vrai, ils sont anciens.

01-2
⑥ Elle est prête.
⑦ Elles sont mûres.
⑧ Elles sont roses.
⑨ Elles sont lourdes.
⑩ Elles sont bonnes.

02 ① Ce sont des œuvres mondiales.
② La cuisine française est bonne.
③ Elle a de beaux yeux.
④ Il a les cheveux blonds.
⑤ C'est un nouvel appartement.
⑥ Là-bas, il y a de grands jardins.
⑦ C'est un vieil hôtel.
⑧ À Rome, il y a des monuments historiques.

Leçon 05 형용사 2

01 ① Ce / mon
② Cette / sa
③ Ces / leurs
④ cet / son
⑤ ce / ses
⑥ cette / ses

02 ① Quelle
② Quel
③ Quel
④ quelle
⑤ Quelle
⑥ Quelle

Leçon 06 동사 1

01 ① court
② fais
③ prenons
④ lit
⑤ voyagez
⑥ oublient
⑦ rougit
⑧ mangeons
⑨ revenez
⑩ déménage

02 sont / pars / a / partons / prenons / faisons / revenons / viennent / sont / vont / reprennent / fais

Leçon 07 동사 2

01 ① peux
② pouvez
③ doit
④ sait
⑤ voulons

02 ① Je suis en train de téléphoner.
② Nous sommes en train de manger.
③ On est en train de se préparer pour la fête.
④ Il est en train de discuter avec ses voisins.
⑤ Elles sont en train de faire du shopping.

03 m'appelle / suis / me lève / me brosse / me douche / prends / sors / prends / arrive / déjeune / nous promenons / reprends / finis / vais / rentre / dîne / me repose / lis / me couche

Leçon 08 장소 & 시간 표현

01 ① en, à
② aux, à
③ en, à
④ au, à
⑤ en, à
⑥ aux, à

02 au centre d' / Dans / en face d' / À côté de / entre / Près de / À gauche de

03 depuis / pour / dans

Leçon 09 의문문 & 부정문

01 ① Qu'est-ce que vous regardez ? / Qu'est-ce que vous faites ?
② Est-ce qu'elle joue du piano ?
③ Est-ce qu'elle a un parapluie ?
④ Qu'est-ce que tu chantes ? / Qu'est-ce que vous faites ? / Qu'est-ce que tu fais ?
⑤ Qu'est-ce qu'ils font ?

02 ① Comment
② Quel
③ Pourquoi
④ Quels
⑤ Où

03 ① Je ne veux pas abandonner mes études.
② Tu ne peux pas venir ce soir ?
③ Elle ne prend ni café ni croissants. / Elle ne prend pas de café ni de croissants.
④ Je ne vais pas partir en vacances cet été.
⑤ Elle n'apporte pas de gâteaux.
⑥ Thomas ne pleure plus.
⑦ Maman ne fait jamais les courses le samedi.
⑧ Il ne connaît personne.

Leçon 10 대명사 1

01 ① a ② b ③ b ④ a ⑤ b ⑥ b ⑦ a ⑧ b

02 ① Je ne le vois pas dans la classe.
② Est-ce que vous lui téléphonez ?
③ Je ne l'ai pas.
④ Stéphanie les apporte à la banque.

03 les / les / leur / leur

Leçon 11 대명사 2

01 ① a ② a ③ a ④ b ⑤ a ⑥ a ⑦ a ⑧ b

02 ① en ② y ③ y ④ en ⑤ en

03 vous / le / le / lui / leur / en / les / y / les / y

Leçon 12 명령문 & 감탄문

01 ① Mettez
② Cassez

③ Versez

④ Tournez

⑤ Ajoutez

⑥ Faites

⑦ Choisissez

02 veuillez / Donnez-lui / Promenez-le / n'oubliez pas / Caressez-le / ne le frappez jamais / Soyez

03 ① Quel

② Que, Comme, Qu'est-ce que

③ Qu', Comme, Qu'est-ce qu'

④ Quelles

⑤ Quel

⑥ Que, Comme, Qu'est-ce que

Leçon 13 비교급 & 최상급

01 plus, que / plus, que / moins de, que / le plus / mieux, que (*과거 분사를 수식하는 경우 부사는 과거 분사 앞에 써야 합니다) / le plus, de / plus de, que / autant de, autant de

02 plus / moins de / aussi / autant de / moins / mieux / les moins

Leçon 14 직설법 과거 1

01 ① Nous venons de nous parler.

② Le film vient de commencer.

③ Je viens d'arriver.

④ Hélène vient d'appeler.

⑤ Les magasins viennent de fermer.

⑥ Ils viennent de se réveiller.

02 ① bu - écrit - vu / écrire

② fini - sorti - offert / offrir

③ fait - répondu - attendu / faire

④ lu - pris - venu / prendre

⑤ souffert - perdu - entendu / souffrir

03 ① n'avons pas entendu

② s'est levée

③ est tombé

④ n'ont pas eu

⑤ ne sont pas arrivées

⑥ sont venus

⑦ s'est lavé

04 - / e / - / s / - / e / - / e

Leçon 15 직설법 과거 2

01 a eu / était / gênait / roulait / traversait / est arrivée / a freiné / a heurté / est tombé / nettoyait / a appelé / sont arrivés / était / ont décidé

02 n'a pas pu / avait perdu / est allée / avait laissé / l'ont invitée / n'avaient pas encore dîné / ont passé

03 ① Paul n'avait pas encore fini ses devoirs.

② Élisa n'avait pas du tout rangé sa chambre.

③ Les enfants ne s'étaient pas encore mis en pyjama.

Leçon 16 직설법 미래

01 allons partir / va décoller / volerons / irons / permettent / durera / atterrirons / vont faire / vont servir

02 faudra / sera / pleuvra / apparaîtront / fait / ne camperons pas / irons / nous organiserons / vais préparer

03 ① iras voir, auras lu
② passera, sera allé
③ préparera, aura trouvé
④ s'achèteront, auront obtenu
⑤ prendrons, aurez envoyé

Leçon 17 수동형 & 부사

01 ① vient d'être attaqué.
② ont été attrapés.
③ est blessée.
④ va être hospitalisé.
⑤ étaient prévenus.

02 me suis fait voler / ne se laisse pas / se vole / me suis fait arrêter / vais me faire enlever / vient de se faire retirer

03 facilement / gentiment / seulement / tranquillement / prochainement

Leçon 18 관계 대명사 1

01 ① qui, où, qui, qu'(que l')
② dont, où, où(où l'), dont

02 qui / qui / qu'(que l') / dont / qui / qui / dont / que / que / dont

Leçon 19 대명사 3

01 celui-ci / celles-là / ça / ceux / celui / celle / celle-ci

02 la mienne / la sienne / celle / les siens / ceux / les tiennes / le mien / celui

Leçon 20 관계 대명사 2

01 ① C'est un livre qui est passionnant.
② C'est quelqu'un avec lequel (avec qui) il s'entend très bien.
③ J'ai un journal dans lequel j'écris tout ce que je fais.
④ L'île au nord de laquelle il a découvert le trésor est déserte.
⑤ La professeur grâce à laquelle (à qui) j'ai réussi mes examens est excellente.
⑥ Nous lui avons posé des questions auxquelles il a répondu immédiatement.
⑦ C'est une idée à laquelle personne n'avait pensé.
⑧ C'est la solution dont tous les gens parlent.
⑨ J'ai besoin de la tasse qui est là.
⑩ Je connais le café à côté duquel il y a une librairie.

02 auquel / sur laquelle / dans lesquels / qui / auxquels / avec qui / à qui

Leçon 21 현재분사 & 제롱디프

01 ① Tu baisseras ta facture de chauffage en chauffant moins.
② Nous respectons l'environnement en ne jetant pas les déchets par terre.
③ On économise de l'eau en prenant des douches.
④ On préserve la planète en faisant attention.
⑤ Tu sauves les océans en triant les déchets.
⑥ Vous produisez moins de gaz carbonique en vous déplaçant à vélo.

02 En rentrant / pénétrant / En m'approchant / photographiant / fouillant / en criant / mesurant / portant

Leçon 22 조건법

01 ① pourrions
② voudrais
③ auriez
④ pourrais
⑤ faudrait
⑥ devraient

02 ① je n'aurais pas ri.
② tu aurais protesté.
③ je ne serais pas parti.
④ je n'aurais pas claqué la porte.
⑤ nous nous serions excusés.
⑥ vous n'auriez pas été vexé.

03 voudrais / serait / aimerais / aurait fallu / auriez dû / pourriez / aurais bien aimé / aurait / devriez / dirait / aurais préféré

Leçon 23 접속법 & 부정법

01 ① invitiez - 판단
② veuille - 감정
③ vienne - 가능성
④ soit - 바람
⑤ écrives - 필요

02 ① n'a pas fini
② va guérir
③ soit
④ aient été
⑤ n'est

03 vas / dises / parle / soit / soyons devenus / ayons / se comporte / nous séparions / vienne / fasse / redevienne / s'arrange

04 ① On est ravis d'avoir vu ce film.
② Je suis surprise que cet opéra vous ait plu.
③ Ils sont déçus d'avoir manqué cette émission.
④ C'est étonnant que cette exposition n'ait pas eu de succès.
⑤ Nous sommes soulagés d'être arrivés à l'heure.

Leçon 24 간접 화법

01 ① que la date de la fête approche
② qu'il n'a pas encore reçu la lettre d'invitation.
③ si nous pouvons la lui envoyer le plus vite possible.
④ que ce sera nécessaire pour l'entrée.
⑤ ce qui n'est pas encore préparé.
⑥ de lui dire nos besoins.

02 ① s'il pouvait vous donner vos billets.
② que vous deviez les montrer directement à l'ouvreur car le guichet serait fermé.
③ que les portes allaient aussi fermer dès le commencement du spectacle.

Leçon 25 연결사

01 ① comme
② tellement de...que
③ trop...pour
④ à cause de
⑤ ce n'est pas pour ça que
⑥ de peur que
⑦ donc
⑧ sous prétexte qu'
⑨ Alors
⑩ pour que
⑪ Parce qu'
⑫ à force d'
⑬ au lieu de
⑭ alors que
⑮ grâce à
⑯ pour

02 ① à moins d'
② En cas d'
③ Au cas où
④ à condition qu'
⑤ à moins que
⑥ à condition de

시원스쿨닷컴